学術選書 048

王国の鉄路

タイ鉄道の歴史

柿崎一郎

KYOTO UNIVERSITY PRESS

京都大学学術出版会

口絵 1 ●第二次世界大戦後に米との交換で入手した日本製の蒸気機関車（ファラムポーン・2005 年）

口絵 2 ●南線ノーンプラードゥック駅で行き交う列車―左からヘンシェル製機関車、日本製ディーゼルカー、旧 GE 製機関車（1993 年）

口絵３●クルップ製機関車の石油輸送列車（タールア・1992 年）
口絵４●旧日立製機関車の混合列車（キーリーラットニコム・1991 年）

口絵5●メークローン線の近郊列車（ワット・シン・1991 年）

口絵6●チットラッダー王室駅を通過する新日立製機関車２両（前後）とアルストム製機関車（中央）が牽引する快速列車（1994 年）

口絵７●ディーゼル急行「スプリンター」とダヴェンポート製機関車（トゥンソン・1991 年）

口絵８●現在最も新しいディーゼル特急と新 GE 製機関車（フアラムポーン・2005 年）

口絵９●日本からの中古ディーゼルカー（チャチューンサオ・1998年）
口絵10●バンコク初の都市鉄道 BTS（国立競技場・2002年）

口絵11●ミャンマーのバガン行普通列車（ミンジャン・1997 年）
口絵12●カンボジアの混合列車（バッタンバン・2004 年）

口絵13●ヴェトナム・旧滇越鉄道の始発駅ハイフォン（2004 年）
口絵14●マレーシア・ボルネオ島のサバ州鉄道（2006 年）

口絵15●インドネシア・ジャワの鉄道発祥地スマラン（スマラン・ポンチョル・2007 年）
口絵16●フィリピン・マニラの近郊列車（アラバン・2009 年）

はじめに――タイの鉄道史への誘い

タイは東南アジアにある国です。ユーラシア大陸の南東に突き出したインドシナ半島の中央に位置し、さらにそのインドシナ半島から南へ細長く伸びるマレー半島の一部にまで、その領域は広がっています。タイといえば象を思い出す方もいるかもしれませんが、国土の「かたち」はその象の顔に似ています。細長いマレー半島が象の鼻に当たり、北部の山岳地帯が頭、東北部の平原地帯、タイ最大の工業地帯と化した東部臨海地域が口となります。面積は五一・三万平方キロメートルと日本の一・五倍ほどありますが、人口規模は約六五〇〇万人と日本の半分ほどしかありません。国民の九割程度が仏教徒で、日本とは異なってきらびやかな寺院が多数見られます。歴史的には、日本と同じく帝国主義の時代にアジアで独立を維持した数少ない国ですし、国民に敬愛されている国王ラーマ九世（プーミポン国王）の存在も有名です。

タイは観光地としても名高く、アユッタヤーやスコータイなどの古都の遺跡、北部の山岳地帯や少数民族の村々、プーケットに代表される沿岸部のビーチリゾート、そして伝統とモダンが入り混じる首都バンコクと、様々な形態の観光スポットが揃っています。日本からの訪問者も年間百万人を越えており、観光で訪れたことのある方も多いと思います。また、タイはいわゆる発展途上国の中でも順調に経済発展を遂げてきた国の一つであり、現在は「中進国」と呼ばれるほどに成長しました。その経済発展を支えてきたのが工業化で、日本の企業も多数タイに進出してきました。タイに駐在する日本人も多く、二〇〇八年には約四万四〇〇〇人が長期滞在しています。このため、観光のみならず、仕事でタイを訪れる人も多いのです。

タイを訪れた方は多いと思いますが、タイで列車に乗ったことのある方は、一体どのくらいいらっしゃるでしょうか。バンコクには近年高架の鉄道や地下鉄ができましたので、都市内の移動手段として、これらの電車に乗った方は多いと思います。間もなくバンコクの国際空港であるスワンナプーム空港へのアクセス鉄道も開通しますので、この電車に乗る機会も今後増えるでしょう。しかし、バンコクから地方へ行く際に、いわゆる在来線の列車に乗ったことのある方はおそらくあまりいらっしゃらないと思います。若者のバックパッカーなどの格安旅行の際には、運賃の安い列車を利用する場合もあるでしょうが、日本からのパックツアーでタイの在来線の列車に乗るようなことはほとんどないでしょう。運賃は確かに安いのですが、バスよりも時間はかかり、本数も少なく、三等車はほとんどが非冷房車と決して快適とはいえないのが、タイの在来線の現状なのです。

タイの鉄道といっても、日本の鉄道とは違って路線網は非常に単純です。バンコクから放射状に北、東北、東、南の四方向に幹線が伸び、それぞれに若干の支線があるのみです。ですから、路線の総延長も計四〇三五キロメートルしかなく、鉄道が到達していない県もたくさんあります。バンコクの都市鉄道を除いて電化区間はまったく存在せず、走っているのはディーゼル機関車やディーゼルカーばかりです。バンコクの近郊区間二八〇キロメートルは複線化や三線化されましたが、それ以外の区間は単線です。近郊列車よりも長距離の夜行列車のほうが多いので、利用者はバンコクと地方を往来する長距離客が中心です。夕方から夜にかけて、ディーゼル機関車が長い客車を牽引した夜行列車が続々とバンコクの中央駅であるファラムポーンから発っていきます。走っている車両といい、運行システムといい、ちょうど今から三〇~四〇年前の日本の鉄道の雰囲気を残していることから、タイの鉄道に「はまる」日本の鉄道好きも増えています。

しかし、多くの人にとって、鉄道は時代遅れの乗り物に過ぎません。バンコクの真新しい都市鉄道には乗るタイの人の中でも、在来線に好んで乗車するような人はほとんどいません。タイの社会や経済が急速に変化し、人々の生活スタイルも変わっていく中で、在来線は完全に取り残されています。バンコク市内の踏切では、真新しい自動車で溢れ、近代的なビルの立ち並ぶ道路を遮断して、何十年前と変わらぬ古い車両を連ねた列車がノロノロと申し訳なさそうに横切って行く光景を目にすることができます。二〇〇八年からは景気対策の一環として普通列車と一部快速列車の三等運賃はどこまで乗っても無料という妙な刺激策が行われていますが、それでも利用者が激増して運びきれなくなったという話は聞こえてきません。二〇〇九年には死者七人を出す脱線事故や労働組合のストライキも起こったことから、国民の鉄道に対するまなざしはますます冷たくなっています。在来線を運行するタイ国鉄も慢性的な赤字体質に陥っており、抜本的な改革が必要とされています。

このようなタイの鉄道ですが、かつては陸上交通の主役として重要な役割を担っていました。鉄道はいわゆる交通手段の一つですが、鉄道の開通前には船や駄獣を用いた伝統的な交通手段しか存在しなかったことから、鉄道による輸送時間の短縮や輸送費用の低下という効果は非常に大きいものでした。それまで移動に一ヶ月もかかっていた区間がわずか一日で到達できるようになったり、それまでは輸送費が高すぎて運んでもまったく商売にならなかった産物が、鉄道によって大量に輸送されるようになったりと、鉄道はタイの政治、経済、社会に大きな変化をもたらしました。タイは東南アジアで唯一独立を維持した国ですが、そのためにも鉄道は間接的に重要な役割を担っていたのです。一九六〇年代からタイは本格的な自動車の時代に突入しましたが、それまでは鉄道が陸上交通の主役であり、文字通り大動脈としてタイを支えてきました。現在でこそ自動車に押されて隅に追いやられている鉄道ですが、かつてはその栄光の時代が存在したのです。

しかしながら、鉄道は単なる過去の遺産ではありません。バンコクでもはや欠かすことのできなくなった都市鉄道の電車は、鉄道が担う新たな役割なのです。自動車に過度に依存した現在のタイは、バンコクの交通渋滞を筆頭に様々な問題に直面しており、鉄道の復権への期待も高まっています。二〇〇九年には、今後一〇年間に主要幹線を複線化し、新たに約二六〇〇キロメートルの新線を建設するばかりでなく、長期的にはバンコクから四方へと高速鉄道を建設するという非常に野心的な計画も浮上しました。タイの順調な経済発展に伴う輸送需要の増加が、鉄道への追い風となりつつあるのです。これらの施策がすべて実現するかどうかはまだわかりませんが、自動車に押されてその存在感を大きく低下させた鉄道が、これから復権していく可能性は大いにあります。もしそうだとすれば、現在は鉄道の大きな転換点といえるのかも知れません。

それでは、これからタイの鉄道の歴史をひもといてみましょう。タイが鉄道建設へと動きだす一八八〇年代から現在までの約一三〇年間を五つの時期に分け、それぞれの時期の鉄道網の整備の課程とその背景を考察していきます。路線の建設や輸送能力の向上などのいわゆるインフラ整備のみではなく、鉄道の主要な任務である旅客や貨物の輸送状況についても焦点を当て、各時期における輸送量や輸送品目の変化についても注目していきます。さらに、タイのみならず東南アジアの他国の鉄道の状況も把握することで、他国と比較しながらタイの鉄道の普遍性と特殊性を明らかにしていきたいと思います。

以下、第1章は一八八〇年代から一九一〇年代までの黎明期で、タイにおける鉄道の導入と、鉄道政策の確定、そして鉄道による時間距離の短縮と商品流通の発生について考察します。第2章では一九二〇年代から一九三〇年代までを扱い、それまでの政治目的を重視した鉄道から経済目的のための鉄道への変化、鉄道網の統一、国際鉄道網構想の出現、そして立憲革命に伴う鉄道優先政策の変更が主要な話題となります。第3章は一九四〇年代から一九五〇年代までの鉄道と道路の共用時代で、第二次世界大戦による鉄道の疲弊とその後の復興を中心に、軍事目的の鉄道計画の浮上やその限界についても見ていきます。第4章は一九六〇年代から一九八〇年代までの自動車との競合が激化した時代を取り上げ、急速な道路整備に伴う鉄道への逆風の中で、鉄道がいかに対応して変化していったのかを考察します。最後の第5章は一九九〇年代以降の鉄道の復権の時代を取り上げ、急激な社会や経済の変化の中で取り残された鉄道が着実にその存在感を低下させてはいるものの、新たに都市交通の分野にも参入して着実にその基盤を強化するとともに、高速鉄道、長距離貨物輸送、そして国際鉄道への期待が高まっている現在の状況を明らかにして、今後のタイの鉄道の将来を占います。

王国の鉄路　タイ鉄道の歴史◉目　次

王国の鉄路——タイ鉄道の歴史

図1●鉄道網の発展と伝統的交通路（1922年）

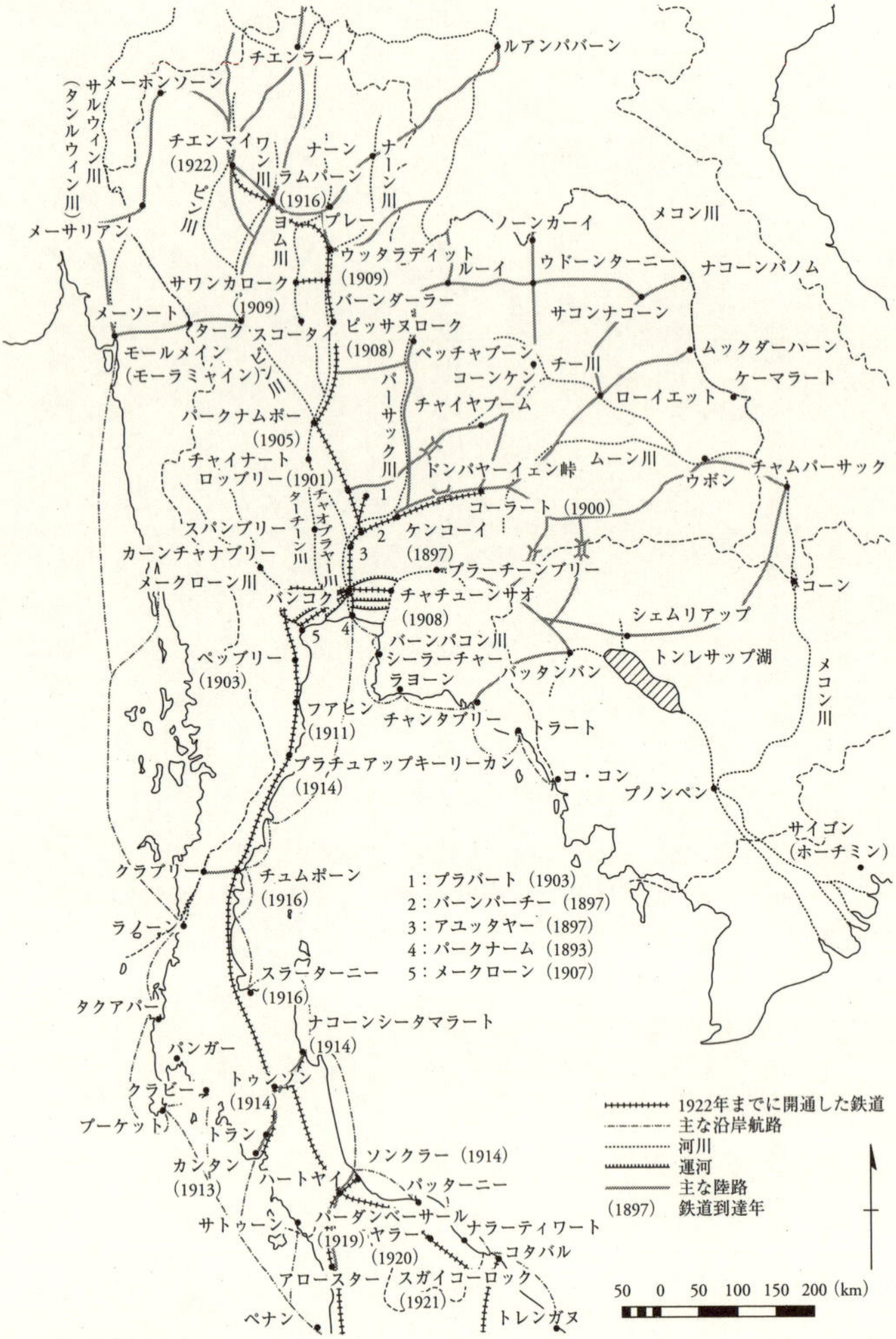

出所：筆者作成

第1章 黎明期の鉄道——一八八〇〜一九一〇年代

1 鉄道導入前夜

伝統的な交通手段——水運と陸上輸送

東南アジア一帯での伝統的な交通手段は、世界中の多くの地域と同じく河川や海を利用した水運と、駄獣や荷車を用いた陸上輸送でした。その地理的条件から水運の重要性が高く、陸上輸送は水運の補完的な役割しか担っていませんでした。地図を見ればわかりますが、東南アジアは太平洋とインド洋の交点に位置し、多数の島が連なる「海の世界」が中心でした。このため、紀元前後から中国とインド、ヨーロッパ方面を結ぶ「海のシルクロード」が形成され、交易の船の往来と共に港市が出現していきました。やがて一五世紀から一七世紀にかけて東南アジアは「商業の時代」を向かえ、世界各地から東南アジアの産物を求めて多数の船がこの地を訪れました。水運は東南アジアの域内交通手段のみならず、国際交通手段としても重要な役割を果たしていたのです。

これに対して、陸上輸送は水運の利用が困難な場合に限定的に利用されるに過ぎませんでした。内陸部においても主要な交通路は河川や運河であり、陸上輸送は河川の上流部において水運が利用できなかったり、山越えのために必然的に川から離れねばならない場合に限定して使用されました。これは、高温多湿の東南アジアでは駄獣の過酷な使用が難しいことと、熱帯特有のスコールや洪水で道路が泥沼となったり、水没したりして使用できなくなることが理由です。アンコール朝の「王道」のような道路整備もあったのですが、非常に限定的にしか行われませんでした。

タイにおける伝統的な交通路も水運を中心としたもので、山間部や山越えの区間に限って陸路が出現しました。このため、バンコクから地方へ延びる陸路はまったく存在せず、北方に向かう場合はチャオプラヤー川を遡り、南方へ向かう場合は川を下ってタイ湾を岸沿いに進むことになりました。東方と西方へは、バンコクから運河を経由してメークローン、バーンパコン川へ到達できました。陸路に依存しなければならないのはメコン川流域の東北部へ向かう場合で、チャオプラヤー川の支流パーサック川のサラブリー（ケンコーイ）やバーンパコン川のプラーチーンブリーからドンパヤーイェンなどの峠を越えてコーラート高原に入っていました。また、チャオプラヤー川上流域も陸路への依存度が高く、ピン川のタークやナーン川のウッタラディットより北では、河川の代替として、あるいは河川間の連絡路として陸路が利用されていました。陸路で使用される輸送手段も異なっており、平坦なコーラート高原では牛車が、山がちのチャオプラヤー川上流部では多数の駄獣の背中に荷物を積載する隊商（キャラバン）が中心でした。

このような水運と陸上輸送の格差は、一九世紀に入って蒸気船が導入されるとさらに拡大しました。これまでの沿岸水運の帆船は、モンスーン（季節風）の影響を受けて、順風か逆風かによって所要時間が大幅に変わりましたが、蒸気船はその格差を解消することになりました。寄港回数にもよりますが、沿岸航行の定期船の場合の平均速度は一日一五〇キロメートル程度でした。また、河川ではとくに下流から上流へ遡る際の所要時間の短縮に貢献し、バンコクからチャオプラヤー川を遡る際には、従来の漕船が一日一五〜二五キロメートルしか遡上できなかったところを、六〇キロメートル程度進むことができるようになりました。陸上輸送も漕船と同じく一日二〇キロメートル程度しか進めませんでしたので、蒸気船はとくに内陸部での輸送時間の短縮において大きな役割を果たしました。

さらに、輸送費用の面においても、水運と陸上輸送の間には大きな差がありました。河川水運の場合、蒸気船でも漕船でも輸送費はチャオプラヤー川流域でトンキロ（一トンの貨物を一キロメートル輸送する場合）あたり〇・〇五バーツ、メコン川流域で〇・〇八バーツでした。これに対して、陸上輸送の輸送費はコーラート高原の牛車でトンキロあたり〇・三バーツ、チャオプラヤー川上流域の隊商でトンキロあたり〇・六バーツ程度と、河川水運に比べてはるかに高いものとなっていました。例えば、バンコクからの絶対距離がほぼ同じナコーンサワン（パークナムポー）とコーラートへの輸送費を比較すると、チャオプラヤー川の水運のみで到達可能な前者はトン当たり一六バーツで済むのに対して、途中から陸上輸送を使用しなければならない後者は五四バーツもかかりました。このため、コーラートからバンコクへはタイの主要な輸出品だった米のような安くて重い商品の輸送は経済的に不可能となり、林産品や獣皮・獣角など高価な軽量品の流動のみに限定されていました。

東南アジアでの鉄道の出現

伝統的な交通手段において、陸上輸送の輸送条件は水運に比べて輸送時間、輸送費用のどちらの面においても劣っていましたが、それを劇的に改善する役割を果たしたのが鉄道でした。一八〇〇年代にイギリスで実用化された蒸気機関を利用した鉄道は、ヨーロッパ、アメリカから徐々に世界中へと広まり、従来の馬車など畜力を用いた輸送手段から陸上交通の主役の座を奪っていきました。東南アジアにも、一九世紀後半にその波が押し寄せてきたのです。

東南アジアで最初の鉄道は、オランダ領東インド（蘭印）のジャワ島に生まれました。ジャワ島中部の港町スマランから南の旧都ジョグジャカルタへ至る最初の鉄道が蘭印鉄道会社によって建設され、一八六七年に最初の区間が開通し、一八七三年までにジョグジャカルタまで到達しました。次いで、西のバタヴィア（ジャカルタ）からボゴールへ至る鉄道も同じ年に開通し、以後ジャワ島における鉄道網は急速に拡張していきました。一八九三年にはバタヴィアからジャワ島第二の都市スラバヤまでの縦貫鉄道も完成し、軌道（Tramway）と呼ばれるような、主に道路の片端に線路を敷設する形態の支線の整備も進んでいきました。ジャワ島のすぐ北東に位置するマドゥラ島にも、鉄道は建設されました。一九〇〇年までにその路線網は三〇〇〇キロメートルを越えて、図2のように東南アジアでもっとも緻密な鉄道網が構築されていきました。

同じ蘭印のスマトラ島では、一八七七年に開通した島北端のアチェ軌道が最初の鉄道となりました。この鉄道は、当時オランダが進めていたアチェ併合のための軍事目的のために建設されたもので、軌間（二本のレールの間隔）七五〇ミリメートルの軽便鉄道でした。次いで一八八六年には、北スマトラのメダンを拠点とするデリ鉄道が開業しました。そして西スマトラでも石炭鉱山の開発から鉄道の整備が必要となり、一八九一年にパダンを基点とする鉄道が完成しました。ジャワ島に比べれば鉄道網の拡張は遅く、一九〇〇年の路線長は四〇〇キロメートル弱であり、路線網もアチェ、メダン、パダンの三ヶ所に分散していました。なお、セレベス島においても二〇世紀に入ってから鉄道が開通しましたが、すぐに廃止されましたので、蘭印で鉄道が存在したのは実質的にジャワ（マドゥラ含む）

図2●東南アジアの鉄道網（1900年）

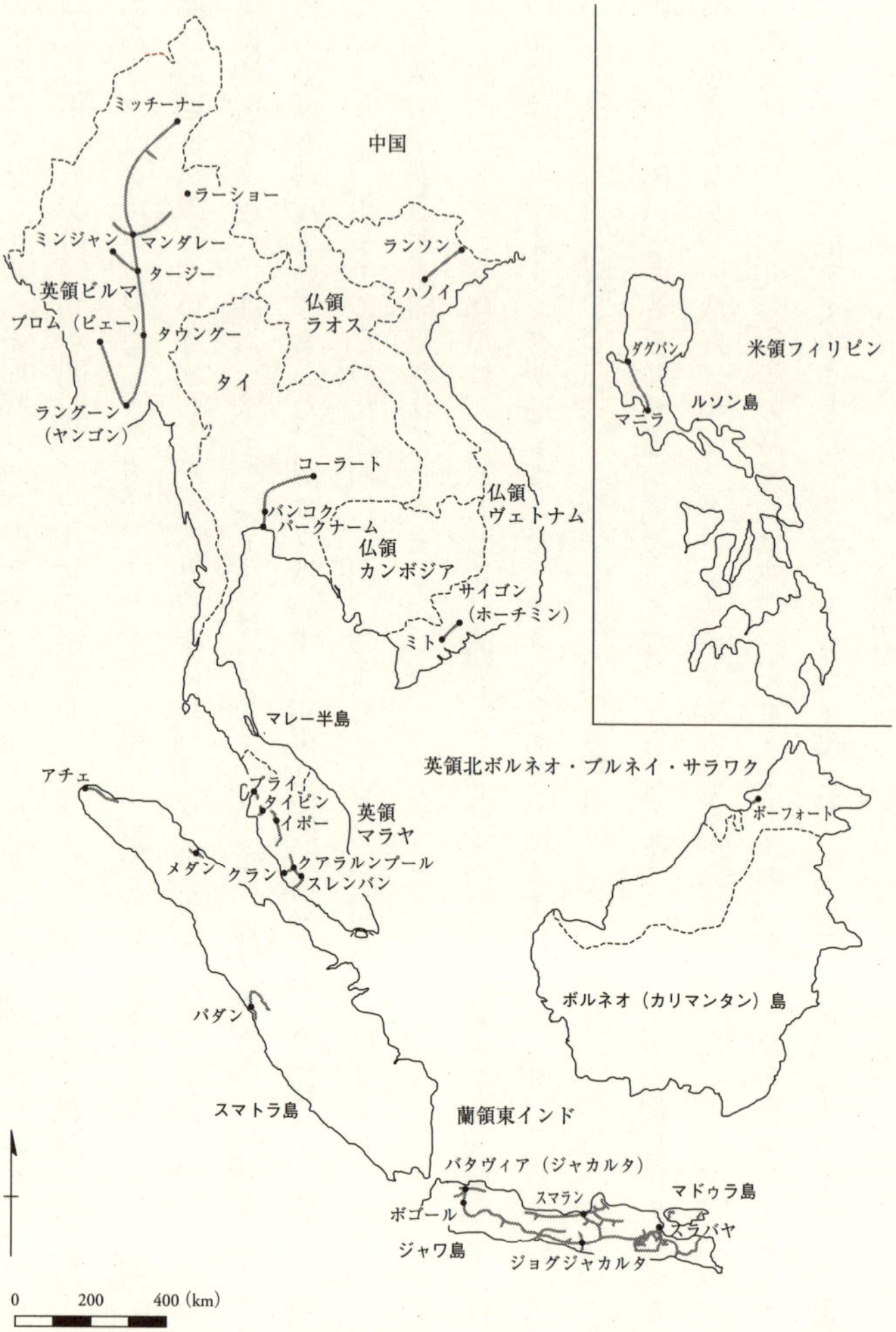

出所：筆者作成

とスマトラのみでした。

ジャワに次いで鉄道を導入したのは、ビルマ（ミャンマー）でした。ビルマでは一八二六年からイギリスの植民地化が始まり、一八五〇年代には下ビルマ全体をイギリスが確保しました。一八六〇年代から中国への進出ルートとしてビルマ～雲南間の鉄道建設計画が浮上しましたが、最初の鉄道は一八七七年に開通したラングーン（ヤンゴン）～プロム（ピェー）間のものでした。次いで、シッタン川流域への路線が計画され、ラングーンから北東のタウングーまでの区間が一八八五年までに完成し、ラングーンを基点にV字型の路線が成立しました。そして、その翌年に上ビルマのコンバウン朝が滅びてイギリスが支配権を獲得したことから、直ちにコンバウン朝の旧王都マンダレーまでの延伸を行い、一八八九年にはラングーン～マンダレー間が全通しました。その後も北のミッチーナー、雲南連絡線の一部となるラーショーへの建設を進め、一九〇〇年の総延長は約一八〇〇キロメートルとジャワに次ぐ規模となりました。

タイの東では、一八六二年からフランスによる植民地化が始まり、一八八四年にヴェトナム全土がフランスの手に落ち、カンボジア、ラオスも含めたフランス領インドシナ（仏印）が形成されていきました。その仏印での鉄道整備は、最初にフランスが獲得したコーチシナにおいて一八八五年に全通したサイゴン（ホーチミン）～ミト間から始まりました。次いで、一八九四年には北部のハノイ近郊から中越国境に近いランソンまでの鉄道も開通しました。一八九七年に仏印総督に任命されたドゥメ

●ヴェトナムのサイゴン～ミト間鉄道の列車（1881年）

ールは、ハノイ～サイゴン～プノンペン間のインドシナ縦貫鉄道とハイフォン～昆明間の滇越鉄道の二大幹線の建設を計画し、以後両線の建設に着手することになりますが、一九〇〇年の時点における総延長は約二〇〇キロメートルに過ぎませんでした。

イギリス領マラヤでの最初の鉄道は、一八八五年に開通したタイピン～ポート・ウェールド間でした。翌年にはクアラルンプールからクランまでの鉄道も開通し、一九〇〇年までにタイピン、イポー、クアラルンプール、スレンバンの四都市がそれぞれの外港と結ばれました。このように、当初は外港と内陸部（後背地）を結ぶ短距離の路線から整備されましたが、一八九六年にはこれらの路線網を統合する形でプライ（ペナン対岸）からスレンバンへ至る縦貫線の建設が決まり、既存線の延伸やプライからの新線建設が始まりました。一九〇〇年の時点ではまだ分断されたままでしたが、総延長は約四〇〇キロメートルに達していました。なお、ボルネオ島の英領北ボルネオでも一八九六年に最初の鉄道が開通し、二〇世紀初頭までに計一八六キロメートルの路線網が構築されました。

鉄道の導入が遅れたのは、スペイン領のフィリピンでした。フィリピンでの鉄道建設は、ルソン島のマニラ～ダグパン間から始まり、一八九二年に全線が開通しました。一八九八年に米西戦争が勃発するとスペインからの独立を求めるフィリピン人によるフィリピン革命が発生し、革命派がこの鉄道を管轄下に置くこととなりました。しかし、やがてスペインを制したアメリカにより奪取され、最終的にはアメリカが全線を掌握し、フィリピン全土もアメリカの支配下に置かれることとなりました。スペイン時代の鉄道建設はこの一線のみで、一九〇〇年の路線総延長は一九二キロメートルと仏印と同じレベルでした。

タイと鉄道との関わり

このように、一八六〇年代から東南アジア各地で鉄道が出現していきましたが、タイにおける最初の鉄道の開通は一八九三年と、東南アジア各国の中ではもっとも遅いスタートを切ることになりました。しかし、実際にはタイが最初に鉄道と接したのは一八五〇年代であり、鉄道建設が開始されるまでの間にも鉄道との接触の機会は存在し、様々な形で鉄道建設計画が浮上しました。

タイが最初に鉄道に接したのは、一八五六年のことでした。その前年にタイはイギリスとの間にバウリング条約という不平等条約を締結しましたが、この年にヴィクトリア女王からタイのラーマ四世への贈り物が届き、その中に鉄道模型が含まれていたのです。この模型は蒸気機関車と客車からなり、実際に蒸気動力を用いて走ることができました。現在はバンコクの国立博物館に保管されているこの模型が、タイで最初の「鉄道」でした。

そして、翌年にラーマ四世がイギリスに派遣した使節団が、おそらくタイ人で最初に鉄道に乗車した人々でした。一行はロンドンからバーミンガムまで列車の旅を経験し、その速さに驚いていました。ラーマ四世は鉄道を自ら見ることなく他界しましたが、その後を継いだラーマ五世は比較的早い時期に鉄道に接する機会を得ました。一八七一年にシンガポールとジャワを訪問したラーマ五世は、ジャワにおいて建設中の鉄道を視察しています。さらに、その年末にはインドを訪問し、カルカッタ（コルカタ）からデリーを経てボンベイ（ムンバイ）まで実際に列車の旅を経験しました。一八七一年といえばジャワでも最初の鉄道が完成したばかりで、東南アジアで唯一の鉄道整備が始まっていた場所でしたから、王は非常に早い時期に鉄道に接し、かつ乗車経験を得たことになります。

ラーマ五世の早い鉄道経験とは裏腹に、タイにおける鉄道建設はそう簡単には実現しませんでした。タイでもっとも早く浮上した鉄道建設計画は、一八五九年にラーマ四世に対して申請されたクラ地峡横断鉄道計画でした。イギリス人によるこの計画は、シャム鉄道という会社を設立し、マレー半島がもっとも狭くなるクラ地峡に鉄道を建設して、合わせて沿線の土地を租借して鉱山開発も目論んだものでした。ラーマ四世はこれを認めたとされていますが、実際にはそれ以上の動きはありませんでした。その後、一八七八年頃にはバンコクのヨーロッパ人の間で政府がバンコク〜コーラート間の鉄道建設を行う計画があるとの噂が流れ、政府に対して鉄道建設を請け負いたいという要望が多数出されました。しかし、ラーマ五世は鉄道の効用もまだわからず、そのための資金も捻出できないとして、その噂を否定しました。

一八八〇年代に入ると、英仏による鉄道建設計画が浮上し、タイ政府は本格的に鉄道について検討せざるを得なくなりました。後で説明しますが、一八八四年にイギリス人のコルフーンとハレットが政府に対してモールメイン（モーラミャイン）〜雲南間の鉄道建設を申請してきたことから、当時外務大臣を務めていたテーワウォン親王は、駐ロンドン公使のナレート親王にこの鉄道計画について意見を求め、ナレート親王はメイソンというイギリス人の名誉領事に相談しました。これに対して、メイソンは彼らの計画が妥当かどうかを判断するために、バンコク〜チエンマイ間の鉄道路線調査を行うことを勧めました。

これは実行には至りませんでしたが、同年末にナレート親王はテーワウォン親王に対して鉄道路線調査のための技師の派遣を打診しました。ナレート親王は、タイが繁栄しようと真剣に取り組んでいることを世界に示すために至急鉄道建設を行うべきであり、バンコク〜チエンマイ間のような長距離の路線ではなく、まず短距離のバンコク〜コーラート間から始めるように主張しました。この結果、一八八五年にメイソンが調達した技師二名がタイへ派遣され、バンコク〜コーラート間の調査を行いました。また、メイソンは民間に鉄道建設を許可する際の見本として、外国での鉄道事業免許の例や鉄道車両や資材のカタログも集めてタイへ送っており、民営鉄道への免許交付の際に役立ったものと思われます。

英仏の鉄道計画

一八八〇年代に浮上した英仏による鉄道建設計画は、タイが鉄道建設に着手する大きな契機となりました。イギリスは一八六〇年代からビルマから雲南へ進出するための鉄道を計画し、様々なルートを比較検討しました。ビルマから雲南へは急峻な山岳地帯を越えることから難工事が予想され、その過程でモールメインから東へ進み、タイの北部を経由して雲南へ向かうルートも候補となりました。そのため、一八七六年にはイギリス人のハレットがこのルートを実際に調査し、鉄道建設が可能なことを確認しました。そして、一八八四年にハレットとコルフーンがタイ政府に対して、図3のようにモールメインからターク、ラムパーン、チエンラーイを経由して雲南に至る鉄道建設を申請してきたのです。クラ地峡横断鉄道を除けば、これが外国人による最初の本格的な鉄道建設の申請でした。

これに対し、もしこの鉄道が完成すればタイが二分されることとなり、やがて北部がイギリスに取られてしまうとの懸念をタイ側は持ちました。このため、この計画を認めない代わりに、タイ政府がバンコク~チエンマイ間の鉄道を建設することと、イギリスがモールメインからタイ国境まで鉄道を建設する暁には、タイ側も接続させる鉄道を建設することを約束しました。当時バンコクからタークまでは蒸気船を利用しても九日はかかるのに対し、イギリスの鉄道が完成すればモールメインから一日でタークまで到達できるようになり、イギリスが鉄道を使って軍勢を展開させて北部一帯を制圧し

図3●イギリス・フランスの鉄道計画路線とパンチャード調査路線

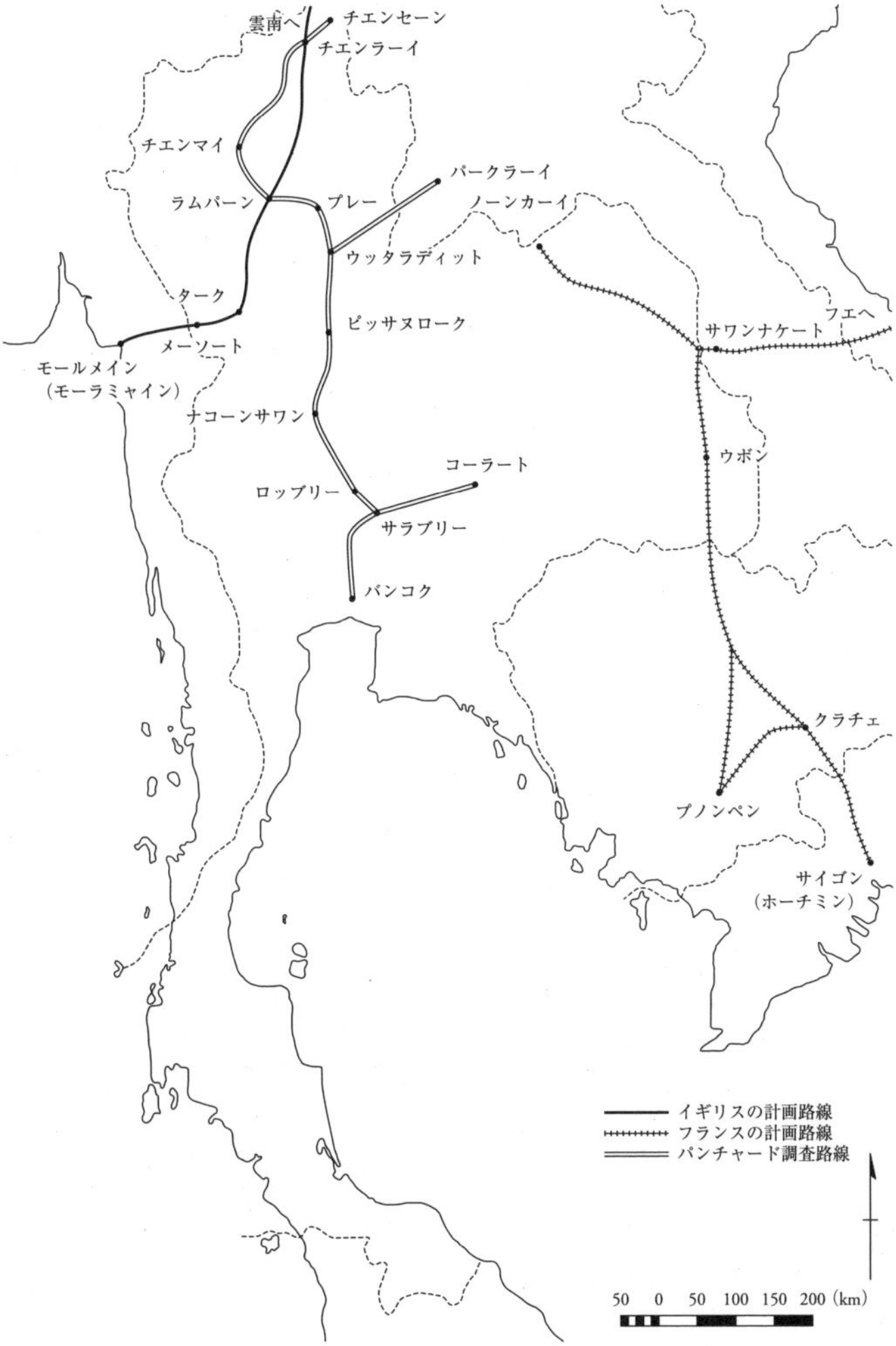

出所：柿崎［2000］：109

ようと画策した場合には、タイ側が手遅れになる可能性を懸念したのです。イギリス政府もこの鉄道計画には疑念を抱いていたことから、この問題が外交問題になる恐れは低かったのですが、コルフーンらはグラスゴーの商工会議所を使ってイギリス政府に鉄道建設を推進するよう圧力を掛けました。

ナレート親王も、この計画に対して反対の意向を示しました。日本の事例を引き合いに出しながら、親王は外国勢力への免許付与は避けるべきであると主張し、日本のように外国資本による鉄道建設を一切認めないことがタイの理想であると訴えていました。親王はこのモールメイン～雲南鉄道計画に対応するために各国の鉄道建設の事例を探求し、その結果外国人への鉄道事業免許の付与が持つ危険性を認識したのだと思われます。このような鉄道観が、タイの鉄道政策の根幹を築いていくことになるのです。

一方、フランス側でも雲南へ至る鉄道が計画され、イギリスと同じくタイの領域を経由するルートが構想されました。一八八〇年にはサイゴンからプノンペンに至る鉄道計画が浮上し、その際に途中のクラチェからメコン川沿いに北上してタイを経由して雲南へ至る鉄道計画が合わせて出されました。フランス側からはイギリスのように具体的な鉄道建設の申請は出されなかったものと思われますが、フランスがメコン川流域へ至る鉄道を計画しているとの噂はタイ側にも届いていました。ラーマ五世もフランスによる鉄道計画について、もしこれを認めるとイギリスの鉄道計画も認めざるを得なくなり、イギリスにそれを認めればフランスはさらなる譲歩を求めてくるに違いなく、両国が徐々に一歩ずつバンコクに近づき、最終的には力の強いほうにバンコクを取られてしまうと警戒していました。

このように、周辺諸国の植民地化が進展し、イギリスとフランスがそれぞれ西と東からタイの領域へ延びる鉄道を画策していくことは、タイの領土喪失の危機につながるとの見方がタイ政府内の大勢を占めていました。外国による鉄道計画に対抗するためにも、自らの手で鉄道建設に乗り出す必然性が、以前にも増して高まったのです。

ホー征伐

英仏による鉄道計画もさることながら、タイ政府が鉄道の必要性を痛感する出来事がもう一つありました。それは、一八八五年から翌年にかけて行われたホー征伐でした。ホーとはタイ北部やラオスで漢族を指す語であり、本来は商人としてこの地域に出入りしていたのですが、一八六〇年代からは太平天国の乱の残党やそれによって困窮した住民が盗賊となり、ヴェトナムからラオス方面にかけて流れ込んできたのでした。当時メコン川左岸、現在のラオスはバンコクの支配下にあり、ホーが入り込んできたフアパンやトゥンシエンカム方面はバンコクの属国の扱いのルアンパバーンが支配する地域でした。このため、一八七五年にラーマ五世は最初のホー征伐を行い、一八八三年にも大規模なホー征伐隊を派遣しましたが、一掃することはできませんでした。

このため、ラーマ五世は従来の地方レベルでのホー征伐を改め、バンコクから軍勢を派遣してホーの一掃を図ることにしました。そこで、一八八五年一〇月にバンコクから二つの部隊をラオス方面に派遣するという作戦を開始しました。バンコクから派遣される軍勢は約七〇〇〇人の規模であり、そのための食糧を現地で確保するのは困難と見積もられていました。当時はチャオプラヤー川下流域のいわゆるチャオプラヤー・デルタ以外では米の商品化は進んでおらず、原則として地域ごとに米の自給自足が行われていたので、突然人口が増えても余剰米の確保が難しかったのです。このため、バンコクから蒸気船でチャオプラヤー川を遡ってピッサヌロークやピチャイ（ウッタラディット）まで米を運び、以後は陸路でメコン川まで輸送することになりました。ピチャイからルアンパバーンまでの物資輸送には象一七八頭と牛五〇〇頭が必要と見積もられ、北部一帯の地方都市（ムアン）から調達されることになりました。ピッサヌロークからノーンカーイまでの輸送は、東北部のムアンから供出された牛を利用することにしました。

しかし、実際には象の供出を命じられた地方の領主が命令を履行せず、象の調達は困難を極めました。北部は象の主要な産地でもあり、ビルマ方面へも輸出されていたほか、一九世紀後半から盛んになったヨーロッパ商会によるチーク伐採現場での丸太の牽引にも利用されていました。せっかく派遣されてきても途中で逃亡する象も続出し、象は恒常的に不足していました。そもそも米のような重量品を駄獣により陸路で輸送するのは至難の業であり、船でピチャイに集められた米七二四トンのうち、駄獣によってピチャイを発った米は三分の一強の二五六トンでしかなく、最終的にルアンパバーンに到着した米はわずか八トン強でした。つまり、ピチャイに到着した米の一％しか目的地に到達しなかったのです。輸送部隊や軍勢によって消費された分もありましたが、途中の倉庫では大量の米が滞留し、最終的には大量の余剰米として安価で売却せざるを得なくなりました。

実際には、当初米が不足すると見込まれていたルアンパバーンでも予想以上に米が集まったので、結果としてこの輸送計画の失敗が直接ホー征伐へ悪影響を及ぼすことはありませんでした。しかしながら、この結果は国内の輸送条件の悪さ、とくに陸上輸送しか使用できない場合の劣悪な輸送条件を見せつけることになり、政府に陸上輸送による重量品の大量輸送がいかに難しいかを痛感させました。物資輸送を担当した官僚プラヤー・シーシンテープも、今回の失敗をふまえて今後同じようなことを行う際には物資輸送をどのようにすべきか検討する必要があると報告していました。ラーマ五世もこの食糧輸送が円滑に行われているか作戦中にも常に気にかけていましたが、結果は討伐作戦としては王の杞憂で済んだものの、物資輸送の点では懸念どおりになってしまったのです。

このホー征伐のための食糧輸送の失敗は、間接的に鉄道の重要性を政府に理解させることになりました。教訓として得られたのは旧来の陸上輸送の困難さでしたが、その条件の悪さを補完する役割を担うのが、まさに鉄道なのでした。英仏による鉄道計画の浮上も、タイ政府に鉄道建設の重要性を認識させる要因となったのですが、実際に鉄道のメリットである廉価で大量の物資輸送の必要性が理解されたのは、国内の陸上輸送が劣悪な状況であることに気づいたためでした。ホー征伐における食糧輸送の失敗は、タイが実際に鉄道建設を決断する上で極めて重要な役割を果たしたといえるでしょう。

2 鉄道建設の推進

パンチャード調査とベートゲ調査

英仏の鉄道建設計画やホー征伐を受けて、ようやくタイは鉄道建設を行う意志を固め、そのための路線調査を行うことになりました。それが一八八八年三月にイギリスのパンチャード社と契約した路線調査であり、通称パンチャード調査と呼ばれるものでした。この調査では、先の図3（一五ページ）のようにバンコクからチャオプラヤー川沿いに北上してチエンマイへ至る幹線と、サラブリー～コーラート間、ウッタラディット～パークラーイ間、チエンマイ～チエンセーン間の三つの支線を対象としており、全線を八区間に分けて順次着手し、四年以内に終了させることになっていました。

これらの路線のうち、チャオプラヤー川流域を北上する路線が幹線とされましたが、チエンマイへ至るピン川経由ではなく、ナーン川沿いに北上した後に、プレー、ラムパーンなどのヨム川、ワン川流域の主要都市を経由して最終的にチエンマイに至るルートを採用していました。これは鉄道が到達する北部の主要都市の数を増やすのみならず、イギリスが希望していたモールメイン〜雲南間鉄道との接続を難しくするために、わざと東回りルートを選択したという意図もあると思われます。三つの支線はいずれもチャオプラヤー川流域とメコン川流域を結ぶルートで、サラブリー〜コーラート間はコーラート高原への、ウッタラディット〜パークラーイ間はルアンパバーンへの、チエンマイ〜チエンセーン間は雲南方面へのアクセスを想定していました。

タイ側はこれをあくまでも調査契約と捉え、その後の建設とは切り離して考えていました。しかし、実際にはこの後鉄道建設の入札を行うと、会社側は鉄道建設を前提として格安での調査を請け負ったと主張して、もし実際の建設工事を引き受けられないのであれば、契約した一マイルあたり一〇〇ポンド以内という調査費用を引き上げるよう要求してきました。タイ側はすでに入札を告示しており、パンチャード社の提示した条件のほうが入札条件よりも悪いことからこれを却下しましたが、その後も契約をめぐって会社側との対立は尾を引きました。このように、調査の時点から外国の民間業者との間で対立が生じたことにより、タイの外国民間業者への警戒感は最初から高まりました。

パンチャード調査の契約から間もなく、タイはもう一つの路線調査を行うことになりました。一八八八年一一月に、ドイツの建設省技師でクルップ社のアジア地域顧問技師でもあったベートゲが中国からの帰途タイに立ち寄り、テーワウォン親王と面会しました。その際に、親王はパンチャード調査に含まれているバンコク〜コーラート間の路線調査をベートゲに要請しました。彼は直ちにバンコク

〜コーラート間を走破して調査を行い、翌年一月に詳細な報告書を提出しました。この路線は最初に建設すべき重要な路線なので彼に調査を依頼したと親王が述べていたことから、この時点でバンコク〜コーラート間の鉄道がもっとも優先されていたことがわかります。パンチャード調査では幹線はバンコク〜チエンマイ間とされていましたが、これはイギリスのモールメイン〜雲南間鉄道計画にとって重要な役割を果たすこの路線を幹線に設定しておくことで、イギリス側を満足させる意図があったものと思われます。

ベートゲの調査は、非常に詳細かつ具体的であり、テーワウォン親王の厚い信頼を勝ち取ることになりました。わずか二ヶ月間の調査でしたが、彼は実際にバンコク〜コーラート間を実地調査してこの間のヒトやモノの流動状況を調べた上で、鉄道開通後の需要予測を示しました。彼は当時のサラブリー〜コーラート間のドンパヤーイェン越えの陸路による貨物輸送量を月に一頭五〇キログラム積載の牛三〇〇〜四〇〇頭分と見積もり、鉄道開通後に輸送される貨物の品目とその量も予測しました。さらに、需要予測に基づいて必要な車両数を計算し、鉄道建設に総額一三〇〇万バーツが必要と見積もりました。開業後の収支予測も行い、初年度の純益は四万バーツで、一〇年後にはそれが倍増すると予想しました。将来の輸送需要の拡大を見込んで軌間は標準軌（一四三五ミリメートル）を推奨し、運営形態は官営鉄道、建設資金は国債発行による調達を薦め、それぞれ具体的な方法を説明しました。

パンチャード社の調査は四年間の長期に渡っており、おそらくベートゲの報告書が出された段階ではまだ大して進捗していなかったはずですが、わずか二ヶ月でバンコク〜コーラート間の鉄道の詳細な調査報告を手に入れ、しかも収支面でも十分採算が見込まれるとのお墨つきを得たことは、タイが鉄道建設に実際に着手するための大きな後押しとなりました。このため、パンチャード調査の終了を待たずして、タイは最初の鉄道建設へと乗り出していくことになるのです。

コーラート線の建設

テーワウォン親王の厚い信頼を得たベートゲは、自ら調査を行ったバンコク〜コーラート間の鉄道、いわゆるコーラート線の建設に着手していくことになりました。一八九〇年一〇月に政府は土木省下に鉄道局を設置し、ベートゲを局長に据えたのです。当時タイではお雇い外国人が多数活躍しており、近代技術に関係するような機関においては外国人が局長となることも珍しくはありませんでした。ベートゲが局長に選ばれたのは、調査結果もさることながら、ドイツというタイに領土的野心のない国の出身者だったことも大きく影響していました。そもそも、親王が最初に彼に調査を依頼した際にも、彼がドイツ人であること考慮したはずです。局長がドイツ人となったことで、鉄道局のお雇い外国人も大半がドイツ人となりました。

一八九一年四月に、鉄道局はコーラート線建設業者の公開入札を公示しました。応札したのはイギリスのキャンベル社とドイツ企業シンジゲートの二社のみで、鉄道局で検討の結果、ドイツ企業のほうが提示価格は高いものの、キャンベル社には見積もられていない項目があり、鉄道建設の経験も乏しいことから、ドイツ側に落札させることに決めました。ドイツ人技師中心の鉄道局ですから、ドイツ企業に落札させると決めたことはある意味当然でした。しかし、イギリス側は外交手段も用いて巻き返しを図り、ラーマ五世もドイツへ権益が集中しすぎることを憂慮したことから、イギリス企業に落札させることに変えました。コーラート線の建設は、ドイツ人主体の鉄道局がイギリスの請負業者を監督するという二重構造となったのです。

この結果、最初の官営鉄道コーラート線の建設は、着工後間もなく鉄道局と請負業者の対立に巻き込まれ、大幅に遅れることとなりました。鉄道局の支払いが遅れているとして一八九三年にキャンベル社は訴訟を起こし、鉄道局側もキャンベル社を訴え、元蘭印の土木局長を仲裁人に立てて調停を行うことになりました。キャンベル社が一〇〇〇万バーツ、鉄道局が五〇〇〇万バーツの損害賠償を主張し、一八九七年にタイ側が四三万バーツを支払う形で裁定が出ました。しかし、キャンベル社がこれを不服として、イギリス政府に圧力をかけてイギリス人の仲裁人による再仲裁を主張し、調停はやり直しとなりました。最終的に一九〇一年に出た裁定は、タイ側が二七五万バーツの賠償金を支払うことに決まり、キャンベル社側の巻き返しは成功しました。

このような対立によって肝心の鉄道建設も大幅に遅れ、一八九六年にはキャンベル社との契約を破棄して、鉄道局が独自に建設を進めることにしました。バンコクからアユッタヤーにかけてはチャオプラヤー・デルタの低地を進むことから築堤を高く作る必要があり、その先のケンコーイからはドンパヤーイェン山脈の山越えの区間となるので、建設は難航しました。当初の完成予定は一八九六年でしたが、結局最初のバンコク～アユッタヤー間が開通したのは一八九七年三月のことでした。この最初の官営鉄道の開通式が執り行われた三月二六日は、タイの鉄道記念日となっています。次いで同年一一月にドンパヤーイェン山脈の西麓ケンコーイまで延伸され、最終的に一九〇〇年一二月にようやくコーラートまでの全線が開通しました。

着工から九年かかってようやく完成したコーラート線は、タイ政府にとっては高い買い物となり、その後の鉄道建設を遂行する上で様々な教訓をもたらしました。中でも重要な教訓は、パンチャード調査に続いて請負業者との対立が発生し、結果としてタイ側が高い賠償金を支払わされる羽目になったことでした。これによって、政府の外国企業への不信がさらに高まり、民営鉄道を制限するという官営鉄道主義が強まる大きな要因となったのです。

●官営鉄道の開通式に臨むラーマ５世（バンコク・1897 年）

チャオプラヤー川流域への鉄道

コーラート線に次いで建設されることになった路線は、パンチャード調査で幹線に指定されたバンコク～チエンマイ間の北線でした。タイ政府が北線よりもコーラート線を優先させたことに対して外国人らが批判の声を上げており、外国人による北線の建設申請も出されていましたので、政府としても早急に官営鉄道として北線の建設を進める必要がありました。このため、コーラート線のケンコーイまでの開通後に、空いた技師を使って北線のロッブリーまでの建設に着手することとなり、一八九八年から建設が始まりました。パンチャード調査ではサラブリーが北線とコーラート線の分岐点となっていましたが、北線の所要距離が延びるため、手前のバーンパーチーを分岐点に定めました。この最初の区間は、一九〇一年に開通しました。次いでロッブリー～パークナムポー間が着工されましたが、一九〇二年に北部のプレーで反乱が発生したことから、北線の建設を前倒しして行う必要が生じました。この反乱はバンコク政府の中央集権化に反発する地方領主の意向の反映と考えられたことから、同様の属国が多い北部への交通の便を確保するために、ラーマ五世が直ちに北線を北部に到達させることを求めたのです。しかし、問題は建設費の調達でした。従来の国家予算に依存した建設では年三〇〇～四〇〇万バーツの支出が限度であり、政府部内でも一八九九年頃から外債の導入を検討し始めていましたが、鉄道の収益率が借款の利子率を下回っていたことから、依然として慎重論が根強かったのです。

それでも、直接的な利益は大きくなくても、間接的に得られる利益には代えられないとのことで、初めての外債を使用することになりました。一九〇五年に英仏の銀行から計一〇〇万ポンドを借り入れ、一九〇七年にはさらに三〇〇万ポンドが追加されて、北線の建設が進められていきました。この間にパークナムポーまでが一九〇五年に、次いでピッサヌロークまでが一九〇八年にそれぞれ開通し、一九〇九年にはウッタラディットを越えて北部山地まで鉄道が到達しました。なお、一九〇九年には途中のバーンダーラーからサワンカロークまでの支線も開通しましたが、これはヨム川への連絡線として急遽建設が行われたものでした。

北部山地に到達してからは、鉄道の延伸速度は大幅に落ちることになりました。山岳区間での鉄道建設は予想以上に建設費がかかった一方で、輸送需要は少なく採算性も低下しました。さらに、一九〇九年にイギリスからの借款でマレー半島の縦貫線の建設も始まったことから、政府の財政負担を軽減するためにプレー付近のメープアクまでで建設を一時中断するよう財務顧問からも要請があり、同年中に北線の延伸工事を一時中断しました。技師の一部は南線の建設現場へと移動し、鉄道建設の中心は北線から南線へと移りました。その後一九一二年に北線の延伸工事は再開されましたが、再開されたのはメープアクから西へ進んでラムパーン、チエンマイへ至る当初からの計画路線のみで、メープアクからさらに北上してチエンセーンへ至るもう一つの路線は棚上げとなりました。

再開された北線の建設は、今度は第一次世界大戦の影響を受けて停滞することになります。一九一六年にラムパーンまでは開通したものの、最後のラムパーン〜チエンマイ間は北線でもっとも長い延長一三六一メートルのクンターン・トンネルを掘削しなければならず、さらにトンネルの手前には三ヶ所の鉄橋も必要でした。ラムパーンまでにすでに三ヶ所のトンネルを掘削してきましたが、もっと

●クンターン・トンネル

も長いものでも延長三六〇メートル程度でしたから、このクンターン・トンネルは破格の長さでした。しかも、一九一七年にタイが第一次世界大戦に参戦することで、鉄道局のドイツ人技師らはすべて追放されましたので、残された数少ない外国人とタイ人技師の手で建設を続行する必要がありました。後述するカムペーンペット親王の尽力もあって、トンネルは一九一八年に貫通しました。

しかし、問題は鉄橋用の鋼材であり、これがヨーロッパから届かない限り、北線の全線開通は不可能でした。トンネルの貫通後は、トンネルの入口付近まで谷間に仮設線を敷設し、ケーブルを用いて高低差を克服して資材輸送も行われました。また、トンネル以西の鉄橋建設予定地では、試験的に鉄筋コンクリート製の橋を建設し、鉄橋を代替しました。しかし、トンネル東側の三ヶ所の鉄橋には代替手段がなく、戦争の影響で到着の遅れた鋼材を待つほかは策がありませんでした。このため、チエンマイまでの開通は一九二二年のことになり、ラムパーンからチエンマイまでの建設に六年間も費やしたのでした。

マレー半島縦貫線

マレー半島を縦貫する鉄道は、パンチャード調査にも含まれておらず、当初タイ政府の認識では重要度がそれほど高くはありませんでした。マレー半島の東海岸へはバンコクから沿岸航行が利用できるため、すでに内陸部へ比べれば相対的に早い輸送時間と安価な輸送費用が実現していました。このため、建設を急ぐ理由はとくになかったのですが、イギリス人らの圧力が結果としてこの縦貫線の建設を推進させることになったのです。

縦貫線の中で最初に開通したのは、バンコクからペッブリーまでのペッブリー線でした。次に述べるように、この鉄道は当初民営鉄道として免許が交付されたものでしたが、資金調達に失敗して免許がたらいまわしにされ、最終的に政府が自ら建設することに決まったのです。一八九九年に着工されて一九〇三年に開通したこの鉄道は、チャオプラヤー川の西岸に位置するバンコクノーイ（トンブリー）を起点とし、ナコーンパトム、バーンポーン、ラーチャブリーなどの主要都市を経由してペッブリーに至る路線でした。コーラート線と北線はチャオプラヤー川の東側を起点としたことから、この後東岸線、西岸線という区分もなされることになります。さらに、この西岸線は軌間も一〇〇〇ミリメートルのメートル軌を採用したことから、東岸線の標準軌とは異なるレール幅となりました。当時メートル軌はマラヤでも用いられていたことから、マラヤとの直通を念頭に置いたものとも考えられますが、おそらくは標準軌よりも建設費を安く済ませることを期待したに過ぎないものと思われます。この鉄道は極力安上がりに建設することを目指し、三つの長大橋に鉄橋が使われた以外は、すべて木橋で済ませました。

ペッブリー線の建設中にプレー反乱があったので、政府はこの後北線の建設を推進することとなり、南線の延伸はしばらく中断されることになりました。しかし、南部は英領マラヤと隣接しており、マラヤと同様の錫鉱山があることから外国人も多く、彼らが次第にマラヤとの格差に不満を持つようになりました。また、錫鉱石はもちろんのこと、新たに栽培が拡大していった天然ゴムもシンガポールやペナンへと輸出されたことから、南部とマラヤとの経済関係が濃厚となり、バンコクと南部との希薄な経済関係が憂慮されるようになりました。さらに、イギリス人によるマレー半島縦貫鉄道の建設申請も出されたことから、政府は至急マレー半島にも鉄道を伸ばす必要性に迫られたのです。

●ペッブリー線の開通式（ラーチャブリー・1903年）

北線の場合と同じく問題は資金源でしたが、不平等条約の改正と合わせてイギリスから借款を受ける方法を模索しました。その結果、一九〇九年にイギリスとの間で不平等条約の一部改正と引き換えにマレー四州を割譲する条約を締結した際に、マラヤ連邦鉄道から南線建設費として四〇〇万ポンドを借り入れることを盛り込みました。これを受けて南線の建設が開始されることになりましたが、イギリス側は南部でのドイツ人の勢力拡大を恐れて、旧来のドイツ人技師主体の鉄道局ではなく、イギリス人技師による鉄道建設を求めました。このため、政府は鉄道局のイギリス人技師ギッティンズを総責任者としてイギリス人技師を集めて建設を行うことにしました。一九一三年にはこれを南線鉄道局として独立させ、旧来の鉄道局は北線鉄道局と改称されました。

南線の延伸は、ペッブリーのみならず南部東海岸の港町ソンクラー、西海岸の港町カンタンの計三ヶ所から進められ、建設期間の短縮が目論まれました。一九一一年にペッブリーから南下する一部の区間が完成し、一九一三年にはカンタンからの路線も一部開通しました。一九一四年にはソンクラー〜カンタン間がつながって半島横断線が形成され、縦貫線も一九一六年にチュムポーンでつながり、バンコク〜ソンクラー間が完成しました。線路はさらに南下を続け、一九一八年にはマラヤ西海岸線との接続駅パーダンベーサール、一九二一年にはマラヤ東海岸線との接続駅スガイコーロックまでが開通し、南線の全区間の建設が終了しました。

南線は、タイで初めての国際鉄道となりました。当初マラヤの鉄道との接続は東海岸のスガイコーロック側のみを想定しており、西海岸での接続は計画されませんでした。しかし、ペナンがこの計画に難色を示し、西海岸側での接続も求めました。その結果、ハートヤイから南下してクダ国境パーダンベーサールに至る路線が急遽追加され、こちらのほうが先に完成したのです。マラヤの東海岸線の全通は一九三一年と大幅に遅れましたが、西海岸線はすでに全通していましたので、一九一八年の時点でバンコクからマレー半島南端のジョホールバルまでが鉄道で結ばれたのです。

急速な鉄道網の拡大

このように、タイにおける鉄道建設は一八九〇年代から開始され、東南アジアの周辺諸国に比べて出遅れたものの、路線網の整備は急速に進みました。一九〇〇年までに開通したのはコーラート線と後述するパークナーム鉄道のみでしたが、その後一九〇〇年代には北線がウッタラディットの先まで、南線がペッブリーまで完成し、他にチャチューンサオまでの東線、プラバート、メークローン（サムットソンクラーム）までの民営鉄道が出現しています。次の一九一〇年代はマレー半島縦貫線の建設期となり、ハートヤイ〜スガイコーロック間の一部を除いて一九二〇年までに完成しました。北線は山間部の難工事と戦争の影響で開通区間は少なくなっていますが、一九二二年にはチエンマイへ到達することから、とりあえず一九一〇年代までにバンコクから南北に伸びる縦貫線がほぼ完成したことになります。

この間のタイの鉄道網の整備は、他の東南アジア諸国と比べても遜色ないものでした。図4を見ると、一九〇〇年以降タイの鉄道総延長は急速に増加し、一九二〇年には二〇〇〇キロメートルを越えてジャワ、ビルマに次ぐ第三位の地位を獲得したことがわかります。ジャワの総延長は依然として拡大傾向を見せていましたが、ビルマや仏印では路線の拡大傾向に陰りが見られる中で、タイは着実に総延長を拡大させ、後発国にもかかわらず仏印やマラヤを追い越したのでした。

図4●東南アジア各国の鉄道総延長の推移(1870〜1920年)

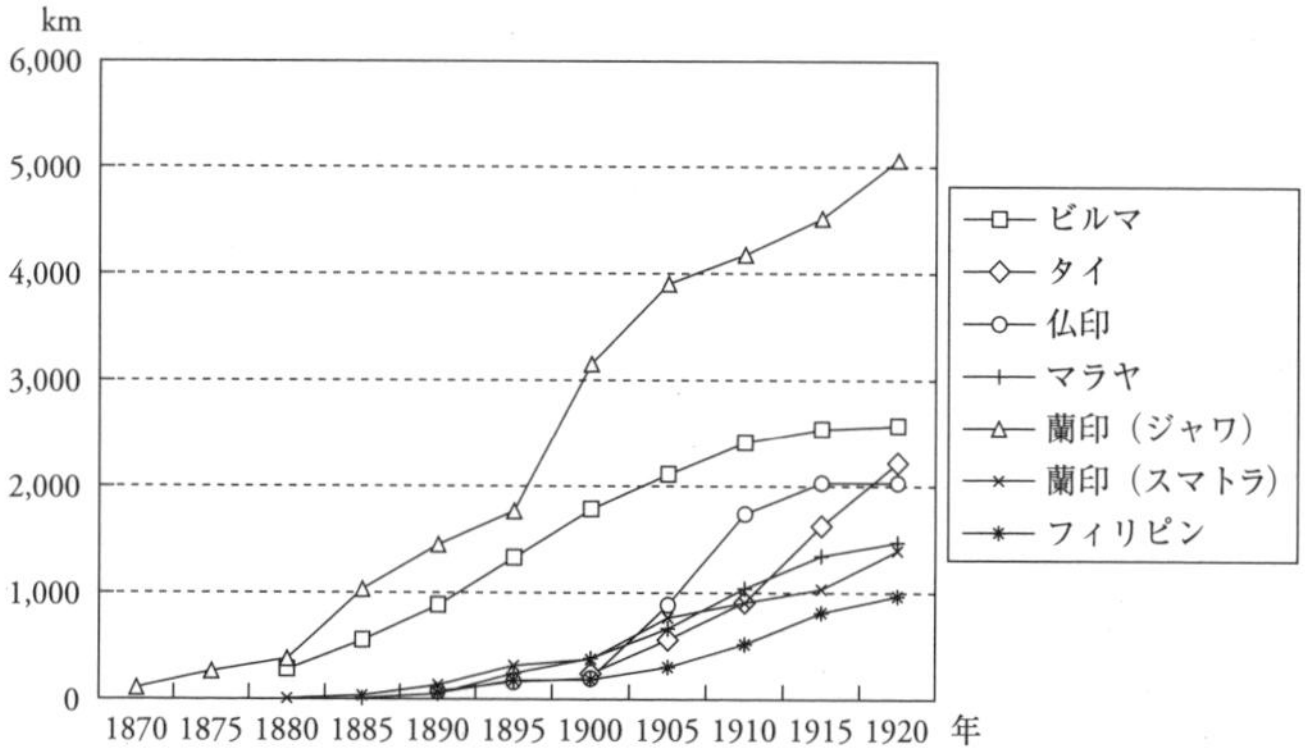

注1:1910年以降の仏印は滇越鉄道の中国領内区間464km分を含む。
注2:フィリピンはマニラ鉄道(ルソン島)の数値である。
注3:タイの民営鉄道は含まない。
出所:ビルマ:Shein [1964]、SABI、タイ:Kakizaki [2005]、仏印:ASI、マラヤ:Kaur [1985]、蘭印:Knaap [1989]、フィリピン:Corpuz [1999] より筆者作成

ビルマでは雲南への進出ルートとなるラーショーへの延伸が一九〇三年に完成しましたが、その先中緬国境に近いサルウィン(タンルウィン)川畔のクンロンへの延伸は中止されました。他方で、新たにバセイン(パテイン)、チャンギン、サルウィン川を挟んだモールメインの対岸のマルタバン(モッタマ)への延伸が進められ、一九一〇年までにいずれも完成しました(八七ページ図12参照)。しかしながら、一九一〇年代に入ると新線建設の速度は落ち、この時期に開通した区間はマンダレー~マダヤ間の軽便鉄道と、タージーからシュウェニャウンへ至る南シャン鉄道の一部区間のみとなりました。その結果、一九二〇年の総延長は二五九七キロメートルと、一九〇〇年

からの二〇年間に八〇〇キロメートルの路線網の拡大しか実現しなかったのです。

仏印では一九〇〇年代に大幅な路線網の拡張が見られましたが、一九一〇年代はビルマと同じく停滞しました。一八九〇年代末に打ち出されたインドシナ縦貫鉄道と滇越鉄道の二大幹線の整備は、実行に移されることになりました。前者はハノイ、トウレン（ダナン）、サイゴンの三ヶ所から着工されることになり、一九一〇年までにハノイ〜ヴィン間、トウレン〜ドンハ間、サイゴン〜ムオンマン間の三区間が開通しました（図12参照）。一方、三国干渉の結果敷設権を得た滇越鉄道は一九〇一年に着工され、一九一〇年までにハイフォン〜昆明間が全通しました。この時点で仏印の鉄道網は一七七〇キロメートルに達し、急速な路線網の拡張を実現させました。しかし、その後第一次世界大戦の影響で拡張は伸び悩み、ハノイ〜サイゴン間の二つのミッシングリンクのうち、南側ではムオンマン〜ニャチャン間が開通して未開通区間が減ったものの、北側では着工された建設工事がすぐに中断されてしまいました。このため、仏印の鉄道網は三つの区間に分断されたままの状態がしばらく続くことになります。

マラヤでは一八九〇年代から始まったプライ〜スレンバン間の縦貫線の整備が進み、一九〇三年にはこの間が早くも全通しました。次いでスレンバンから半島南端のジョホールバルへ向けて路線の拡張は続き、スレンバンから徐々に延伸された線路は一九〇九年にジョホールバルに到達しました（図12参照）。一九〇三年にはジョホールの対岸ウッドランズからシンガポールまでの区間も開通し、シンガポール島にも鉄道が出現しましたが、両者が結ばれるのは一九二三年のコーズウェイ（築堤）完成まで待たねばなりませんでした。一九一四年からはプライから北上してタイ国境に至る路線も徐々に完成し、一九一八年にパーダンベーサールの国境まで全通しました。これによって、マレー半島縦貫線、つまり西海岸線が全通したのです。一方、東海岸線も一九一〇年代に西海岸線との分岐点グマスとクランタン側のトゥムパットの二ヶ所から徐々に建設が進み、一九二〇年にはタイ国境ランタウパンジャン（スガイコーロック対岸）へも線路が到達しましたが、全線の開通まではさらなる時間を要しました。一九二〇年の総延長は一四九八キロメートルであり、路線網の拡張はタイよりも遅いものでした。

●マラヤの鉄道（プライ・1910年代）

このように、周辺諸国と比較しても、タイの鉄道網の拡張の速度は早く、鉄道後発国のタイも短期間で先進国のビルマに並ぶ程度まで鉄道網を広げていきました。タイが着実に近代的交通手段である鉄道を普及させたことは、タイの経済的統合に大きな役割を果たしただけでなく、タイの独立の維持にも間接的に貢献しました。

3 官営鉄道主義の確定

官営鉄道と民営鉄道

タイにおける鉄道整備は、当初は民営鉄道が先行しましたが、やがて民営鉄道を制限し、最終的には一九〇〇年代半ばに民営鉄道はすべて認めないという官営鉄道主義が確立しました。そもそも官営鉄道と民営鉄道の違いは、建設主体が政府か民間企業であるかという点であり、世界においても官営鉄道主体の国と民営鉄道主体の国がありました。タイの場合は、民営鉄道の運営の主体が外国人であるという点が問題視され、結果として民営鉄道を制限する方向へと向かったのです。

東南アジアの状況を見ると、民営鉄道よりも官営鉄道のほうが主流でした。蘭印のジャワ島では、最初のスマラン〜ジョグジャカルタ間の鉄道は蘭印鉄道会社という民間会社によって建設されましたが、当初の営業成績があまり芳しくなかったことから、一八七八年開通のスラバヤ〜マラン間を皮切りに官営鉄道の建設が進み、以後ジャワ島を東西に縦貫する幹線を中心に官営鉄道網が構築され、一部の民営鉄道の国有化も行われました。ただし、ジャワ中部・東部においては製糖産業の発展と共に、民間による局地的な鉄道あるいは軌道の導入も進み、ジャワ島北岸のチルボンからスマランを経由してスラバヤへ至るルート及びその支線網はすべて民営鉄道でした。同じ蘭印のスマトラ島では完全に官営中心であり、北部のメダンを中心に形成されたデリ鉄道が唯一の民営鉄道でした。

大陸部のビルマでも、鉄道事業は原則として官営でした。実際にはモールメイン〜雲南間鉄道のような民間による鉄道建設計画も浮上したのですが、実現したのは官営鉄道でした。しかし、ビルマではその後官営鉄道の賃貸を希望する民間会社が出現し、一八九七年に全線がビルマ鉄道会社に移管されました。これは営業を民間が行ない、線路の整備費用は国が賄うという、いわゆる上下分離方式による営業で、その後の鉄道網の延伸費用は政府が負担しました。仏印でも最初のサイゴン〜ミト間の鉄道は民営でしたが、その後の縦貫線の建設は官営で行われ、サイゴン〜ミト間も後に国有化されました。一方、雲南へ至る滇越鉄道は中国側との合弁会社である滇越鉄道会社の経営する民営鉄道でしたが、実質的にはフランスの国策会社でした。マラヤでは当初は州営鉄道として各州単位に鉄道が建設されましたが、マレー半島縦貫線を建設するために鉄道運営を一元化することとなり、一九〇一年からマラヤ連邦鉄道に統合されていきました。

東南アジアで唯一民営鉄道主義を採用したのは、フィリピンでした。フィリピン最初の鉄道はイギリス資本によって設立されたマニラ鉄道会社によるもので、スペイン時代に開通した唯一の鉄道でした。その後、アメリカの植民地化に伴いこの会社はアメリカ資本による新マニラ鉄道に継承され、路線網の拡張を進めました。しかし、第一次世界大戦の影響で一九一四年以降赤字経営が続き、一九一七年に政府が会社の株式を買い上げて事実上国有化されました。なお、アメリカの植民地化後にセブ・パナイ島での鉄道建設も行われましたが、これもアメリカ資本のフィリピン鉄道会社の手によるものでした。

これらの地域はいずれも欧米の植民地化であったことから、一部の例外を除いて民営鉄道の経営陣も宗主国の人間であり、資本も宗主国のものでした。官営鉄道についても、すべて植民地政府による建設であり、植民地における鉄道はほとんどが宗主国資本を利用して建設されたことになります。これに対し、独立を維持したタイには宗主国というものが存在しないことから、外資を利用しない場合は国内での資本調達を行うしかなかったのです。しかし、実際には官営鉄道の建設の際に外債を利用せざるを得なかったように、国内での鉄道建設資金の調達は難しいものでした。このため、タイ国内で浮上してくる民営鉄道計画はほとんどが外国人の手によるものであり、主としてヨーロッパにおいて資本調達を行うことを前提としていました。タイにおける官営鉄道主義の確立は、このような外国人資本家による民営鉄道が与えうるデメリットを考慮してのことでした。

初期の民営鉄道

タイにおける民営鉄道計画の浮上は、先に触れたクラ地峡横断鉄道まで遡ることができますが、その後一八八〇年代半ばまでは具体的な鉄道建設の申請は見られませんでした。モールメイン〜雲南間鉄道計画の浮上後は、タイ国内でも民間による鉄道建設計画が出てきましたが、初期においては建設が認められる事例も若干ながらありました。それがバンコク〜パークナーム、チャチューンサオ間、ソンクラー〜クリム間、バンコク〜ペッブリー間の三つの計画でした（図5参照）。

最初のバンコク〜パークナーム、チャチューンサオ間の鉄道は、一八八六年にタイ政府の水路学技師のイギリス人ロフトスと、海軍副司令官のデンマーク人リシュリューに対して免許が交付されたものであり、詳細が不明なクラ地峡横断鉄道を除けばタイで最初に免許が交付された民営鉄道でした。この路線はバンコクから六〇キロメートル東のチャチューンサオと二〇キロメートル南のパークナームを結ぶ二つの路線からなり、当初彼らはタイの王族も巻き込んでブーラパー鉄道会社を設立し、前者の路線を優先して建設することに決めました。ところが、将来の需要増を見込んで標準軌での建設を計画したものの、資金調達が進まず計画は頓挫してしまいました。このため、彼らは新たにパークナーム鉄道会社を設立し、後者の路線をより費用の安いメートル軌で建設することにしたのです。いわゆる軌道の形態をとって既存の道路用地を極力利用したので、土地をほぼ無償で使用することはできたものの、やはり資金調達には難航しました。結局、必要な資本金の半分をラーマ五世が出資する形でどうにか着工し、一八九三年四月にようやく開通しました。これが、タイで最初の鉄道の開通でした。

次いで一八八九年には、南部のソンクラー〜クリム（現マレーシア）間の鉄道計画が申請されまし

図5●民間による鉄道建設計画路線

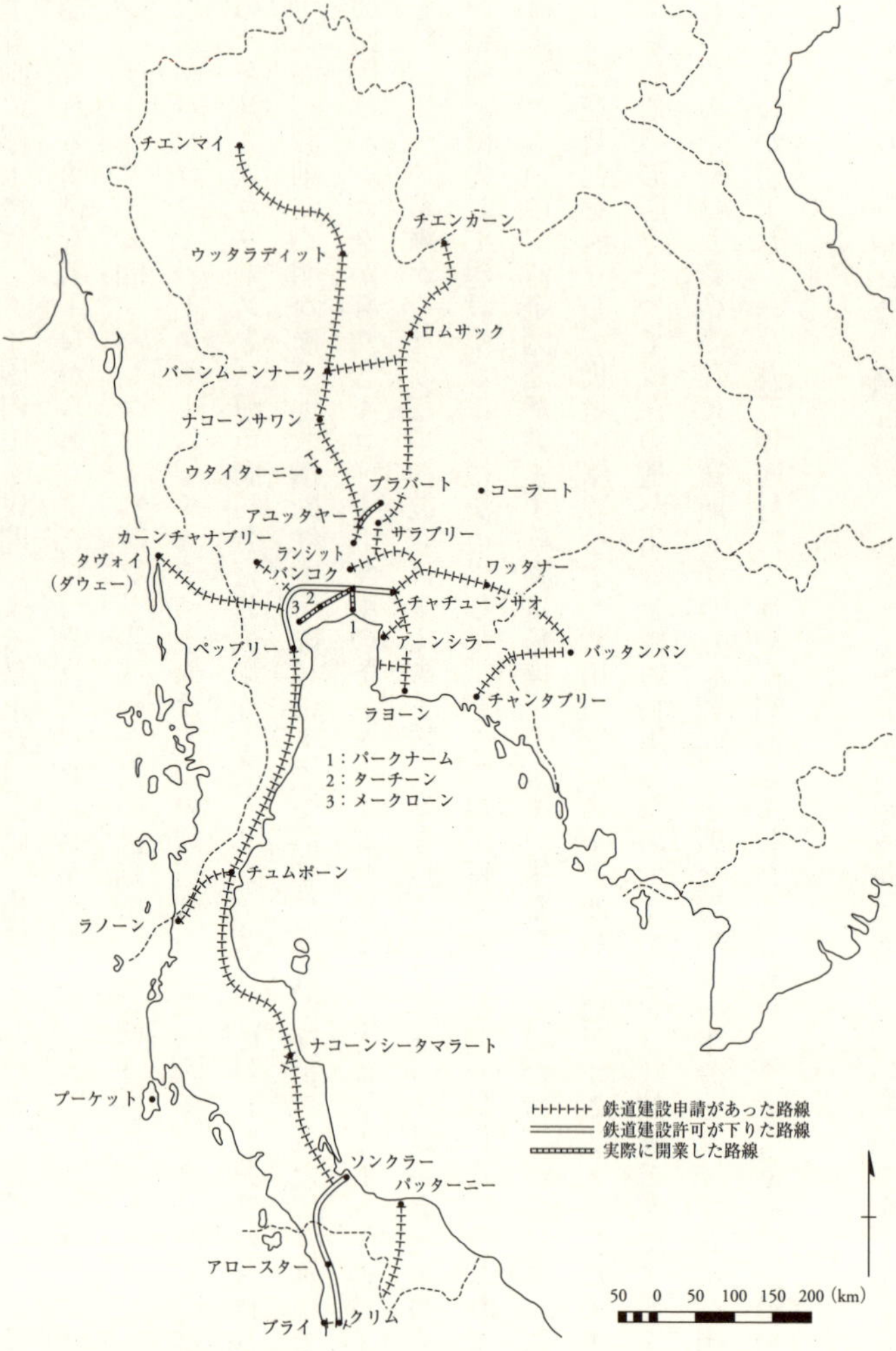

出所：柿崎［2000］：124

た。この路線はシンガポール在住のイギリス人ダンロップが申請したもので、当初タイ側はクリムから程近いペナンの利益にしかならないとして、これを却下しました。その後、一八九〇年にラーマ五世がペナンを行幸した際に、ペナン対岸のプライからクリムを通ってペラクとの国境に近いスラマへの鉄道建設の申請がありました。このため、政府はこの鉄道計画を牽制する目的でダンロップのソンクラー〜クリム間鉄道建設を認めることにして免許を交付しました。彼らの資金調達もうまく行かず、政府に対して出資金に対する配当率の保証を求めてきましたが、政府がこれを拒んだことから結局計画は頓挫し、免許も失効してしまいました。

●パークナーム鉄道の機関車

一八九二年には、デンマーク人のウェステンホルツがバンコク〜ペッブリー間の鉄道建設を申請しました。彼は一八八七年に免許が交付されたバンコク軌道会社の取締役であり、バンコク市内の市内軌道（路面電車）を馬車による運行から電車に代えることを計画していました。彼は政府による配当率の保証は求めないと主張したことから、政府も免許を交付しました。ところが、ダンロップの事例と同じくやはり資金調達に難航し、一八九五年には年五％の配当率の保証を求めてきました。政府がこれを認めなかったことから、この鉄道の免許は何回か転売された挙句、最終的に政府が免許を買い戻して、官営鉄道ペッブリー線として建設することになりました。

結果として、初期に建設が認められた三つの民営鉄道計画のうち、実現したのは最初のパークナーム鉄道のみであり、しかも当初のチャチューンサオへの路線ではなく、より短距離のパークナームへの路線が何とか開通したに過ぎませんでした。ダンロップとウェステンホルツの例が示すように、問題は政府の配当率の保証がないことに起因する資金調達の失敗でした。政府による配当率の保証は、言い換えれば出資者に対する最低利回りの保証であり、当時世界各国で行なわれていた民営鉄道建設の際には一般的なものでした。例えば、ジャワ初の鉄道を建設した蘭印鉄道会社は当初年四・五%の配当率を保証されており、スペイン時代にフィリピンで設立されたマニラ鉄道は年八%もの配当率の保証を受けていました。そのような状況の中で、ダンロップやウェステンホルツが無保証の鉄道計画に対する出資を募っても、関心を持つ出資者はいなかったのです。植民地であれば宗主国の資本家がそれなりに関心を持ったでしょうが、欧米では植民地化されていないタイの状況を理解する人は少なく、投資家にとってはそのような未知の国の無保証の鉄道に投資をすることは、危ない賭けでしかなかったのです。

これに対し、タイ政府は配当率を保証してまで民営鉄道を建設する必要はなく、むしろ自ら鉄道を建設したほうが望ましいと考えたのです。つまり、配当率を保証するということは投資家にただで利益を供与するようなものであり、そこまでするのであれば政府が借金をしてでも自ら建設したほうがよいとの認識が高まったのです。その背景にはパンチャード調査やコーラート線建設に関する民間請負業者との対立があり、政府の外国民間企業に対する反応は急速に悪化していました。結局、初期においては若干の民営鉄道の建設が認められたものの、実現した民営鉄道はたった二〇キロメートルに過ぎませんでした。

民営鉄道への警戒

配当率の保証もさることながら、政府は鉄道の政治的もしくは軍事的な悪影響をも警戒し、結果として徐々に民営鉄道計画全体を制限する方向へと傾いていきました。モールメイン～雲南線のように、鉄道の開通によって領土保全が難しくなると認識された鉄道は、配当率の保証の有無を問わず、そのルート自体が悪いとして申請が却下されることとなりました。

一八八九年に申請されたチャンタブリー～バッタンバン間鉄道は、フランスによって利用されかねないとして却下されていました。図5のように、これは港町チャンタブリーと内陸のバッタンバンを結ぶ鉄道計画であり、経済的には意義があるとされたものの、もしこの鉄道が開通した後にチャンタブリーかバッタンバンのどちらかがフランスに取られれば、鉄道の存在ゆえにもう一方も奪われる危険性が高いと認識されました。一八九二年にはそのバッタンバンとバンコクを結ぶ鉄道計画も申請されましたが、当時バッタンバンを狙っていたフランスの出方を警戒して不許可とされました。同様にフランスが支配したラオス国境方面に至るサラブリー～チエンカーン間鉄道も、フランスの対応を懸念して不許可とされました。

他方で、幹線であることを理由に不許可とされた計画もありました。一八九四年に出されたバンコク～ウッタラディット間鉄道計画は、チャオプラヤー川流域を北上する幹線であることから、政府が官営鉄道として建設するということで申請は却下されました。次いで一八九六年にも、ほぼ同じルートでアユッタヤーからチエンマイまでの鉄道計画が申請されました。この計画は、当初は配当率の保証が条件とされていましたが、後に建設区間をアユッタヤー～ナコーンサワン間に短縮し、配当率の保証も撤回した上で、免許期間も当初の九九年間から二五年間に短縮しました。このため、当時総務顧問を務めていたベルギー人のお雇い外国人ロラン・ジャックマンはこの計画を認めるべきであると進言しましたが、当時の土木大臣ピッタヤラープ親王が強固に反対し、結局免許の交付には至りませんでした。

このように、政府の民営鉄道に対する警戒は徐々に高まり、最終的に一八九九年に政府の民営鉄道に対する方針が確定しました。これは多数出されていた民営鉄道計画を一括処理する大臣会議の際に示されたもので、内容は①バンコクから北や南へ至る幹線は官営鉄道として政府が建設する、②バンコクから東方への路線のように政治的に悪影響が見込まれる路線は許可しない、③それ以外の路線については個別に大臣会議で検討する、というものでした。つまり、チャオプラヤー川流域へ至る後の北線やマレー半島を縦貫する後の南線にあたるルートは①の原則に従って民間への免許交付は行わず、後の東線、東北線のようなバンコクから仏印方面へ至る鉄道は②に該当するために許可しないということを意味したのです。

この原則に従って、当時申請が出されていた一三件の鉄道計画が審議され、七件はこれら原則に抵触するとして不許可が決まり、残る六件は保留として資金調達状況を報告するよう求めることにしました。ここで保留とされた六件のうち、三件は局地的な軽便鉄道であり、残り三件はバンコクと周辺都市を結ぶ短距離の都市間鉄道でした。軽便鉄道三件のその後は不明ですが、実現まで漕ぎつけたものはありませんでした。都市間鉄道三件のうち、二件はバンコク〜チャチューンサオ間のもので、その後官営鉄道としての建設が決まったので最終的に不許可となりました。その結果、最終的に免許交付まで至ったものはバンコク〜ターチーン（サムットサーコーン）間の鉄道のみでした。延長約三〇キロメートルのこの鉄道は、一九〇五年にターチーン鉄道として開通しました。

民営鉄道の制限

この後、民営鉄道への対応はさらに厳しくなり、最終的にすべての民営鉄道を禁止するという状況に至ることになりました。そのような民営鉄道禁止論を積極的に唱えたのは、内務大臣を務めていたダムロン親王でした。ダムロン親王はラーマ五世を支えた重鎮の一人で、地方統治改革の推進者でもありました。親王は一九〇一年にラーマ五世に対して、官営鉄道の支線となる軽便鉄道のみを民間に許可すべきであると進言し、一八九九年の原則をさらに強化することを主張していました。

これは中国での列強による鉄道敷設権の獲得を受けてのことであり、タイが同様の危機にさらされるのを危惧しての対応でした。フランスが三国干渉後に滇越鉄道の敷設権を得たように、列強は中国での権益拡大のために競って鉄道敷設権を獲得し、鉄道敷設と共に沿線の経済活動を掌握することを画策していました。そのような状況を知った親王は、外国人が権益を得たとしてもタイに大きな影響を与えないと思われる短距離の支線のみに民営鉄道を限定し、それ以外は官営で建設すべきであると主張したのです。たとえその民営鉄道がタイ人の手によるものだったとしても、将来外国人の手に渡る可能性も否定できないとして、外国資本、タイ資本に関わらず軽便鉄道以外の建設は認めないという方向性を示したのです。

実は、一九〇一年にはタイで最初のタイ資本による鉄道計画が免許を得ていました。これはナラーティップ親王によるプラバート軌道であり、北線のタールアからプラバートへ至る延長一九キロメートル、軌間六〇〇ミリメートルの軽便鉄道でした（四〇ページ図5参照）。親王は鉄道や軌道事業に関心があり、上述したウェステンホルツが失敗したバンコク〜ペッブリー間鉄道の免許も一時保有したほか、一九〇三年にはバンコク市内の市内軌道建設の申請も行なっています。ダムロン親王はこのプラバート軌道のような幹線から分岐する支線については民間に認めても構わないとし、今後認めうる民営鉄道の模範と考えたのでしょう。この軌道の終点プラバートには釈迦の足跡とされる仏足石で有名なプラバート寺院があり、毎年二月の大祭時の参拝客輸送を見込んで建設されました。しかし、一九〇三年に開通した後も大祭時以外はさしたる需要がなく、経営は厳しいものでした。

ダムロン親王の意見が通り、以後建設が認められたのは短距離の支線に限られることとなりました。コーラート、プーケットの市内軌道と、南部のナコーンシータマラート〜ロンピブーン間の鉄道が大臣会議で建設許可を得たようですが、いずれも免許交付には至りませんでした。他に、一九〇四年にはターチーン鉄道の延伸区間となるターチーン〜メークローン（サムットソンクラーム）間のメークローン鉄道の建設申請も出されました（図5参照）。この路線はダムロン親王の主張する官営鉄道の支線ではなかったものの、既存線の延伸ということで免許が交付されて、一九〇七年に開通しました。これをもってターチーン鉄道とメークローン鉄道は合併し、以後メークローン鉄道として一元的に運営されていくことになります。ただし、ターチーン川を挟んで新旧区間は分断されており、フェリーが両区間を連絡していました。

さらに、一九〇六年になるとダムロン親王は民営鉄道をすべて禁止するよう主張し、軽便鉄道も含め今後すべての鉄道建設は民間に許可すべきでないとの持論を大臣会議の場で表明しました。民間が鉄道建設を計画する

●プラバート軌道の列車

のは利益が出ることを見込んでのことなので、政府が自ら建設すればより多くの利益が得られるとして、支線であっても民間には認めずに政府が建設すべきであると親王は主張したのです。親王の主張が採用されたことによって、以後民営鉄道がタイに出現する可能性はなくなり、タイの官営鉄道主義は最終的に民営鉄道の禁止という形で確定しました。

結局、一九一〇年までにタイに実現した民営鉄道は、パークナーム鉄道、プラバート軌道、メークローン（ターチーン）鉄道の計三線約一〇〇キロメートルに過ぎませんでした。この後、一九一〇年代に個人によってバンコクの対岸トンブリーからノンタブリー方面へ建設された軌間七五〇ミリメートルの軽便鉄道が、後にバーンブアトーン鉄道として登録された例があるのを除き、民営鉄道がタイに建設されることはありませんでした。

鉄道建設計画の策定

官営鉄道主義が確立したことでタイ国内の鉄道網はすべて政府が建設することになりましたが、今後政府がどのような路線を建設するのかを明確にする必要がありました。そのため、政府は一九〇六年に鉄道局に対して鉄道建設計画を策定するよう指示しました。これまで幹線を政府が建設するという方針はありましたが、具体的にどのような路線をどのような順位で建設するのかは決まっていませんでした。鉄道局が作成した鉄道建設計画は、図6に示された路線すべてを今後二〇年間で建設するというものであり、完成した暁には標準軌二八二〇キロメートル、メートル軌二〇八八キロメートルの計約五〇〇〇キロメートルの鉄道網がタイ国内に構築されるという壮大な計画でした。

一九〇六年の時点ではコーラート線、北線のパークナムポーまで、ペッブリー線が開通しており、北線の残りの区間とサワンカローク支線、東線のバンコク〜チャチューンサオ間が建設中となっていました。東線については当初民間による建設申請がなされていましたが、政府が自ら建設することとなり、一九〇一年にバンコク〜バーンプラ（シーラーチャー）間の測量が開始されました。しかし、プレーの反乱を受けて北線の建設を優先することになり、区間をチャチューンサオまでに短縮の上で一九〇五年に着工し、一九〇八年に開通しました。この計画では北線の建設を優先し、一九一三年までにチエンマイまでの区間を全通させ、その後チエンセーン、ナーン、パークラーイへの支線も一九一六年までに完成させることになっていましたが、メコン川流域への路線については開通予定年は記載されていませんでした。反対に南部への鉄道整備は相対的に遅く、ソンクラーまでの縦貫線が一九一六年にようやく全通する予定でした。

また、東岸線と西岸線で軌間が異なっていたことから、この計画では東岸線をサワンカロークからタークまで延伸し、西岸線もナコーンパトムからチャオプラヤー川西岸を北上する路線をウタイターニー経由でタークまで到達させて、タークにて標準軌の東岸線とメートル軌の西岸線を接続させることにしました。これはイギリスのモールメイン〜雲南鉄道構想とも関係しており、イギリスがタイ国

図6●鉄道局の鉄道建設計画（1906年）

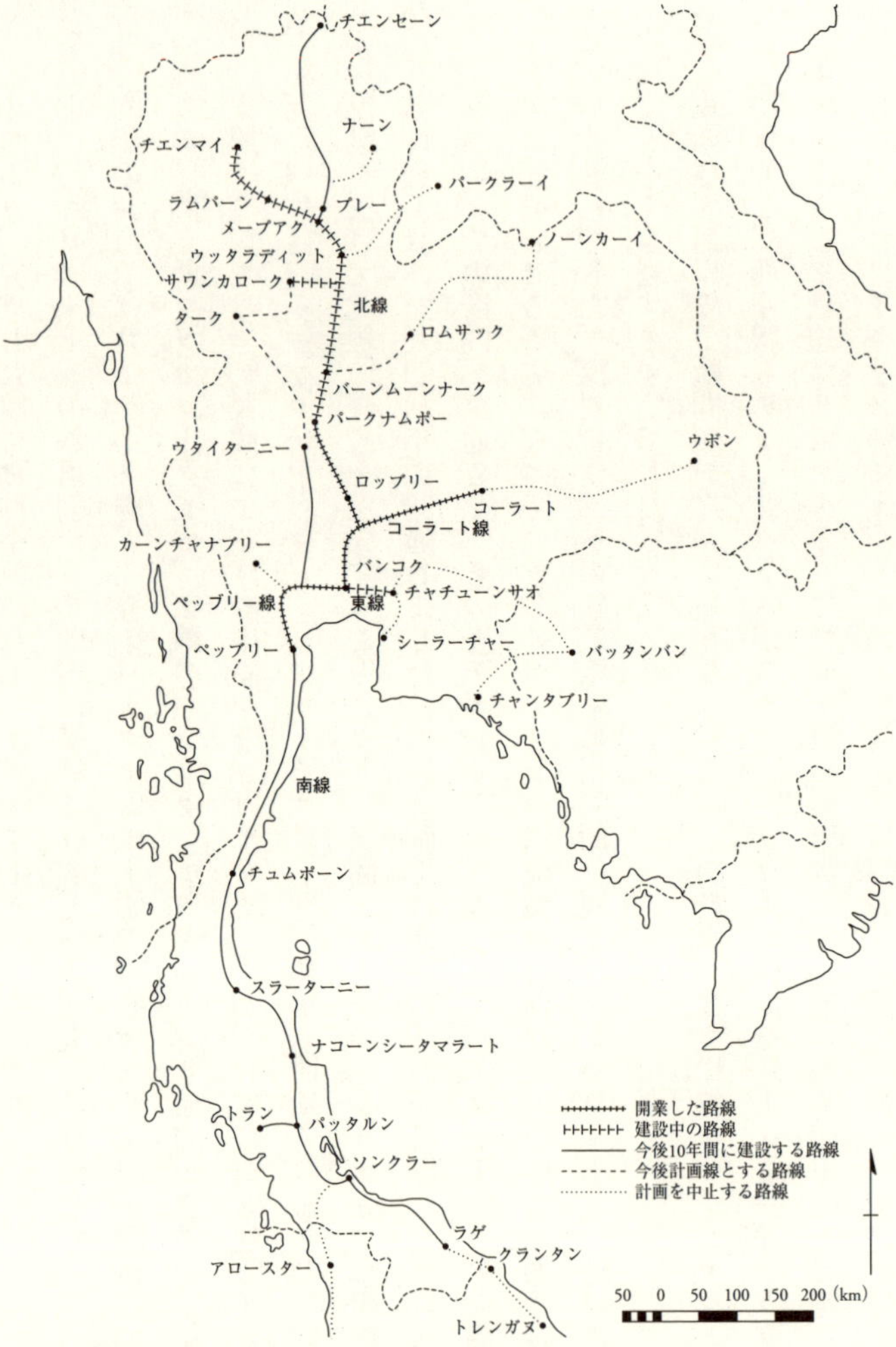

出所：柿崎［2000］：138

境まで伸ばしてくるメートル軌線の車両はタークから南下してバンコクまでは到達できるものの、北部方面へはタークで標準軌線の車両に積み替える必要を生じさせることで、モールメイン～北部間の貨物輸送に障壁を与えることが可能となっていました。

この鉄道局が提出した計画に対して、ダムロン親王がクレームを付けました。親王はこれらの路線について収支、統治、安全保障の三つの点からその必要性を検討し、北線、南線の重要性が高いことと、東方への路線はフランスとの協定から当面建設すべきではないことを結論付けました。つまり、現在建設中の北線はそのまま建設を続行すると共に、南線はイギリス人によるマレー半島縦貫鉄道建設申請が出されていることから、それに対抗するためにも至急整備する必要があると主張したのです。一方で、東方への路線の建設については、フランスとの協定によって、タイ資本とタイ人技師による建設でなければ、フランス資本と技師を用いなければならないと決められていました。当時の状況ではお雇い外国人に依存する必要があることから、実質的にフランス資本と技師の使用を強制された状況でした。このため、フランスの権益拡大の懸念があることから、タイが自前で鉄道建設を行えるようになるまでは、東方への鉄道は見合わせる必要があると親王は考えたのです。

ダムロン親王の意向を受けて、鉄道局は計画を再提出しました。新計画では当初の計画よりも規模が縮小されており、今後一〇年間で完成させる路線網は標準軌一二七四キロメートル、メートル軌一三九八キロメートルの約二七〇〇キロメートルと、当初のものから半減させました。図6で計画を中止する路線とされたものはこの新計画で外された路線であり、ナーン、パークラーイへの路線のほか、東方のノーンカーイ、ウボン、バッタンバンへの路線、南部のアロースター、トレンガヌ方面への路線が含まれていました。他方で南線の完成時期を早め、一九一三年にバンコク～ソンクラー間が全通するよう計画を三年前倒しとしました。結果として、この最初の鉄道建設計画で優先されたのはチエンマイへの北線とマレー半島を縦貫する南線であり、今後一〇年間に北部はチエンマイ、チエンラーイまで、南部はトラン、ラゲまで鉄道を到達させることが目標とされたのです。

●東北部を視察中のダムロン親王（1907 年頃）

実際にはチエンラーイへの路線は中止され、チエンマイまでの北線の全通が一九二二年と予定より大幅に遅れたのに対し、南線は一九一六年までにバンコクからソンクラーまでが完成しました。計画では中止するとされたアロースター、トレンガヌ方面への路線も、マレー四州のイギリスへの割譲によって大半がイギリス領内となったことと、イギリスが鉄道の接続を求めたことから建設が行われ、一九二一年までにマラヤ国境に鉄道が到達しました。ナコーンパトムから北上してウタイターニーへ至る路線も経済的に意義があるとして今後一〇年間の建設路線に組み込まれましたが、結局実現しませんでした。

4 「政治鉄道」の意義

「政治鉄道」のレッテル

タイで最初の官営鉄道が肥沃なチャオプラヤー川流域を北上する路線ではなく、ドンパヤーイェン山脈を越えてコーラート高原に至る路線となったことは、タイの鉄道が経済的利益よりも政治目的を優先させた結果であると論評され、「政治鉄道」とのレッテルが貼られることになりました。「政治鉄道」という語は一九〇三年には新聞紙上に姿を現しており、タイの鉄道が政治目的を重視して建設されたとの議論は各所でなされていました。また、当時灌漑局長を務めたオランダ人ハイデも、政府が鉄道建設を重視してチャオプラヤー・デルタでの灌漑網の整備を遅らせたと批判しており、「政治鉄道」よりも灌漑への投資を行ったほうがタイの利益になると何度も主張していました。

たしかに、コーラート線が「政治鉄道」であるとの議論は、一面的には正しいものでした。一八八〇年代半ばまでにヴェトナムの植民地化を果たしたフランスは、その矛先をメコン川流域へと向け始めており、メコン川流域の政治的な緊迫は急速に高まっていきました。一八八八年に再びホー征伐が行われ、フランスもヴェトナム側から軍勢を派遣しました。当時双方の軍隊が対峙した線を暫定的な国境線とすると合意したことで、ルアンパバーンの支配下に置かれていたシップソーンチュタイがフランスの宗主権下に移されました。そして、コーラート線の建設が始まって間もない一八九三年には、フランスがメコン川左岸、つまり現在のラオスを割譲するようタイに求めて、フランスの軍艦がバンコクの港を封鎖するというパークナーム事件が発生し、タイはフランスの要求に応じてメコン左岸を譲り渡したのです。

これに対し、チャオプラヤー川流域ではそのような状況はなく、むしろ肥沃な穀倉地帯であるとの認識が一般的であり、鉄道が開通すれば農産物輸送が活況を呈するものと考えられていました。パンチャード調査でもバンコク〜チエンマイ間は幹線として設定されており、タイでもっとも重要な路線であることを明示していました。実際には一九〇二年のプレーでの反乱によって北部の旧領主たちが急速な中央集権化に反発していることがわかると、このチャオプラヤー川流域を北上する北線の政治的役割は急速に高まり、北線が「政治鉄道」化していくことになりました。その後、マレー半島の安全保障の面から南線も「政治鉄道」と認識されるようになり、バンコクから南北へ延びる鉄道が「政治鉄道」として建設されていくことになったのです。

しかしながら、「政治鉄道」という言葉は、これらの鉄道が経済的な意味をまったく持たないような印象を抱かせてしまいます。たとえ当初の目的が政治的なものだったとしても、鉄道はあくまでも輸送手段であることから、実際には何らかの輸送が発生するはずです。もし軍事輸送以外にまったく輸送需要がない場合は完全に「政治鉄道」となりますが、タイの「政治鉄道」は程度の差はあれ何らかの形で新たなヒトやモノの流動を発生させ、経済的な役割も果たしていたのです。

そして、輸送条件の改善という点を考慮すると、皮肉にも最初に「政治鉄道」と揶揄されたコーラート線がもっともその度合が高かったことになるのです。当時もっとも輸送条件が悪かったのは陸上輸送でしたが、コーラート線はこの陸上輸送を代替する役割を担っていました。これに対して、北線の沿線では上流部を除きチャオプラヤー川の水運が利用可能でしたので、輸送時間では大幅な短縮が見られたものの、輸送費の低減はそれほど大きくはありませんでした。そして、沿岸水運が利用可能なマレー半島を縦貫する南線では輸送条件の改善の度合がもっとも低く、鉄道開通後も輸送需要は伸び悩んだのです。つまり、輸送条件の改善の度合を鉄道の経済的役割とすれば、もっともそれが高かったのはコーラート線となり、もっとも低かったのは南線だったのです。「政治鉄道」とのレッテルとは裏腹に、もっとも「経済鉄道」としての機能が高かったのがコーラート線であり、逆にもっとも「政治鉄道」の意味が強かった路線が南線なのでした。

鉄道建設の目的

そもそも、タイに限らず鉄道建設は政治的目的を重視して行なわれる場合が少なくありませんでした。とくに、植民地においては宗主国が鉄道の建設主体となったことから、自らの宗主権の確立を第一義とした鉄道の建設は珍しくありませんでした。例えば、ビルマにおいては最初の鉄道はラングーン～プロム間で建設され、次いでラングーン～タウングー間が整備されましたが、いずれも当時イギリスが支配していた下ビルマとコンバウン朝支配下の上ビルマとの国境への輸送条件の改善を目論んだものでした。そして、一八八六年にコンバウン朝が滅ぶと、イギリスは直ちにタウングーから旧王都マンダレーまでの建設を進め、その後北部のミッチーナーまでさらなる延伸を行ないました。これらの鉄道整備の最大の目的は、政治的・軍事的なものでした。

仏印においても、滇越鉄道に代表されるように「政治鉄道」がありました。この鉄道は列強による中国での利権拡大競争の一環として生まれてきたものであり、雲南省に到達した最初の近代的交通手段だったので、コーラート線と同じく輸送条件の改善の度合は非常に高く、その意味では「経済鉄道」の側面も少なからずありました。しかし、そもそもの出発点は明らかにフランスの利権拡大を見込んだ政治目的を第一義とするものでした。インドシナ縦貫鉄道構想は、ハノイ、サイゴン、プノンペンという仏印の要衝を相互に連絡するものであり、沿岸水運や河川水運が利用可能な区間であることから輸送条件の改善の度合は低く、やはり政治的目的を重視したものでした。

島嶼部では明白な「政治鉄道」は少なく、主として経済的な目的から鉄道が建設されました。マラヤにおいては外港と後背地を結ぶ短距離の路線から建設が始まり、これらは内陸の錫鉱を外港に輸送する役割を担っていました。後にこれらを相互に接続させる縦貫線が建設され、こちらはマラヤ連邦内の相互連絡の便を向上させるという政治的目的も含まれていました。蘭印の鉄道も経済的役割を期待して作られたものが大半であり、ジャワ島ではサトウキビ輸送、スマトラ島では石炭や葉タバコ輸送が中心でした。とくに蘭印で多く見られた民営鉄道は、基本的に利益が出るような路線であることから、これらの鉄道は当然ながら経済目的が第一義となっていました。蘭印での唯一とも言える例外はアチェ軌道であり、スマトラ島で初めて建設されたこの路線は、オランダによるアチェ支配の確立という軍事目的のために整備されたものでした。

また、中には雇用創出が目的の鉄道建設もありました。一八九〇年代にビルマのラングーン〜マンダレー間のタージーで分岐してミンジャンに至る支線が建設されましたが、この鉄道の建設は雇用創出、言い換えれば飢饉救済の目的でした（八ページ図2参照）。ミンジャン付近は上ビルマの乾燥地帯で、旱魃による飢饉が度々発生しましたが、その被災者への雇用創出のためにこの鉄道は建設されたのです。同様の事例は一八七〇年代の最初のラングーン〜プロム間の鉄道建設の際にも見られ、こちらは一八七三年から翌年にかけて発生したベンガルでの飢饉に対する雇用創出の意味合いも持ち合わせていました。このような雇用創出のための鉄道建設も、「政治鉄道」の一例でした。

東南アジアにおいては官営鉄道が主流だったことから、多かれ少なかれ何らかの形で政治面や安全保障面の役割を期待されていました。その点では、タイの鉄道が特別な例外というわけではありません。そして、鉄道の本質は廉価で迅速な大量輸送の実現、つまり輸送条件の改善ですから、たとえ軍事目的や飢饉対策として建設された「政治鉄道」だったとしても、何らかの形で沿線の経済や社会に影響を与えるはずです。このため、「政治鉄道」というレッテルよりも、その本質を見極めることがより重要なのです。

輸送条件の改善

タイの鉄道の輸送条件の改善の度合は、等時間図上に明瞭に表されます。図7は一八九〇年乾季と一九二二年乾季のバンコクを中心とした等時間図で、バンコクからの所要時間を基準にタイの「かたち」を描きなおしたものです。一八九〇年の図は鉄道導入前を表しており、この時点ではバンコクから内陸部への所要時間が非常に長くなっていることがわかります。例えば東北部の入口にあたるコーラート（NE1）はバンコクから一五日、ノーンカーイ（NE2）は三三日の距離であり、北部の場合はさらに所要時間がかかり、チエンマイ（N1）まで四二日、チエンラーイ（N3）までは五一日となっていました。この図は乾季のものであり、チャオプラヤー川の航行はターク（W1）までしか使用できず、ターク以遠は陸路となることから北部への所要時間が長くなっていました。反対に、雨季においては東北部がより「遠く」なり、コーラートへの所要日数は二七日とほぼ倍増したのに対し、北部のチエンマイへは二二日に短縮されました。乾季は漕船の速度が落ち、蒸気船の航行可能範囲も短縮されることから水運の速度が落ちるのに対し、雨季には陸路の状態が悪く陸上輸送の所要時間が

図７●時間距離の変容

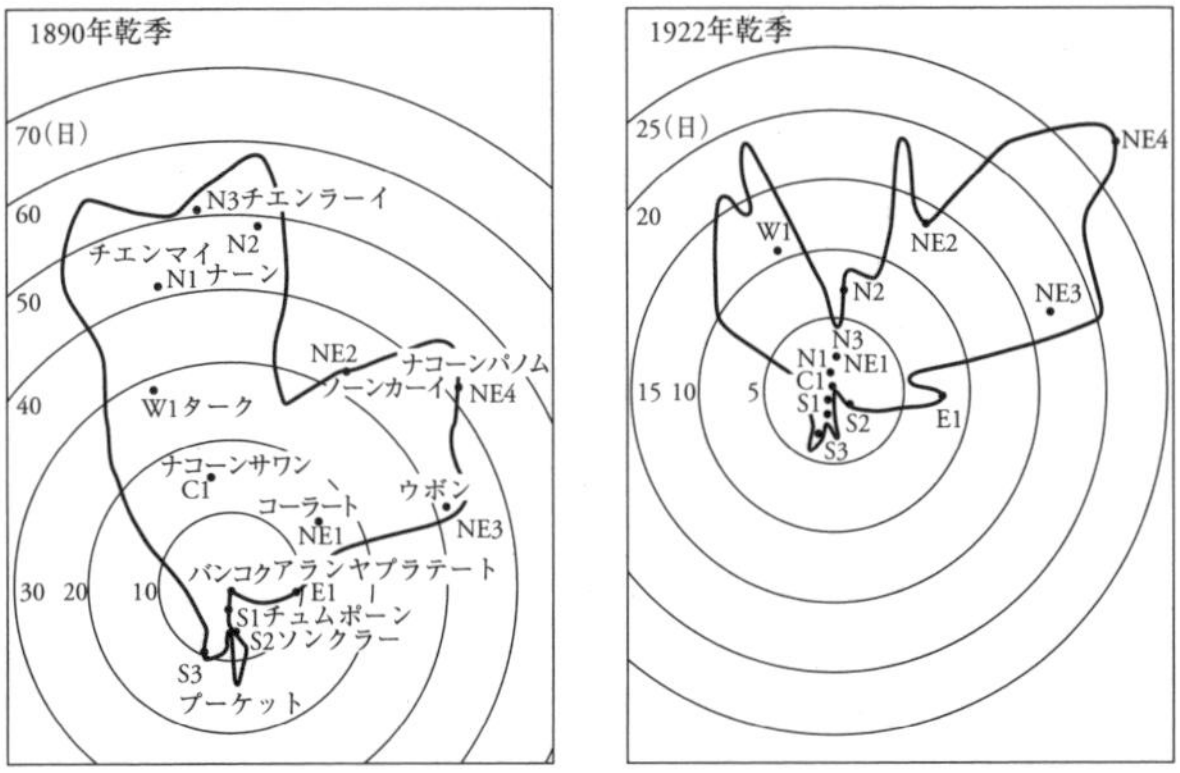

出所：柿崎［2000］：49、203

延びます。このため、全体的に乾季には水運の利用可能な北部が「遠く」なり、雨季には陸路への依存度の高い東北部が「遠く」なっていました。

これに対し、南部へは沿岸水運が利用可能なことから所要時間は短く、ソンクラー（S２）で六日、プーケット（S３）で一〇日の距離でしかありませんでした。この結果、図７の一八九〇年の図ではマレー半島が相対的にバンコクから「近く」なっており、絶対距離ではチエンマイよりも遠いソンクラーが時間距離ではわずか七分の一に収まっているのです。等時間図を見る限り、バンコクより北方の内陸部が「遠い」地域であり、反対に南の沿岸部が「近い」地域となっていました。これはひとえに沿岸水運と内陸水運・陸上輸送の平均速度の差によるものであり、時間距離で見たタイの「かたち」を大きく歪めることとなっていました。

この状況が、一九二二年の図では大幅に改善され、内陸部への所要時間が大幅に短縮されたことがわかります。この時点で北線と南線が全通し、それぞれ夜行急行列車が運行されてチエンマイ、ソンクラーまでの所要時間は一・五日に短縮されました。東北部へはコーラート線が開通したのみですが、それでもバンコク〜コーラート間の所要時間が一日に短縮されたことで、東北部への所要時間はいずれも一四日短縮されています。一九二二年の図でもっとも「遠い」のは東北部のナコーンパノム（NE４）で二七日となっていますが、一九二〇年代に東北部でもコーラート以遠への鉄道が延伸されていくと、東北部への時間距離もさらに短縮されていくことになります。

鉄道の導入は、鉄道が到達した場所とそうでない場所との間の格差を発生させることになり、一九二二年の図のほうが一八九〇年よりもタイの「かたち」の歪みが大きくなっていることがわかるでしょう。例えば、鉄道が到達しなかったタークは一九二二年の段階でもバンコクから一一日の距離となっており、以前はターク経由で到達していたチエンマイが鉄道の恩恵によって一・五日の距離に短縮されたのとは対照的です。いずれこのような鉄道が到達しなかった都市へは自動車用の道路が到達し、鉄道と自動車の接続によって時間距離が短縮されていくことになります。

鉄道は費用距離、つまり輸送費用の低減にも役割を果たすことになりましたが、全体としてその改善の度合は時間距離に比べると少ないものでした。例えば、バンコク〜コーラート間の輸送費用は鉄道開通前にはトンあたり五四バーツでしたが、鉄道開通後はもっとも高い小荷物で三六・一バーツ、もっとも安いバンコク着の籾米で七・二バーツでした。鉄道の場合は輸送品目により賃率が異なっており、付加価値の高い工業製品などは賃率が高く、逆に農産物は賃率が低く設定されていました。このため、品目によって差はあるものの、陸上輸送と比較すれば鉄道による輸送費の低減は明らかでした。賃率がそれほど高くない内陸水運の場合は鉄道による輸送費低減の度合は下がり、例えばバンコク～ナコーンサワン間の場合、水運がトン当たり一六バーツだったのに対し、鉄道は小荷物で二二バーツとより高くなり、バンコク着の籾米では二・五バーツと逆に安くなっていました。沿岸水運の場合はさらに賃率が低かったことから、鉄道による輸送費の低減の効果はほとんどなく、沿岸水運に競合する南線の貨物輸送は伸び悩むことになります。

新たな商品流通の発生

輸送条件の大幅な改善は、新たな商品流通を出現させることとなり、とくに従来陸上輸送しか利用できなかったルートにおいて顕著でした。最初に開通したコーラート線は、旧来のドンパヤーイェン越えの陸路を代替する役割を担ったことから、東北部とバンコクの間に新たな商品流通を発生させました。中でも米、豚、木材の三品目の流通が顕著であり、後に鉄道の三大輸送品目として成長していくことになります。北線でもバンコクへの新たな商品流通が発生し、やはりこれら三品目の輸送が多くなっていました。南線でも南部において半島横断の貨物輸送が発生し、中でも東海岸から西海岸へ

図8●主要貨物輸送品目の推移（1900〜1920年）

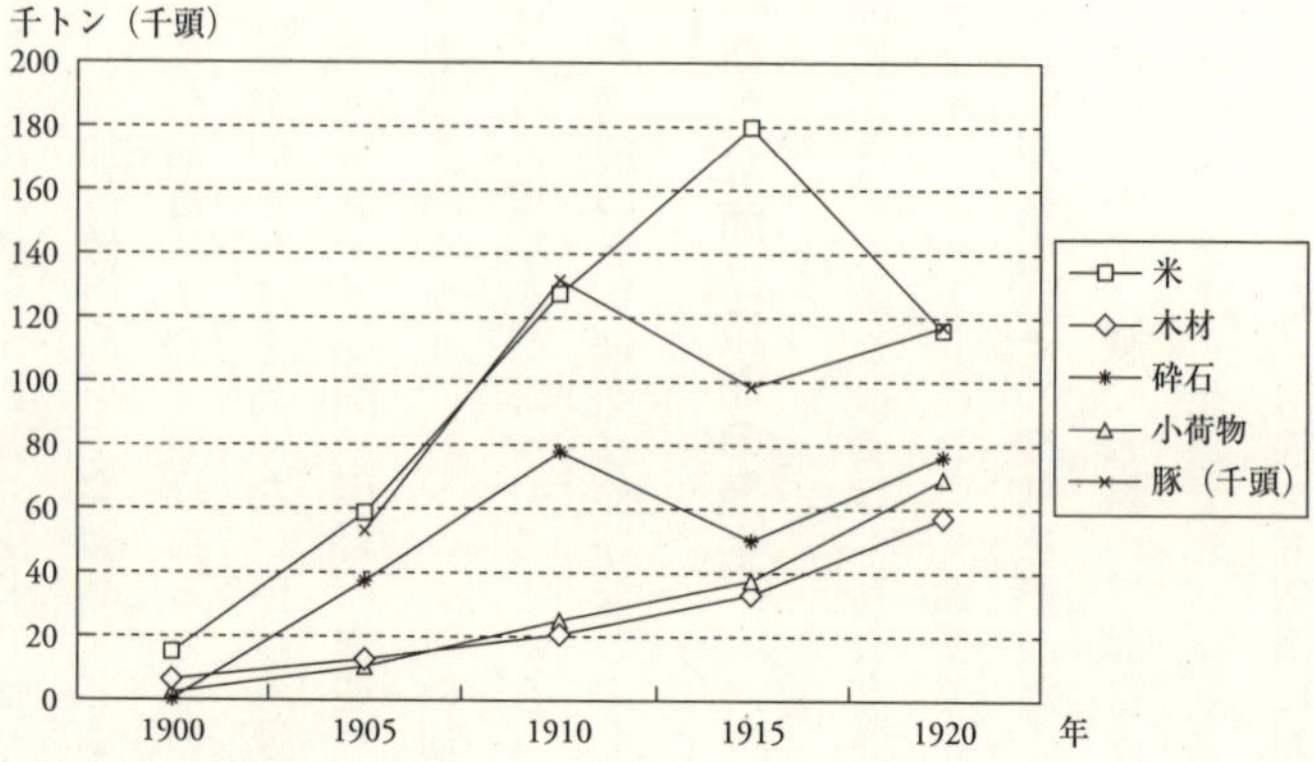

出所：ARAより筆者作成

の米輸送が重要でした。この結果、図8のように開通後から一九一〇年代にかけての主要貨物は米を筆頭に豚、砕石、小荷物、木材となっており、砕石は主に鉄道建設用、小荷物は内容が一定ではないことから、主要輸送品目は米、豚、木材の三品目だったことがわかります。

米はタイでもっとも重要な輸出品でしたが、高い輸送費が障壁となって東北部からバンコクへの米輸送を阻んでいました。従来の陸上輸送ではバンコクからの米輸出価格よりも輸送費のほうが高くなることから、東北部からバンコクへの米輸送は事実上不可能でした。ところが、鉄道の開通で輸送費が大幅に低下した結果、コーラートからバンコクへの米輸送が可能となったのです。その量は一九〇五年には一万トンを超え、一九〇九年以降は年間二〜三万トン程度となっていました。北線でも主にロッブリー以北からバンコクへの鉄道による米輸送が発生し、一九一〇年代には年一〇〜一三万程度の米が輸送されていました。北線での米輸送はチャオプラヤー川中流域からの発送が大半であり、北部からの発送はまだ一万トンにも達していませんでした。コーラート線と北線からバンコクへ到着した米は、一九一〇年代には年一五万トン程度となっていました。

南線でもペッブリー線沿線からバンコクへの米輸送が発生しましたが、マレー半島縦貫線の開通後は南部西海岸やマラヤへの米輸送が見られるようになりました。一九一四年にカンタン〜ソンクラー間の鉄道がつながると、マレー半島東海岸と西海岸の両岸を連絡する初の鉄道となりました。これが従来の陸上輸送を代替して新たな商品流通を発生させましたが、その代表が米でした。カンタンは西海岸に到達する唯一の鉄道の終点であり、ここに到着した米は船に積み替えられ、プーケットなど西海岸一帯に運ばれていきました。一九一〇年代のカンタンへの米到着量は年五〇〇〇トン程度とそれほど多くはなかったのですが、元来西海岸は米不足地域で、主にビルマから米を輸入していたことから、鉄道の開通でタイ産の米が西海岸市場にも流入可能となったのです。また、一九一八年にパーダンベーサールでマラヤ鉄道との接続が実現したことで、バンコクや南部からペナン方面への米輸送も出現し、開通直後には年一万トン程度の米がマラヤへと輸送されていました。なお、当初米輸送は籾米での輸送が中心でしたが、カンタンやマラヤへの輸送は精米が大半を占めていました。

米の輸送は従来から水運でも行われていましたが、豚の輸送は事実上鉄道が初めて生み出したものでした。豚は中国人が好んで食する食材でしたが、タイ人は仏教による殺生の忌避から豚飼育は消極的でした。このため、バンコクなどの都市に居住する中国人の豚肉需要は、都市近郊の中国人養豚家が満たしていました。他方で、仏教の受容がそれほど厳格でない北部や東北部のラオ族は豚を放し飼いにして祭事などの食用としていましたが、商品としての販路は非常に限られていました。ところが、バンコク〜コーラート間の鉄道が開通すると、それまで商品価値を持たなかった東北部の豚がバンコクへと輸送されるようになり、東北部からバンコクへの新たな商品流通を形成することになりました。この東北部からの豚はバンコク市場を圧倒し、一九〇七年にはバンコクで屠殺された豚の七割を占めることになりました。さらに、北線が北部に到達すると北線でも豚輸送が増加し、一九一〇年代末には北部からも年一万頭程度の豚が発送されるようになりました。南線でもペッブリー線区間でバンコク向けの輸送が見られたほか、カンタンやパーダンベーサール経由でマラヤへの輸送も発生しました。このような豚輸送は、すべて産地と消費地の価格差によって発生したものでした。

木材の輸送も古くからありましたが、米と同様に新たなルートでの流通が出現しました。木材は重量品であることから駄獣を用いた陸上輸送は極めて困難であり、輸送ルートは河川にほぼ限定されていました。このため、分水嶺を越えての輸送は存在せず、チャオプラヤー川水系の木材はバンコクへ輸送できたものの、メコン川やサルウィン川流域の木材はそれぞれの河口へ向けて輸送するしかありませんでした。ところが、コーラート線の開通はメコン川流域の東北部からバンコクへの木材の輸送を可能とし、分水嶺を越える木材輸送を出現させました。その量は年間一〜二万トン程度であり、主にフタバガキ科のマイ・ヤーンという木が輸送されました。北線や南線でも木材輸送は発生しましたが、タイの主要な輸出品であるチーク材産地の北部からの木材輸送は非常に少なく、木材輸送の中心は東北部からバンコクへの輸送でした。

このように、鉄道によって新たに生み出された商品流通は主として従来の陸上輸送の劣悪な輸送条件によって流通が妨げられていた区間、言い換えれば分水嶺を越えるような区間において顕著でした。つまり、鉄道輸送は旧来の水運の代替というよりも、むしろ水運主体の商品流通に新たな流通を付加した面が強かったのです。

変わらぬ伝統的な輸送

鉄道は新たな商品流通を生み出しましたが、鉄道開通後も輸送手段が変わらないものもありました。その代表はチャオプラヤー・デルタからの米輸送、北部からのチーク材輸送、東北部からの牛・水牛輸送でした。チャオプラヤー・デルタからバンコクへの米輸送は、それまで水運が主要な役割を担っていたことから、鉄道が開通しても転移は起こりませんでした。一八九七年にバンコク～アユッタヤー間の鉄道が開通しても、アユッタヤーからバンコクへ鉄道で送られた米は皆無であり、米輸送は従来通り水運によって行われていました。米は籾米としてバンコクの精米所へ向けて輸送されていたことから、輸送時間がかかることは大きな問題ではなかったのです。むしろ、鉄道の場合は駅まで他の輸送手段で運ばなければならず、バンコクに着いてからも精米所までやはり船に積み替えて輸送しなければならなかったことから、最終的な輸送費は水運よりも高く付きました。このため、チャオプラヤー・デルタ地帯では川から離れて水運が不便な地域からの鉄道による米輸送は見られたものの、アユッタヤーのような川沿いでは水運から鉄道輸送への転移はまったく見られず、水運は相変わらずバンコクへの輸出米輸送の主役であり続けたのです。

北部からのチーク材輸送も、鉄道の到達後もそのまま水運が利用されました。北部の主要な産品であるチーク材はヨーロッパの商会の手で一九世紀後半から伐採され、そのうちチャオプラヤー川流域で産出された丸太は川に浮かべてバンコクまで運ばれていました。伐採されてからバンコクに到着するまで二〜三年かかる場合もありましたが、チーク材も劣化が少なく、しかも非常に安く輸送することが可能でした。このため、鉄道の開通後も輸送費の安いチーク材の川下りはそのまま継続され、鉄道によるチーク材輸送は発生しませんでした。バンコクと北部の間の商品流通は、鉄道開通前には水運が全面的にその役割を担っていましたが、鉄道開通後はこのチーク材輸送を除いてすべて鉄道輸送へと転移しました。バンコク〜北部間の商品流通のうち、唯一水運経由で残ったのがチーク材輸送でした。

一方、東北部からの牛や水牛の輸送も、鉄道開通後も従来と同じく陸上輸送が用いられていました。牛は主にバンコクからの輸出用として、水牛はチャオプラヤー・デルタなどでの農耕用として、東北部からもたらされていました。豚とは異なり、これらの家畜は長距離の歩行が可能だったので、商人は多数の牛や水牛を率いて歩いて山を越えていました。この牛や水牛の歩行輸送は、当初鉄道輸送に転移するものと思われていましたが、実際には鉄道開通後も存続し、鉄道による家畜輸送は逆に豚が中心となりました。その最大の理由はやはり輸送費の安さであり、家畜を歩かせて運ぶ方法がもっとも安上がりと考えられていました。牛や水牛は自分で長距離を歩くことが可能であり、沿道で草を食べさせれば食料も無料で調達できました。米やチーク材と同じく長時間の移動に伴う品質の劣化の可能性も少なく、輸送時間よりも輸送費用の安さのほうが重視されたのです。このため、やはり鉄道開通後バンコクと東北部の間の商品流通が軒並み鉄道に転移したのに対し、例外的にこの牛・水牛の輸送のみ旧来の陸上輸送が利用され続けたのでした。

このように、鉄道は確かに新たな商品流通を生み出したものの、他方で鉄道への転移がまったく見られない場合もありました。これらはいずれも輸送費の安さが旧来の伝統的な輸送を存続させたのであり、いずれも長時間の輸送が問題とならない品目でした。とくに鉄道輸送は輸送費用よりも輸送時間の面での輸送条件の改善の度合が高かったことから、河川水運や沿岸水運の利便性の高い地域では、輸送時間の問題がない限り水運からの転移は期待できませんでした。このため、鉄道の役割は旧来の陸路を代替する山越えの区間で高くなり、「政治鉄道」と揶揄されたコーラート線が実は新たな商品流通の発生にもっとも貢献したことになったのです。

column

コラム01

バンコクの中央駅ファアラムポーン

●バンコクの中央駅ファアラムポーン（2009年）

現在バンコクには三つのターミナル駅があります。もっとも大きな駅は通常ファアラムポーンと呼ばれている中央駅で、大きなドーム状の駅舎が特徴的です。北線、東北線、東線のすべての列車と、南線の優等列車はこの駅を発着しています。チャオプラヤー川の西岸には、さらに二つのターミナルがあります。そのうち北に位置するものはトンブリー（バンコクノーイ）駅で、南線の普通列車の一部が発着しています。ラーマ六世橋ができるまでの南線の起点だったのですが、当初チャオプラヤー川に面していた駅は、近年西に一・五キロメートルほど移転して不便になってしまいました。南のウォンウィアンヤイは元メークローン鉄道のターミナルですが、同じく当初は川に接したクローンサーンに位置したものの、一九六〇年代初めに西に二キロメートルほど移転されました（二二四ページ図33参照）。

ファラムポーンに最初に駅ができたのは、一八九三年のことでした。タイで最初の鉄道となったパークナーム鉄道のバンコク側のターミナルが、このファラムポーンに置かれたのです。ファラムポーンはバンコクの三環濠で囲まれた旧市街の東端に位置し、クローントゥーイ方面へ伸びていたトゥロン（現ラーマ四世）通りが三環濠のもっとも外側に位置するパドゥンクルンカセーム運河と交差する地点でした。この道路沿いに線路を敷いたパークナーム鉄道が、旧市街への東の入口であるこの地点に駅を設けたのは、しごく当然のことでした。

一八九七年に開通した官営鉄道も、やはりこの地をターミナルに選びました。当初の官営鉄道の旅客駅は、一キロメートルほど北の現在の国鉄本社付近に置かれていました。トゥロン通りの北端までレールは南下していましたが、この辺りは運河沿いに貨物扱い所が並んでいました。その後、輸送量の増加によって駅構内が手狭になったことで、工場を東線のマッカサン駅に、貨物扱いの一部を新たに建設するメーナーム駅へ移すことになり、一九一〇年に両者とも移転が完了しました。これを受けて、バンコク駅構内の改良を行い、旅客駅もトゥロン通りに面した現在地に移ることになりました。ドーム状の新たな駅舎は一九一六年に完成し、ファラムポーンの鉄道ターミナルとしての地位が確立されたのです。パークナーム鉄道の駅は一九五九年末に廃止されましたが、二〇〇四年には地下鉄が開通し、地下鉄の出入口も伝統ある駅舎内にうまく取り込まれました。長距離列車の発着をバーンスーに移す計画はありますが、ランドマークともなっているドーム状の駅舎は残されるでしょう。

図9●鉄道網の発展と道路（1941 年）

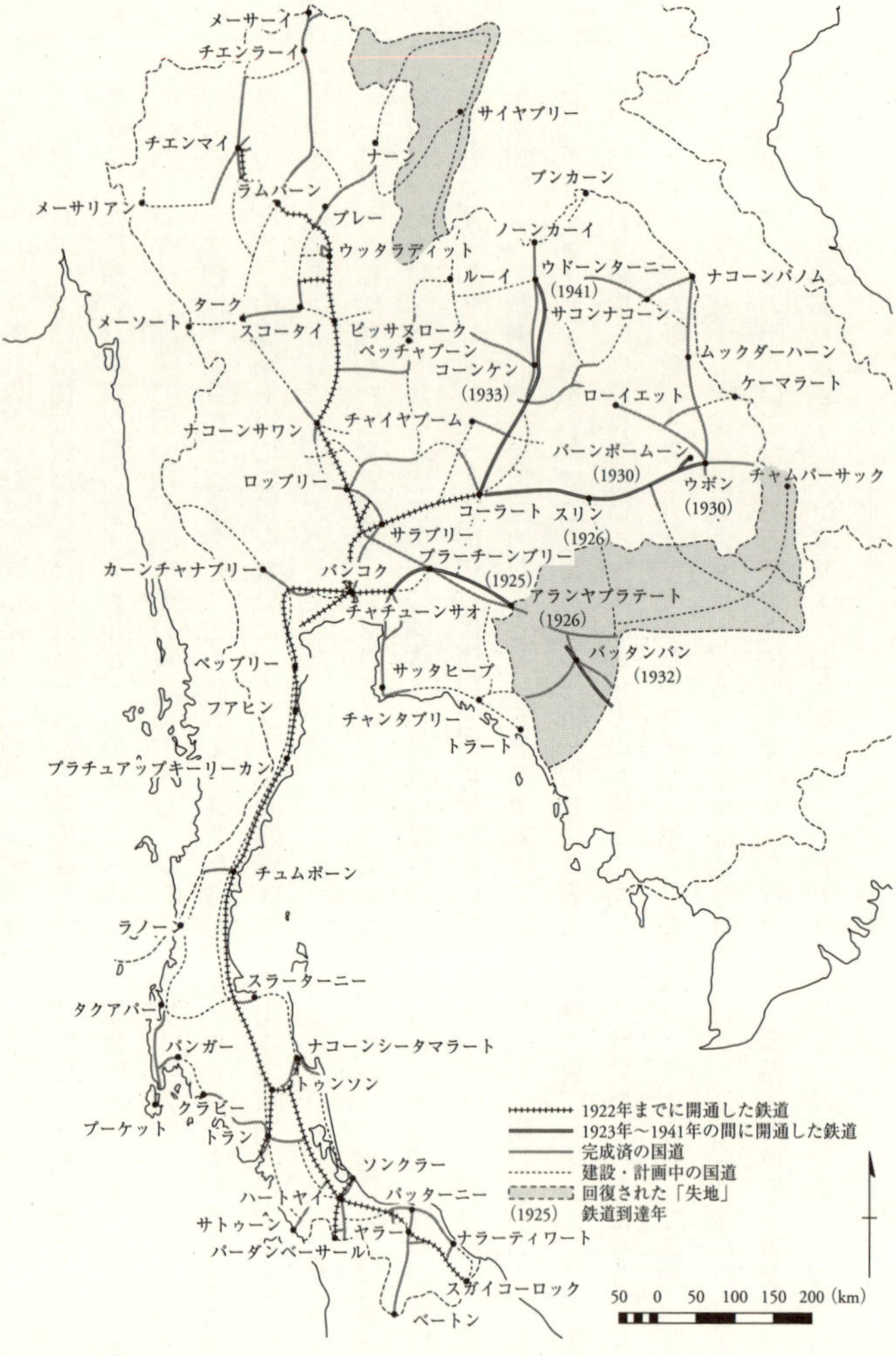

出所：筆者作成

第2章……「政治鉄道」からの脱却——一九二〇～一九三〇年代

1 鉄道網の統一と拡張

カムペーンペット親王の総裁就任

タイの鉄道では、一八九〇年に鉄道局が設置されてベートゲが局長に就任してからは、一貫して外国人が局長の座を勤めてきました。局長に限らず鉄道局は多数の外国人技師や職員を雇用しており、政府機関内でもお雇い外国人の多い組織でした。とくに、初代局長がドイツ人だったのでドイツ人技師の比率は高く、マレー半島縦貫線の建設の際にはイギリスがドイツ人の多い現行の鉄道局による建設を拒み、新たにイギリス人技師主体の南線鉄道局を設置したほどでした。タイ人技師の養成も皆無ではなかったのですが、その数は限定されており、タイ人への技術移転は遅々としていました。

そのような中で、一九一四年に第一次世界大戦が勃発しました。タイは当初中立を表明しましたが、タイの国際的な地位向上を目指すラーマ六世は、やがてこの戦争の勝者側に参戦して戦勝国としての地位を獲得し、戦後の不平等条約の解消に利用したいと考えるようになりました。このため、一九一七年にアメリカが参戦したことで連合（協商）国側の勝利が明らかになると、タイも連合国側に立って参戦することに決めたのです。その際に問題となったのが、国内にいる同盟国側のお雇い外国人の代替であり、とくにドイツ人技師の多い鉄道局の対応が課題となりました。当時鉄道局には二八人の同盟国人がおり、参戦した暁には彼らを追放しなければならなかったのです。

この問題について、ラーマ六世は不足する技師の問題を解決すると共に、鉄道局のトップをタイ人に置き換え、当時分離されていた北線鉄道局と南線鉄道局を統合することを希望しました。このため、王は運輸大臣チャオプラヤー・ウォンサーヌプラパットと、自らの異母弟にあたるカムペーンペット親王に対応を相談しました。イギリスで土木工学を学び、帰国後は陸軍工兵局監査長官などの要職に就いていた親王は、直ちに鉄道局の統一とタイ人への代替が可能かどうかを調査し、イギリスの干渉を防ぐために南線の全通までは会計を分離しておくことで両鉄道局の合併は問題ないことと、軍などから不足する人材を借りてくれば外国人に依存することなくタイ人での代替が可能であるとの結果をまとめました。一方、ウォンサー運輸大臣は両鉄道局の合併にも否定的でしたので、王は親王の案を採用し、合わせて親王に初代タイ人鉄道局の総裁の職を任せることにしました。

これによって、一九一七年六月に二つの鉄道局が合併し、統合された鉄道局の総裁にカムペーンペット親王が任命されたのです。親王はタイ人で初めての鉄道局のトップとなったばかりでなく、鉄道局のトップの地位が従来の局長から総裁へと格上げされたことから、初めての鉄道局総裁でもありました。親王は主に南線鉄道局で働いていた外国人技師を再配置することでドイツ人技師の穴埋めを行ないましたが、基本的にはこれまでのように外国人技師を外国人で代替するのではなく、逐次タイ人に代えていくというタイ人化計画を考えていました。このため、親王は一九一八年から鉄道局の費用で欧米諸国に留学生を派遣して技師を育成するという鉄道奨学生の制度を導入し、タイ人技術者の育成を図ることにしました。親王による様々な改革は、従来の外国人主導の鉄道局をタイ人の手に取り戻すばかりでなく、積極的な路線網の拡張と統合、さらには道路との連携を図ることでタイの鉄道を従来の「政治鉄道」から「経済鉄道」へと脱却させることへとつながっていくのです。

●カムペーンペット親王

なお、鉄道局の問題が片付いたことでタイは一九一七年七月に同盟国に対して宣戦布告を行い、飛行部隊と自動車部隊をヨーロッパに派遣しました。ヨーロッパでの任務は主に後方支援でしたが、無事に「戦勝国」としての地位を獲得することには成功し、ヴェルサイユ講和会議後は各国と不平等条約の交渉を始めていくことになります。第一次世界大戦の勃発とタイの「戦勝国」化によって、長い間タイを苦しめてきた植民地化の危機は去り、タイの鉄道に付与されていた領土保全や独立の維持といった「政治鉄道」としての役割も不要となったのです。

東方への路線拡大

カムペーンペット親王が鉄道局総裁に就任した頃のタイの鉄道網は、バンコクから北と南に延びる北線と南線が全通に近づき、タイの領土を南北に縦貫する鉄道がほぼ構築されたのに対し、バンコクから東へ延びる鉄道はチャチューンサオとコーラートまでとなっており、鉄道の未到達地帯は東北部や東部などバンコクから東の方角でした。東への鉄道建設を進めなかった要因は、前に述べたようにフランスとの協定によってフランスの技師や資本を使用せねばならず、フランスの干渉の恐れがあるためでした。このため、一九〇六年に策定した鉄道建設計画でも、これらの路線は今後一〇年間は建設しないということで保留となっていました。

しかし、第一次世界大戦にタイが参戦して、同じ「戦勝国」としてフランスと肩を並べるに至ったことから、タイ人技師による建設であればフランスも協定にはこだわらないであろうとの観測が広まりました。さらに、フランス自身も本国と仏印の間の輸送条件の改善のためにタイとの間の国際鉄道の整備を希望するようになりました。中でも、フランスがもっとも希望していたのは、サイゴンからバンコクへのルートでした。フランスのインドシナ縦貫鉄道計画が実現すれば、ハノイからサイゴン、プノンペン経由でバンコクまでの鉄道連絡が実現することになるのです。バンコクから南線経由でペナンに到達すれば、インド洋横断の航路に連絡できることから、従来のシンガポール経由の海路よりも本国と仏印の間の所要時間の短縮が見こまれたのです。

このため、タイはフランスとの友好関係を示すべく、まず東線の仏印国境への延伸に取り組むことにしました。この間には途中プラーチーンブリー、カビンブリーなどの町もありましたが、タイ側にはそれほど大した需要はありませんでした。いわば東方への路線の中でもっとも経済性の低い鉄道でしたが、ラーマ六世の強い希望で建設されることになったこの国際親善のための鉄道は、一九二六年にカンボジア国境アランヤプラテートまでの全区間一九四キロメートルが開通しました。しかし、フランス側では鉄道よりも自動車用道路の整備が推進されていたことから、接続するはずの鉄道は未だ着工されず、アランヤプラテートからは自動車が連絡することになりました。この鉄道によって、バンコクからアランヤプラテート経由で当時脚光を浴びてきたアンコール・ワットを訪問する観光客が出始めます。

次いで着工されたのは、東北部のコーラートから東のウボンへ至る鉄道でした。コーラートからは東のウボンと北のノーンカーイへ向けて牛車道が延びており、この二つのルートでの鉄道の延伸が想定されていましたが、親王はより沿線人口の多いウボン線を優先しました。この路線は東北部の下部を東西に伸びるもので、途中にはブリーラム、スリン、シーサケートなどの町もあり、米を始めとする輸送需要も高いものと思われました。一九二〇年に着工されたこの路線は、一九二二年に最初の区間が開通してから小刻みに開通区間を増やし、一九三〇年に終点のウボンまでの三一一キロメートルが全通しました。ウボンは東北部の最東端にある要衝でしたが、駅は市街地とはムーン川を挟んで反対側の南岸に位置したことから、当初は所在地の郡名を用いてワーリンと呼ばれました。また、このワーリンの一つ手前の駅からはムーン川畔のバーンポームーンに至る支線も建設され、ムーン川やその支流チー川の水運との接続が確保されました。

最後に着工されたのはノーンカーイへの牛車道沿いにコーンケンまで至るコーンケン線でした。当時の財政状況ではコーンケンまでの建設が限界であり、その先の延伸はさらに次の段階へと持ち越されたのです。初めはコーンケンの手前四〇キロメートルのチョンナボットまでの建設とされていましたが、ルートの変更によって同じ予算でコーンケンまでの建設が可能となりました。一九二四年に着工されたこの線は、コーラートの次駅タノンチラでウボン線から分岐し、二回の延伸を経て一九三三年にコーンケンまでの一八四キロメートルが全通しました。この先コーンケンからは、北のノーンカーイと北東のナコーンパノムへと二つの路線に分かれる予定となっていました。

以上の東線の延伸とウボン線、コーンケン線が、カムペーンペット親王の総裁就任後に立てられた第二次鉄道建設計画に基いて建設されたもので、当初の予定よりも完成が遅れることになりました。コーンケンから先の鉄道建設については、一九三〇年からの第三次鉄道建設計画に含まれることとなり、コーンケン～ノーンカーイ間と途中のクムパワーピーで分岐してナコーンパノムに至る二つの路線から構成されました。ウボン線の全通を受けて、一九三〇年から両線の測量と開拓が開始されましたが、世界恐慌の影響を受けて一九三二年には予算が付かず建設が止まってしまいました。

軌間の統一とラーマ六世橋建設

路線網の拡大と共にカムペーンペット親王が取り組んだのは、チャオプラヤー川の両岸で分断されている東岸線と西岸線の統合でした。この統合には二つの意味があり、単に川の両側を結ぶ橋を建設するのみならず、川の両側で異なっている軌間の統一も含まれていました。タイの鉄道は最初のコーラート線は標準軌（一四三五ミリメートル）の軌間を採用し、北線、東北線、東線とチャオプラヤー川の東岸には標準軌の鉄道網が構築されていたのに対し、チャオプラヤー川の西岸バンコクノーイを起点とする南線とその支線はメートル軌（一〇〇〇ミリメートル）となっていました。このため、鉄道網の統一のためにはどちらかの軌間を替える必要がありました。ちなみに、標準軌とはヨーロッパやアメリカで広く使われるようになったレール幅のことで、それより狭い軌間を狭軌、それより広い軌間を広軌と呼んでいます。日本ではインドネシアやフィリピンと同じく一〇六七ミリメートルの狭軌が一般的に用いられ、一部の私鉄や新幹線では標準軌が採用されています。

当初タイが標準軌を採用したのは、周辺諸国と違う軌間とすることで隣国からの侵略を防ぐためと説明されてきました。線路の幅が違えば、列車の直通ができなくなるので、この説は正しいようにも見えますが、先に見たようにベートゲは単に将来の輸送需要の増加に備えて標準軌を薦めていたことから、この説明の真偽は不明です。ペッブリー線をメートル軌にしたのも、将来のマラヤとの直通よりも、むしろ建設費の安さに惹かれたものと思われます。ジャワやアチェのメートル軌よりも幅の狭い特殊狭軌の軽便鉄道を除いて、東南アジアではメートル軌や一〇六七ミリメートルなどの狭軌が採用されていました。ビルマ、マラヤ、仏印といったタイの周辺国は、すべてメートル軌でした。ジャワでは最初の蘭印鉄道が標準軌を採用しましたが、その後日本と同じ狭軌(一〇六七ミリメートル)による建設が中心となりました。標準軌の区間でも、レールを増設して狭軌の列車が走行可能とした上で、狭軌のネットワークが構築されていきました。フィリピンでも同じく一〇六七ミリメートルの軌間が用いられたことから、標準軌の鉄道はジャワのごく一部とタイの東岸線のみとなっていました。

この軌間の統一に際し、ウォンサー運輸大臣は旧来通り安全保障面から標準軌での軌間統一を主張しました。しかし、カムペーンペット親王はタイの標準軌路線の規格は低く、軸重(車軸が支えることのできる重量)もマラヤの一二トンよりも低い一〇トンでしかないことと、有事の際には簡単に軌間は変えられてしまうので、むしろ軸重が低くて隣国の車両が乗り入れられないほうが障壁になるとして、メートル軌での統一を主張しました。さらに、親王は次に述べるように国際鉄道網の構築を希求したことから、隣国との相互直通が可能なメートル軌での統一でなければその夢を実現させることはできませんでした。結局、親王の主張が通ってタイは標準軌線をメートル軌に改軌することとなり、一九二〇年から一〇年がかりでこの作業が行われました。作業は従来の標準軌の線路に三本目のレールを敷設し、メートル軌への変更が終わった区間から標準軌のレール一本を取り外し、東線や東北線の延伸工事へと廻す形で行なわれました。

軌間の統一と共に、東岸線と西岸線を接続させるルートの構築も行なわれました。一九〇六年の鉄道建設計画では、北方のタークで標準軌線とメートル軌線を接続させることになっていましたが、親王は中央工場への車両の入場の面からバンコクでの接続が必要であると主張しました。これは、中央工場を設置してそれまで東岸線と西岸線で分かれていた工場の機能を統一するものであり、フェリー、架橋、トンネルの三案を比較検討しました。その結果、三〇〇万バーツ程度で建設可能な架橋がもっとも相応しいとの結論に至り、東岸線の起点バンコク（ファラムポーン）の八キロメートル北に位置するバーンスーから分岐して、チャオプラヤー川を渡って西岸線のバンコクノーイの次駅タリンチャンに至る一四キロメートルの新線建設が選ばれました。この場所までは大型船の遡上がなく橋の高さを低く押さえられることと、周辺の市街化も進んでおらず市街地への影響も避けられること、そしてバーンスーには操車場が立地していることなどが、この案の利点でした。

一九二二年に着工されたこの橋は、タイで最初のチャオプラヤー川に架かる橋となりました。一九二七年に開通した橋は、完成を待たず一九二五年に亡くなった先王にちなんでラーマ六世橋と命名され、タイの鉄道網を名実共に統合する重要な橋となりました。南線の旅客列車も一部がこの新橋経由に変更され、橋の開通に合わせてバンコク～バーンスー間がタイで初めての複線区間となりました。この橋は当面鉄道橋のみでしたが、橋周辺まで市街化が進展した際には道路を併置できるようなスペースが確保されており、後にバンコクとトンブリーの間の交通路としても機能することになります。

●ラーマ6世橋

道路との連携

カムペーンペット親王は、鉄道と道路の連携も模索しました。タイにおける道路整備は当初州（モントン）単位で行われており、内務省が州の要望を受けて予算の配分を行っていましたが、一九一二年に道路局が設置されたことで道路行政が一元化されました。道路局は道路整備の原則を策定し、鉄道や水運が利用できない地域では幹線道路を整備し、鉄道や水運が利用可能か将来利用可能となる場合は支線道路の整備を行うこととしました。実際には各州からの道路建設の要望を一元化するのは難しく、予算も不足しており満足な道路整備はできませんでした。

一九一七年の参戦に伴う鉄道局の技師不足問題の解決策の一環として、カムペーンペット親王は道路局の外国人技師の有効利用を思い立ち、鉄道局と道路局との統合を王に求めました。この結果、同年中に道路局は鉄道局総裁の管轄下に置かれることとなり、親王が鉄道と道路という陸上交通をすべて統括することになったのです。親王はまず道路を国道と州道に区分し、道路局は国道のみを管轄し、州道の管轄は各州に戻しました。道路局の管轄道路の数を制限すると共に、道路の建設のみならず維持も適切に行なうことを決めました。

カムペーンペット親王は、道路局が管理する国道についても従来の道路整備基準を厳格に守り、鉄道から分岐して鉄道がまだ到達していない地域へと延びるような鉄道のフィーダー道路のみを整備することにしました。タイの鉄道網はバンコクから放射状に伸びるように整備されてきたことから、鉄道と競合するような道路を整備することは経済的浪費であり、鉄道がまだ到達していない地域に対してのみ道路を整備すべきであると親王は考えたのです。親王は鉄道と道路を比較し、鉄道は建設費が道路よりも高いものの完成後は収入が得られるのに対し、道路は完成後にまったく収入は得られず、逆に維持費が鉄道よりもかかると見なしていました。このような状況から、道路はあくまでも鉄道を補完するものであり、競合すべきものではないと親王は捉えたのです。

この結果、タイ国内には鉄道を幹、道路を枝とする樹状交通網が整備されることになりました。完成あるいは建設されていた道路は、ほとんどが鉄道駅から分岐して鉄道未到達の奥地を結ぶもので、主として最寄り駅と地方の県庁所在地を結ぶものでした。このため、タイの道路網はすべて地方に存在し、バンコクから地方へと延びるような道路は一本もなかったのです。バンコクでは外国人らがドライブを楽しむために南のパークナームへの道路整備を求めていましたが、カムペーンペット親王はそのような道路は無駄であると切り捨てていました。バンコクの道路網はバンコク市内のみで孤立しており、地方へ行く際には鉄道か水運に依存せざるを得ませんでした。バンコクの北二〇キロメートルに位置するドーンムアン空港へのアクセスでさえ、当時は鉄道のみに依存していたのです。

この樹状交通網は、少ない投資で極力多くの地域へ近代的交通手段を到達させることを目的としていました。道路を整備する際にも、鉄道の最寄り駅と目的地を最短距離で結ぶようなルートが選ばれ、極力整備する道路距離を減らし、その分より多くの道路を構築しようとしていました。これらの道路はほとんど未舗装でしたが、年間を通して自動車が通行可能な程度には整備されていました。一九一〇年代から各地で自動車の運行が開始され、一九二〇年代には国道はもちろんのこと、それ以外の州道や牛車道でも乾季には自動車が運行し、旧来の駄獣を用いた伝統的な陸上輸送を代替していきました。つまり、鉄道と道路を組み合わせることで近代的交通手段の到達可能な範囲はさらに拡大することになったのです。一九三〇年代までに、一部の例外を除いて国内の大半の地域は、ほぼバンコクから五日の時間距離内に収まることになりました。

肩を並べた鉄道網

次に述べる立憲革命後の交通政策の変更によって一九三〇年代のタイの鉄道網の拡張の速度は遅くなりますが、カムペーンペット親王が総裁を務めた一九二〇年代には東への鉄道網の延伸が進んだことから、タイの鉄道総延長はさらに増加し、一九一〇年代までに確立された東南アジアの他国と比べても遜色ない状況を、そのまま維持していました。図10のように、タイは一九二〇年の時点でもジャワ、ビルマに次ぐ路線長二二五二キロメートルを誇っていましたが、その後も順調に路線網の拡張を続け、一九四一年には三二一四キロメートルに達しました。一九二〇年代はビルマと同様の増加傾向を見せていましたが、一九三〇年代に入るとビルマでの路線拡大が見られなくなったことから、一九三〇年代に両者の格差は減少し、最終的にその差は八〇キロメートルとなりました。ヴェトナムの路線長も一九二五年から一九三五年にかけて大きく増加しましたが、それでもタイの路線長のほうが勝っていました。

タイの鉄道網は、鉄道密度の点から見ても他国と肩を並べるか、それ以上の状況に到達していました。図11は面積あたり、人口あたりの鉄道密度を示しています。前者は面積一〇〇〇平方キロメート

図10●東南アジア各国の鉄道総延長の推移（1920〜1940年）

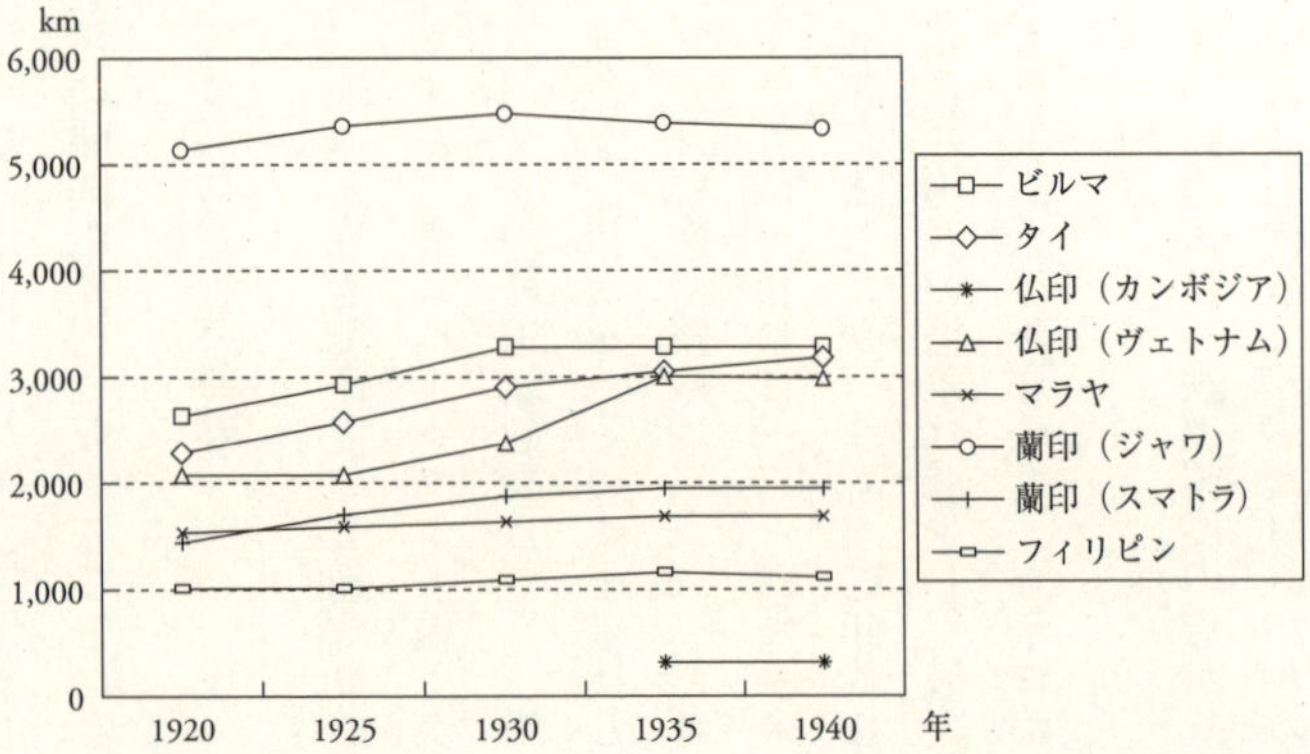

注1：1910年以降の仏印（ヴェトナム）は滇越鉄道の中国領内区間464km分を含む。

注2：フィリピンはマニラ鉄道（ルソン島）の数値である。

注3：タイの民営鉄道とパークナーム線（1936年国有化）は含まない。

注4：1935年の仏印は1936年、マラヤは1937年の数値、1940年のビルマは1938年、タイは1941年、蘭印は1939年の数値である。

出所：ビルマ：Shein［1964］、SABI、日本ビルマ協會［1942］、タイ：Kakizaki［2005］、柿崎［2009a］、仏印：ASI、ASRC、マラヤ：Kaur［1985］、蘭印：Knaap［1989］、フィリピン：Corpuz［1999］、法他編［1942］より筆者作成

ルあたりの路線距離ですから、距離が長いほど鉄道密度が濃いことを示しています。これを見ると、やはりジャワの密度がもっとも高く四一キロメートルと他を抜きん出ていますが、次いでマラヤ一二・四キロメートル、ヴェトナム七・八キロメートルと続き、タイは四位の六・三キロメートルとなっています。ビルマはタイよりも低い五・四キロメートルですが、これはビルマの面積のほうが広いためです。面積で比較する場合は各国の領域の形状や地理的状況を考慮する必要がありますが、タイと同

図11●東南アジア各国の鉄道密度（1940年）

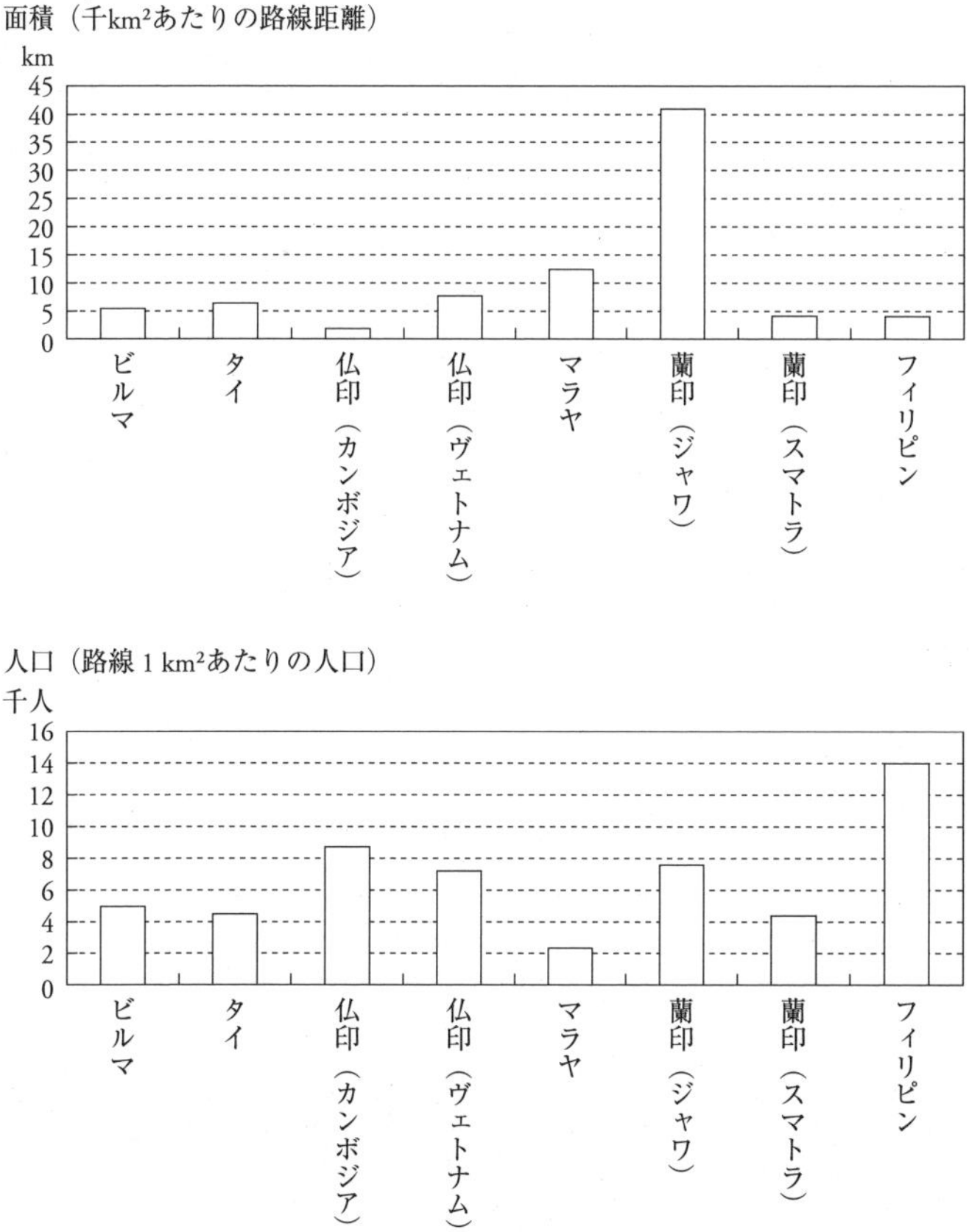

出所：東亜研究所［1942］より筆者作成

じように内陸に広大な領域を持ち、地理的にもそれほど大きな違いのないビルマよりも密度が高かったことは、タイの鉄道整備が地理的に見てもビルマと比べて遜色ない状況に達していたことを示しています。

一方、人口あたりの鉄道密度は、路線長一キロメートルあたりの人口数を示していますので、逆に数値の小さいほど密度が濃いことになります。もっとも鉄道密度が高いのはマラヤの二五七〇人となり、次いでスマトラ四一八〇人、タイ四五〇〇人とタイが三位に付けています。人口の面から見ると、タイはビルマよりも鉄道密度が高くなるのみならず、面積ではもっとも密度の高いジャワをも上回っていることが特筆されます。スマトラは石炭など貨物輸送に特化した鉄道が多く、しかも人口密度が一平方キロメートルあたり一七人と人口が極端に低かったことからタイよりも鉄道密度が高くなっていますが、タイは人口密度二八人とビルマと同程度であり、マラヤの三二人よりも若干低いものでした。このため、人口規模から言えば、タイは東南アジアの中でも濃密な鉄道網を構築した国の一つであると言えるでしょう。

タイの鉄道網の急速な拡大の痕跡は、図12からも把握できます。この図では一九〇〇年から一九四一年までに開通した路線を明示しており、タイの鉄道の大半がこの間に整備されたことがはっきりと確認できます。一九〇〇年の時点ではパークナーム鉄道とコーラート線のみの計二八五キロメートルしかない状況でしたが、一九四一年には官営鉄道のみで三二一四キロメートル、民営鉄道を合わせれ

図12●東南アジアの鉄道網（1941 年）

出所：筆者作成

ば計三三〇〇キロメートル程度の路線網を構築するに至ったのです。他国を見ると、仏印が滇越鉄道とハノイ～サイゴン間の縦貫鉄道をやはりこの間に開通させたことから新規開通区間が多くなっており、新たにカンボジアにも鉄道が出現しています。ビルマやジャワなど一九〇〇年までにそれなりに鉄道整備が進んでいた地域では、一九〇〇年からの四〇年間における鉄道整備がそれほど進展したとの印象は抱かせません。

●ジャワのスマラン～チルボン間の列車（1916年）

逆にジャワ、フィリピン、マラヤにおいては、廃止された鉄道もあります。ジャワでは一九〇〇年以降も支線網を中心に路線の過密化が進み、民間の軌道会社を経由してジャワ北岸にもバタヴィア～スラバヤ間の縦貫線が構築されましたが、自動車との競合によって一九三〇年代に入ると廃止される支線も出てきました。このため、ジャワ島の鉄道総延長は一九三一年の五五三三キロメートルをピークに漸減することとなり、一九三九年には五四一四キロメートルと一〇〇キロメートル強の路線が廃止されていきました。フィリピンではアメリカに植民地化されてからルソン島での鉄道建設が進展し、セブ・パナイ島にも初の鉄道が開通しましたが、一九一〇年代から自動車との競合が始まりました。このため早くも一九一七年からマニラ近郊の支線の廃止が始まり、一九三〇年代までに同じく一〇〇キロメートル程度の路線が廃止となっています。マラヤでも支線が一線廃止されており、欧米や日本と同じく東南アジアにおいても自動車との競合による鉄道の廃止が始まっていたのです。

2　国際鉄道網構想の出現

カムペーンペット親王の「掌」

第一世界大戦後の国際平和を希求する世界的な潮流は、東南アジアにおいても国際鉄道網の構想を出現させました。東南アジアの鉄道網は、一部の例外を除いて植民地あるいは領域国家単位で建設されてきたことから、国家間を連絡する国際鉄道はほとんどありませんでした。タイ〜マラヤ間を除いて唯一の例外はフランスが建設した滇越鉄道でしたが、これは帝国主義的な権益拡大のための「政治鉄道」でした。同様な鉄道がビルマや仏印からタイへと建設される可能性もありましたが、タイが先にバンコクから周縁部へ延びる鉄道を建設したことによって、それらの計画はすべて実現しませんでした。このため、第一次世界大戦後に浮上した国際鉄道構想は、政治的意図を持たない真の輸送条件の改善のための計画でした。

国際鉄道構想の出現に対し、積極的に対応したのは当時鉄道局総裁を務めたタイのカムペーンペット親王でした。一九二六年にバンコクでのロータリークラブ晩餐会にて、自らの掌をかかげてタイの国際鉄道構想を示した親王の講演は、タイをインドシナ半島の国際鉄道網の中心として機能させようとした親王の積極的な意志を端的に示していました。この講演で、親王はタイの鉄道網は自らの掌で表されると主張しました。具体的には、腕が南線、親指はビルマ連絡線、人差し指は北線、中指はコーンケン線、薬指はウボン線、小指は東線を意味し、腕はマラヤへ、親指と人差し指はビルマへ、中指と薬指はラオスへ、小指はカンボジアへの連絡線となり、ビルマやラオスへの連絡線はさらに中国へも到達することできると説明しました。親王はインドシナの中心に位置しているタイが国際交通の中心地となることを確認した上で、タイもそのための努力は惜しまないということを表明したのです。

前に見た東への鉄道の延伸や、改軌やラーマ六世橋建設による鉄道網の統一は、いずれもタイの鉄道網の拡張や統一の意味のみならず、国際鉄道網の構築をも意図したものでした。図13のように、東方への鉄道の延伸は、中指、薬指、小指の延伸であり、将来的にはラオスやカンボジアへの国際鉄道としての役割を担うはずでした。改軌にしても、カムペーンペット親王が主張したメートル軌への統一は、タイの周辺諸国との車両の相互直通を可能とするもので、当然それを意図したものでした。ラーマ六世橋の建設にしても、チャオプラヤー川で分断された東岸線と西岸線を連絡するのみならず、将来構築される国際鉄道網のミッシングリンクの解消の意味もありました。

図13●国際鉄道網の構想（1925年）

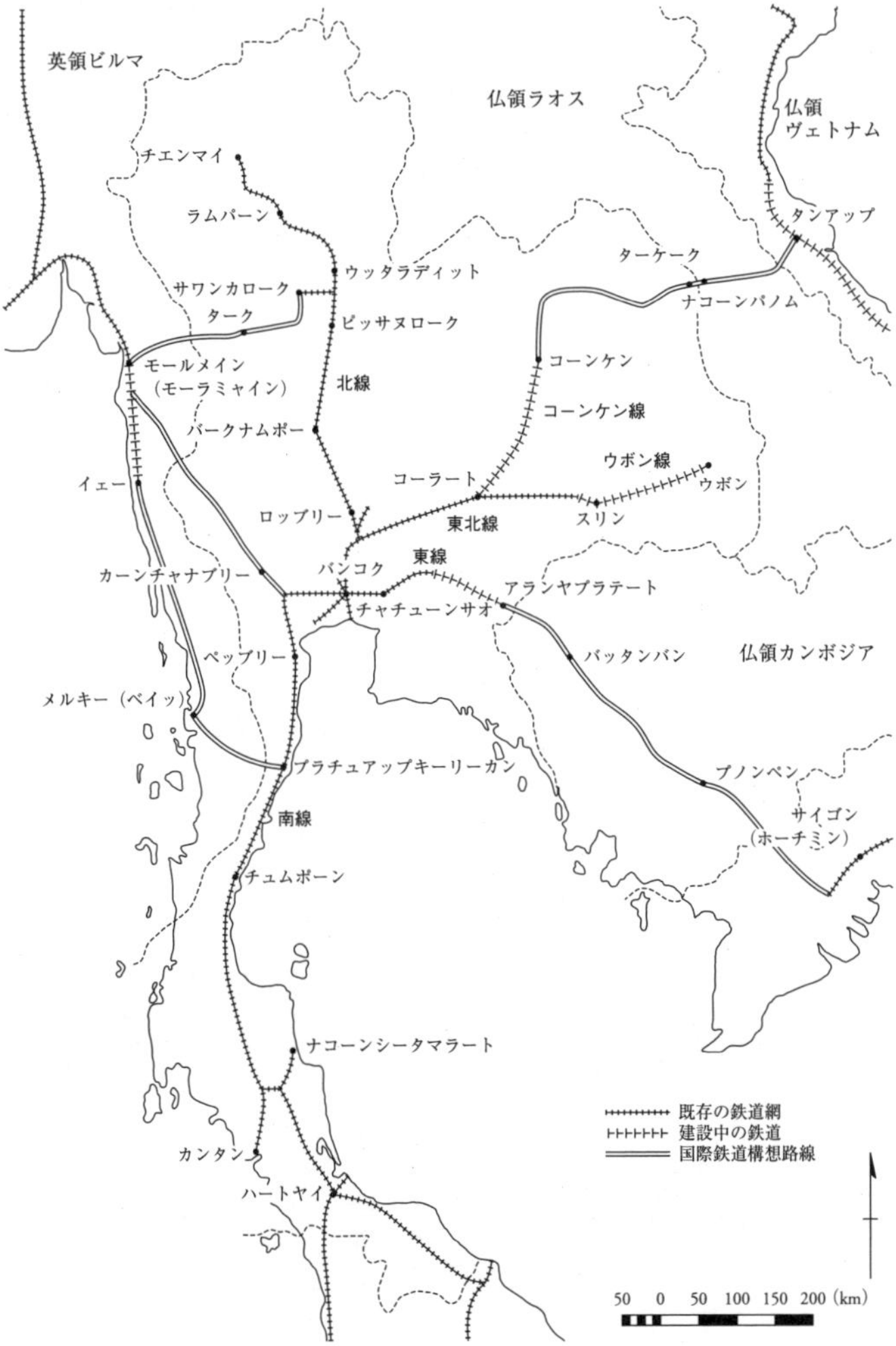
英領ビルマ
仏領ラオス
仏領
ヴェトナム
チエンマイ
ラムパーン
ウッタラディット
サワンカローク
ターク
ピッサヌローク
モールメイン
（モーラミャイン）
北線
バークナムポー
イェー
ロッブリー
コーラート
東北線
コーンケン
コーンケン線
ウボン線
ウボン
スリン
ターケーク
ナコーンパノム
タンアップ
カーンチャナブリー
バンコク
東線
チャチューンサオ
アランヤプラテート
バッタンバン
仏領カンボジア
ペッブリー
メルキー（ベイッ）
プラチュアップキーリーカン
南線
プノンペン
サイゴン
（ホーチミン）
チュムポーン
ナコーンシータマラート
カンタン
ハートヤイ
既存の鉄道網
建設中の鉄道
国際鉄道構想路線
50 0 50 100 150 200 (km)

出所：柿崎［2000］：163

　このような構想が出現したことは、タイの鉄道が真に「政治鉄道」から脱却したことを意味しました。タイの鉄道の最初の導入目的は、安全保障や政治面の役割を第一義に考えてのことでした。このため、バンコクと周縁部を結ぶ放射状の鉄道網が構築され、列強の干渉を招きかねない路線の建設は回避してきました。鉄道に期待されたものは、バンコクと周縁部の間の輸送条件の改善だったので、南線を除き国際鉄道としての機能を持たせることはまったく期待しておらず、逆にイギリスのモールメイン～雲南間鉄道計画の例のようにむしろその実現を回避したいのが本音でした。

　しかしながら、第一次世界大戦を契機に帝国主義の嵐は収まり、戦後国際協調の機運が高まったと共に、タイは「戦勝国」として英仏と肩を並べることになりました。このため、タイの鉄道の政治面や安全保障面の役割は大きく低下しました。逆に鉄道の経済的な効用、つまり輸送条件の改善に伴う経済発展が重視されるようになり、国際鉄道に対する認識も、従来のようにタイの主権を脅かしかねない厄介者から、貿易を促進する経済発展の牽引者へと変化したのです。その結果、タイは積極的に国際鉄道の実現へ向けて取り組むこととなり、周辺諸国よりも迅速に国際鉄道を構築する路線の整備を行うことになったのです。タイの鉄道政策は、従来の領土保全を主目的とした内向きのものから、経済発展を目的として積極的に拡張を目指す外向きなものへと変化したのでした。

マラヤ連絡鉄道の役割

タイがこのように国際鉄道構想に積極的になった背景には、最初の国際鉄道となったマラヤとの連絡鉄道がタイ～マラヤ間の貿易を促進し、マラヤからの輸入よりもマラヤへの輸出が大幅に上回ったという事実がありました。マラヤとの連絡鉄道はそもそも第一次世界大戦後の国際鉄道網構想の出現前に計画されたものでしたが、その開通が一九一八年と構想の出現時期とほぼ一致していたことから、国際鉄道網の存在意義を肯定的に示す役割を果たしたのです。

一九〇九年にマラヤからの借款を用いての南線の延伸が決まった段階では、マラヤとの接続はクランタン側、つまりマラヤの東海岸線と接続させることになっていました。しかし、この計画に対してペナンから反対の声が上がり、ペナンの対岸プライまで到達している西海岸線との接続を主張したのです。その結果、急遽ハートヤイから分岐して国境パーダンベーサールを経てプライ手前のブキットマータジャムに至る鉄道が追加されました。一八九〇年代末から縦貫線を建設していたマラヤでは、一九〇九年に西海岸線のプライ～ジョホールバル間が完成していました。これに対し、西海岸線のグマスで分岐してコタバル付近のトゥムパットに至る東海岸線は、一九一〇年に最初の区間がようやく開通したに過ぎませんでした。このため、東海岸線のみではマラヤとタイの鉄道網がつながるまでさらに長い時間がかかるのみならず、タイとの連絡鉄道が到達しないことで繁栄をシンガポールに奪われるとして、ペナンの財界が反発したのです。

このマラヤとの連絡鉄道のうち、一九一八年に開通した半島横断ルートを構成するパーダンベーサール経由の鉄道は、新たな商品流通を構築することになりました。この鉄道はタイの南部東海岸と西海岸の主要な港ペナンを結ぶ役割を担ったことから、この間の商品流通を大きく拡大させることになりました。鉄道開通前にもソンクラー〜クダ間には立派な牛車道がありましたが、東海岸から西海岸へと牛や水牛が運ばれていた以外にはさしたる商品流通は存在しませんでした。しかし、鉄道開通後にこのルートは主要な商品流通ルートとして機能することとなり、タイからマラヤへは米、錫鉱、天然ゴムなどが、マラヤからタイへは工業製品が輸送されるようになったのです。その輸送量は前者が後者を圧倒しており、一九一九年の輸送量はそれぞれ一万八九七トン、二八三九トンでした。タイ側での貨物の発着地については、米がバンコクから輸送されてくる以外はほとんどが南部発着の貨物であり、事実上は南部東海岸とペナンとの間の輸送でした。このように鉄道経由の商品流通がタイ側の圧倒的な出超だったことも、国際鉄道はタイの市場を拡大する役割を果たすとの印象を抱かせました。

●パーダンベーサールの国境駅

しかし、この鉄道の真の役割は、ペナンと南部東海岸との関係強化でした。元来南部東海岸の主要な産品である錫鉱や天然ゴムは水運でシンガポールへと送られており、シンガポールがこの地域の外港としての役割を果たしていました。これに対し、南部西海岸はペナンの後背地でしたが、鉄道の開通で東海岸とペナンとの交通条件が改善されると、東海岸とペナンの間の商品流通が拡大する一方でシンガポールとの関係は希薄化し、南部全体がペナンの後背地としての機能を高める結果となったのです。このため、ペナンが強固に主張して実現させた西海岸での連絡鉄道の実現は、明らかにペナンの利益となりました。

なお、マラヤでの鉄道建設は、一九二〇年代に入ると東海岸線の延伸にほぼ限定されていました。この路線はパハンとクランタンへの輸送条件の改善を目論んだものでしたが、両州境付近は山間部を通過するため、建設は難航しました。このため、北側と南側から徐々に開通区間を延ばし、最終的に一九三一年にクランタン州内のグアムサン〜クアラギリス間の開通で全線が開通しました。これによってタイ〜シンガポール間の鉄道は西海岸経由と東海岸経由の二つのルートが利用可能となり、東海岸経由のほうが所要距離は短くなりましたが、東海岸線は山間部が多く沿線の都市も少ないことから、幹線としての機能は西海岸線が維持しました。一方、ジョホール水道を挟んでマレー半島側とシンガポール島側の鉄道は連絡船による接続となっていましたが、一九二三年にコーズウェイ（築堤）が完成したことでシンガポールまで列車が直通できるようになりました。そのシンガポールでは市街地の拡大のために一九三二年には鉄道のルートが変更され、新シンガポール駅が設置されました。

バンコク〜サイゴン間鉄道の推進

マラヤとの連絡鉄道の完成後、最初にカムペーンペット親王が実現を目指したのは、バンコク〜サイゴン間鉄道の一環としての東線の延伸でした。このルートでは、一八九〇年代にバンコク〜バッタンバン間の民営鉄道計画が浮上しましたが、フランスの出方を警戒して認可しなかった経緯がありました。その後一九〇七年にバッタンバンがフランスに割譲されたことで、バンコク〜バッタンバン間の鉄道の実現可能性は一旦消えましたが、一九一〇年代に入るとフランスがサイゴンからペナンまでの鉄道連絡によるヨーロッパとの間の輸送時間の短縮の目的で、サイゴンからバンコクまでの鉄道計画を希望してきたのでした。国際親善への強い意志を示したいとのラーマ六世の意向もあって、タイ側はチャチューンサオで止まっていた東線の国境アランヤプラテートまでの延伸を早急に着手しました。ただし、実際にはラーマ六世の魂胆はフランスの希望する鉄道整備を迅速に行うことで、タイの希望するフランスとの間の不平等条約の改定交渉を円滑に進めることでした。

確かにフランスはサイゴン〜バンコク間の鉄道整備を希望してはいましたが、仏印では第一次世界大戦期からしばらく鉄道整備が停滞しており、タイ側の迅速な対応とは対照的でした。ハノイ〜サイゴン間の縦貫線の二つのミッシングリンクのうちの一つであるヴィン〜ドンハ間の建設は第一次世界大戦前に始まりましたが、戦争による人材や資金不足によってすぐに中断されてしまいました。この時期には、鉄道建設よりも安価な道路整備や灌漑整備が優先され、鉄道網の拡張は頓挫していました。一九二二年にようやく新規借款が認められ、中止されていた延伸工事は再開されましたが、タイの東線に接続するカンボジア側の鉄道は直ちに着工には至りませんでした。このため、一九二六年に東線が国境のアランヤプラテートまで到達しても、仏印は鉄道でなく道路整備のみで対応することとなり、カンボジア側とは自動車で連絡しました。仏印はタイ側に対しても国際鉄道でなく国際道路での接続を求めましたが、カムペーンペット親王は鉄道と並行する道路の整備には否定的でした。このため、バンコクからカンボジアを訪問する旅客輸送はある程度出現したものの、真の国際鉄道としての機能は発揮できませんでした。

その後、ようやくカンボジア側でプノンペン〜モンコンブリー間の鉄道建設が始まり、一九三二年にこの間が全通しました（八七ページ図12参照）。これによってタイとカンボジアの間のミッシングリンクは約六〇キロメートルとなりましたが、この間の建設は遅れ、一九四〇年になってようやく開始されました。バッタンバン付近の商品流通がサイゴンでなくバンコクへ向かうのでフランス側のメリットはないとして、サイゴンのフランス商人やプノンペン〜サイゴン間のメコン川水運の業者らが反対したことが、この遅延の要因でした。タイ側もアランヤプラテートから国境までの六キロメートルの新線を建設することとし、パーダンベーサールのような共同駅を国境に設けることになりました。しかし、その建設の最中にタイとフランスの間で「失地」回復紛争が起こりました。その結果、建設中の区間も含むアランヤプラテートから新国境サワーイドーンケーオまでの一八八キロメートルが回復された「失地」に含まれることになり、タイ側に移管されたのです。仏印が着手していた建設をタイ側が引き継ぎ、ついにバンコク～プノンペン間の国際鉄道が開通するかの矢先に、タイは戦争に巻き込まれることになります。

仏印はようやくプノンペンからタイ国境までの鉄道を建設したものの、仏印縦貫鉄道の一部となるサイゴン～プノンペン間は実現しませんでした。ハノイ～サイゴン間の縦貫線についても、ヴィン～ドンハ間が一九二七年に開通したことで北半分は完成したものの、最後のミッシングリンクだったトウレン～ニャチャン間が開通したのは一九三六年のことでした。他に高原の避暑地ダラットと南部の天然ゴムの産地ロックニンへの支線がそれぞれ一九三二年、一九三三年に全通し、支線網の整備もある程度進みました(図12参照)。前者は標高一五〇〇メートルのダラットへ上る鉄道であり、東南アジアでは中部ジャワ、西スマトラに次いでラックレールを用いた登山鉄道となりました。ロックニンへの鉄道は一部区間を民間が建設しましたが、一九三六年から政府が一貫して運営していました。終点のロックニンはカンボジアとの国境にも近く、計画ではメコン川畔のカンボジアの町クラチェまで延伸される予定でした。

●ダラットへの登山鉄道

一九三六年をもってヴェトナムの鉄道網はようやく一つに統一されましたが、カンボジアの鉄道網は孤立したままでした。次に述べるラオスへの鉄道も結局実現せず、仏印の鉄道はヴェトナム、カンボジア、ラオスと分割されていたフランス領インドシナを一つに統合する役割を果たすことはなかったのです。

ラオスへの鉄道計画

ラオスへの鉄道は、バンコク～サイゴン間の鉄道計画とともにタイと仏印をつなぐ役割を果たすものでした。一時は全区間が着工されるまでに至ったものの、結局実現せずに終わりました。カムペーンペット親王の掌では、コーンケン線とウボン線が将来のラオスへの連絡線とされていましたが、実際に具体的な動きが見られたのは前者でした。

そもそも一八八〇年代にフランスはサイゴンやアンナンとメコン川中流域、つまりラオスや東北部を結ぶ鉄道を計画していましたが、それらの計画はいわゆる「政治鉄道」であり、フランスの勢力圏を拡大し、メコン川中流域の植民地化を進展させるという目的から出てきたものでした。このため、タイが先にバンコクからメコン川中流域に到達するコーラート線を完成させると、フランスのメコン川中流域への鉄道計画の経済性が低下し、採算面から実現させることは難しくなったのでした。これは、コーラート線の完成によってバンコクとの間の輸送条件が大幅に改善されたことで、たとえフランスが鉄道を到達させてもバンコクより優位に立つことは難しく、輸送需要が十分存在しない可能性が高まったために、フランス側が新規投資を躊躇したからです。タイがコーラート線の建設という先手を打ったことで、メコン川中流域における鉄道整備競争はタイの勝利となったのでした。

実際には、フランスが獲得したメコン左岸のラオスは、元来からバンコクとの経済関係が強く、仏印の他地域との関係は希薄でした。このため、仏印にしてみればカンボジアやヴェトナムとの間の交通路を整備して経済統合が促されるべきでしたが、フランスは極めて消極的でした。一九一〇年にはフエ〜サワンナケート間の鉄道計画が浮上しましたが、サイゴンの商人らはコーラート線に対抗できないとして、自らの利益とならないアンナン〜メコン川間の鉄道建設には反対しました。結局、一九一〇年代にほぼ同じルートとなるドンハ〜サワンナケート間に道路が整備されましたが、それ以上の進展は見られませんでした。

その後、一九二一年に策定された仏印開発計画の中で、アンナンとメコン川を結ぶ鉄道計画が盛り込まれることになりました。この鉄道はハノイ〜サイゴン間の縦貫線のタンアップから西に向かってターケークへ至るもので、ヴェトナムを南北に走る縦貫線とメコン川をもっとも短距離で結ぶルートでした。この鉄道計画を受けて、タイ側もターケークの対岸となるナコーンパノムへの鉄道を計画しました。当初はコーンケンから北西に向かうルートを想定したものの、後により建設が容易なウドーンターニーの南方クムパワーピーでノーンカーイ方面への路線から分岐して、サコンナコーンを経由してナコーンパノムへ至る路線が確定しました。タンアップから北に向かえばハノイへ到達できることから、この鉄道はバンコク～ハノイ間を最短距離で結ぶ役割を担うものでした。

しかしながら、フランス側の着工は遅れ、一九二五年から鉄道建設のための作業道路の整備が始まったものの、鉄道自体の着工は一九三一年となり、タンアップから二〇キロメートルの区間が一九三三年にようやく開通しました。その先はヌカーオ峠をトンネルで抜ける予定であり、とりあえずラオス側のナーパオまでの全長三九キロメートルのロープウェイを建設して建設資材の輸送の便を図ったものの、そこで建設工事は頓挫してしまいました。ラオス側でもターケークの駅予定地や途中の一部橋梁や築堤の整備は行われましたが、結局実現しませんでした。一方タイ側でも一九三〇年から測量と開拓が始まりましたが、世界恐慌による財政状況の悪化に伴い工事が中断されました。立憲革命後の政策変更に伴い、このルートは鉄道ではなく道路整備で対応することになり、計画は立ち消えとなってしまいました。

このように、メコン川への鉄道は結局実現せず、ラオスの孤立した状況は改善されませんでした。ドンハ～サワンナケート間道路以外にもラオスに到達する道路が何線か整備されましたが、圧倒的に強いバンコクとの経済関係を変えるまでには至りませんでした。ラオスには最南端のメコン川のコーン滝を迂回する延長七キロメートルの軽便鉄道が一八九三年に建設され、滝の下流と上流の水運を連絡する役割を担っていましたが、それ以外にはまったく鉄道は出現しませんでした。ラオス経由での

●コーン滝の軽便鉄道の機関車（2005年）

仏印とタイを結ぶ鉄道は、この後第二次世界大戦中に入り込んできた日本軍の大東亜縦貫鉄道計画の一環として検討され、建設が中断されていたタンアップ～ターケーク線とタイ側のナコーンパノム線の建設計画が浮上することになります。

ビルマとの連絡鉄道

ビルマとの連絡鉄道の計画も、その起源は一八八〇年代に浮上したモールメイン～雲南間鉄道でした。この計画はあくまでもビルマと雲南を結ぶことが目的でしたので、ビルマとタイを結ぶことはあくまでも付随的なものに過ぎませんでした。しかし、政府はタイを二分する「政治鉄道」になりうるとしてその実現を阻止し、メコン川中流域と同様にタイが先手を打つ形でバンコクから北へ延びる鉄道を整備していきました。タイ経由で雲南へ至る鉄道の実現可能性が低くなったことから、イギリスはビルマから直接雲南へ入る鉄道の建設に着手し、マンダレーからラーショーへ延びる路線を一九〇三年までに開通させましたが、その先は急峻な地形に阻まれて延伸が頓挫していました。

ビルマとの連絡鉄道はあくまでも主目的がビルマと雲南を結ぶものであり、これがある程度実現すると、タイ〜ビルマ間の鉄道計画はしばらく浮上しませんでした。ところが、一九二一年にカムペーンペット親王がビルマ副総督と会談する機会を持った際に、タイ〜ビルマ間の連絡鉄道計画について打診されました。ビルマ側は、タイの北線が間もなくチエンマイに到達することで、従来存在していた北部とモールメインとの間の商品流通が完全にバンコク方面に吸収されることを憂慮し、それを軽減するためにモールメインから北部へ至るかつてのビルマ〜雲南間の鉄道計画を復活させようとしたのです。ただし、タイ側の反発も予想されるため、表面的にはタイ〜ビルマ間の連絡鉄道としており、計六つのルート案を示してきました。

これに対し、カムペーンペット親王は図13（九一ページ）に示されているようにターク、カーンチャナブリー、プラチュアップキーリーカン経由の三ルートに絞込み、タイ側にとって相応しいルートを検討しました。その結果、親王は最後のプラチュアップキーリーカン経由を選択し、大臣会議でもこれを了承しました。親王はこのルートを選択した理由として、タイ側の建設すべき区間がわずか二〇キロメートルと少なく、タイ側の負担がもっとも少ないルートであること、軍事的、経済的にももっとも悪影響が少ないこと、ビルマ～マラヤ間の輸送需要にも対応できることを挙げていました。このルートはラングーンとバンコクを結ぶには迂回ルートとなりますが、逆にラングーンとシンガポールを結ぶ際には他よりも短絡ルートとなるのです。残る二つのルートは、いずれも急峻な山岳地帯での建設となり、建設費がかかるのに対して沿線人口が少なく、さしたる需要が見込めないとされていました。とくに、後に日本軍が鉄道を建設するカーンチャナブリー経由のルートは沿線人口が希薄で輸送需要がないとし、国境から東へ進んでウタイターニーへ出てから南下してナコーンパトムへ出るほうが、距離は延びるものの米輸送などが期待できるとし、むしろこちらを推奨していました。

タイ側の選んだ連絡鉄道は、ビルマの鉄道がメルギー（ベイッ）付近の国境まで延びてくるまでは実現しないことから、ビルマ側の鉄道整備が実現の鍵を握っていました。一九一〇年代に伸び悩んだビルマの鉄道整備は、一九二〇年代に入ると再び活発となり、一九一〇年代から続いていたシャン州南部のシュウェニャウンへの路線が一九二八年までに全通したのを始め、ピンマナ～チャウパダン間、ミンジャン～マンダレー間、アロン～イェーウ間が一九三〇年までに完成しました（八七ページ図12参照）。肝心のビルマ連絡線の一部となるモールメイン～イェー間も一九二五年に全通し、その先タヴォイ（ダウェー）までも着工されたようですが、結局実現しないままで終わりました。このため、ビルマ連絡線も幻となったのですが、先のラオス連絡線と同様に第二次世界大戦が始まると日本軍がタイ～ビルマ間の鉄道を計画し、実際に建設することになります。

3 立憲革命と鉄道

鉄道輸送の停滞——世界恐慌と自動車との競合

一九二〇年代に順調に路線網を拡張させてきたタイの鉄道でしたが、路線網の拡張と共に増加してきた輸送量も、一九二〇年代末から一九三〇年代初めにかけて大きく減少することになりました。旅客輸送量は一九二八年の六四六万人が一九三二年にはほぼ半減して三二五万人となっており、貨物輸送量も同じ期間に一四三万トンから一〇八万トンへと二五％減少しました。それまで輸送量はほぼ一貫して増加してきたことから、これはタイの鉄道が最初に遭遇した大幅な輸送量の減少でした。

同様の現象は東南アジアの各地で見られ、その落ち込み幅がさらに大きい国もありました。図14は東南アジア各国の旅客輸送量の推移を示しています。これを見ると、もっとも緻密な路線網を構築したジャワの旅客輸送量の変化がもっとも大きく、一九二〇年には一億六五九六万人まで達した輸送量が、その後一億二〇〇〇万人程度に落ち込み、さらに一九三五年には五六七二万人まで低下していま

図14●東南アジア各国の旅客輸送量の推移（1870〜1940年）

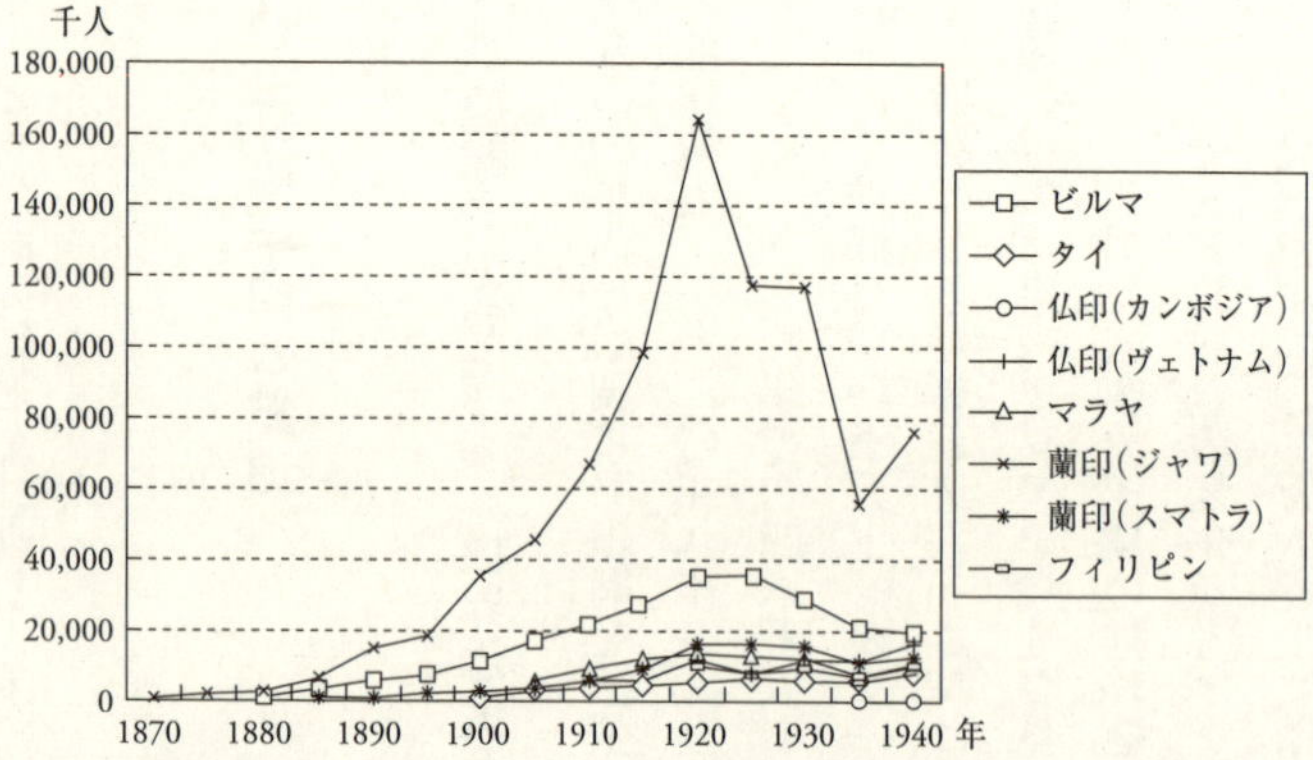

注１：1910年以降の仏印（ヴェトナム）は滇越鉄道の中国領内区間464km分を含む。

注２：フィリピンはマニラ鉄道（ルソン島）の数値である。

出所：ビルマ：Shein [1964]、SABI、日本ビルマ協會 [1942]、タイ：Kakizaki [2005]、柿崎 [2009a]、仏印：ASI、ASRC、マラヤ：Kaur [1985]、蘭印：Knaap [1989]、フィリピン：Corpuz [1999]、法他編 [1942] より筆者作成

す。最盛期と比べると、およそ三分の一まで輸送量が減ったことになります。ここまで劇的な変化ではないものの、ビルマも一九二五年の三六〇三万人から一九三五年には二〇五六万人まで低下し、マラヤでも一九二〇年の一三四〇万人から一九三五年には六一〇万人へと半減しています。これらの国では、タイよりも輸送量の落ち込みが顕著でした。

図15は貨物輸送量の推移を示したものです。こちらのほうが全体の落ち込み幅は小さくなりますが、それでもジャワでは一九三〇年の一三一一万トンから一九三五年の五三九万トンへと半減以上の落ち込みを見せており、スマトラとマラヤでも三分の一程度減っています。これに

図15●東南アジア各国の貨物輸送量の推移（1870〜1940年）

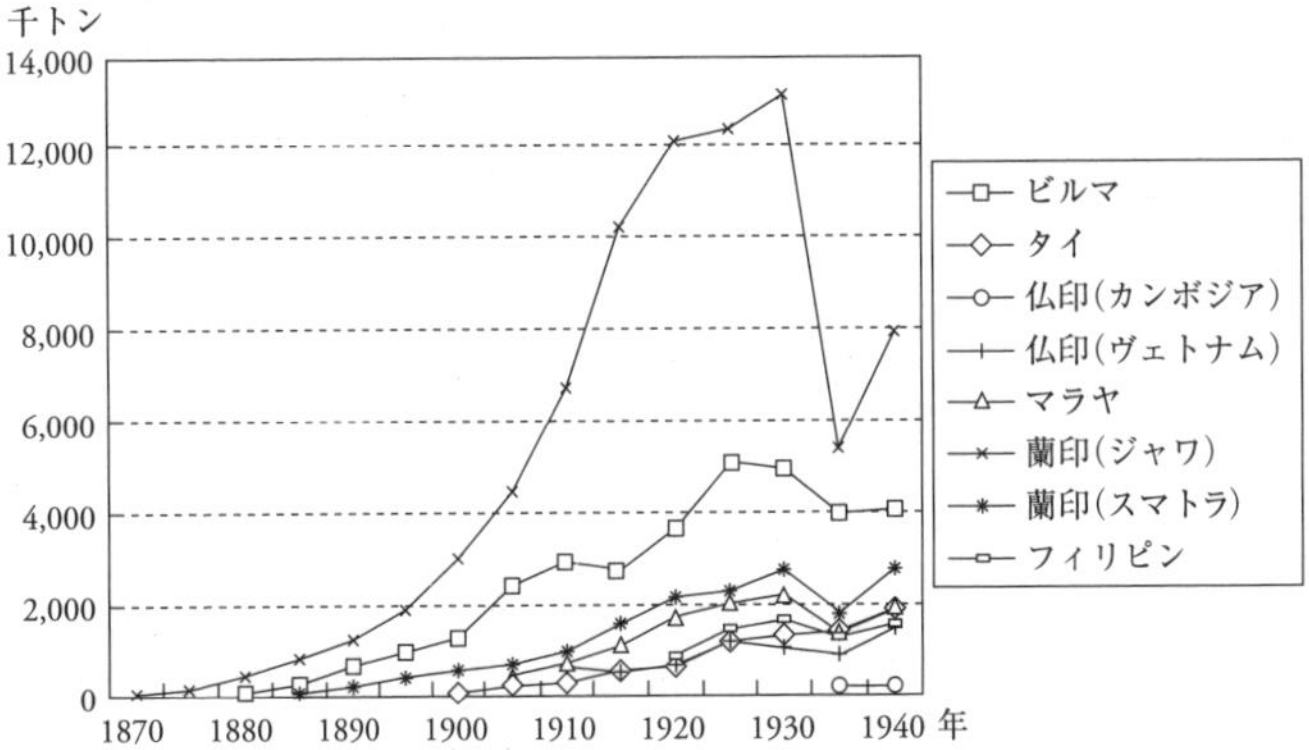

注1：1910年以降の仏印（ヴェトナム）は滇越鉄道の中国領内区間464km分を含む。

注2：フィリピンはマニラ鉄道（ルソン島）の数値である。

出所：ビルマ：Shein［1964］、SABI、タイ：Kakizaki［2005］、仏印：ASI、マラヤ：Kaur［1985］、蘭印：Knaap［1989］、フィリピン：Corpuz［1999］より筆者作成

対し、タイは唯一この時期の落ち込みがなく、増加率は下がったものの輸送量は一貫して増加していました。この図は五年単位で示してあるため、実際には先に見たように二五％程度の減少はあったのですが、他国と比べるとその度合いは低く、しかも旅客よりも貨物のほうが減少幅は小さいことがわかります。

この時期の鉄道輸送量の落ち込みは、世界恐慌と自動車との競合が引き起こしたものでした。一九二九年から始まった世界恐慌は世界中の経済活動を萎縮させ、旅客・貨物の輸送需要を大きく減少させました。米輸出に大きく依存していたタイの輸出額も大きく減少し、一九三一年の輸出額は一九二八年の半分程度となりました。輸出額

表1●東南アジア各国の舗装道路距離と自動車登録台数

	ビルマ（1937年）	タイ（1935年）	仏印（1937年）	マラヤ（1938年）	ジャワ（1938年）	フィリピン（1938年）
舗装道路距離（km）	9,328	218	2,383	8,665	5,000	11,772
千 km^2 あたり舗装道路距離（km）	15.4	0.4	7.3	62.8	37.9	39.8
自動車登録台数（台）	19,746	9,007	17,205	43,669	45,690	51,170
千人あたり自動車登録台数（台）	1.2	0.6	0.9	10.0	1.1	3.2

注1：バイク・三輪自動車を除く。
注2：フィリピンの舗装道路距離は1等道路距離である。
出所：渡邊［1943］、SYTより筆者作成

の大幅な低下は農産物価格の下落に連動しており、それによって農民の購買力や工業製品の需要も減少し、移動の機会も減ったのです。そのようなヒトやモノの流動の減少が鉄道を直撃し、そのまま輸送量の減少となって現れていました。

もう一つの要因は、自動車との競合でした。第一次世界大戦後から本格的に広まっていった自動車は、とくに短距離輸送の面で鉄道と競合し、鉄道の旅客や貨物を奪っていきました。さらに、世界恐慌によって輸送需要が大きく低下すると、鉄道と自動車の間の競合はより深刻となり、輸送弾力性の高い自動車への転移がさらに進むことになりました。このため、道路整備が進み、自動車の保有台数が多いほど鉄道との競合が大きくなり、その結果鉄道輸送の減少率が高くなったのです。表1は一九三〇年代後半の時点での東南アジア各国の舗装道路距離と自動車登録台数を比較したものです。これを見ると、舗装道路距離は国によって差はあるものの、舗装道路はフィリピン、ビルマ、マラヤで総延長が長くなっており、面積あたりの密度にするとマラヤがもっとも高く、以下フィリピン、ジャワが同程度で、ビルマが続い

ていることがわかります。自動車登録台数はマラヤ、ジャワ、フィリピンが四～五万台と多くなっており、ビルマと仏印が二万台弱となっています。舗装道路も自動車も大陸部より島嶼部のほうが普及していましたが、どちらにしてもタイの数値の低さは歴然としています。このため、タイにおいては自動車輸送との競合は少なく、結果としてこの時期の輸送量の減少が小さく抑えられていたのです。

タイはカムペーンペット親王の鉄道優先政策の下で、道路には鉄道の補完としての機能しか持たせず、鉄道と並行するような幹線道路は一切整備しませんでした。タイの自動車輸送は基本的に鉄道輸送を補完する役割を果たし、鉄道輸送と競合する場面はほとんどなかったのです。このため、タイの鉄道輸送量の減少は主として世界恐慌による不景気によるものでしたが、他国においては、道路整備の進展と自動車普及率の高さによる自動車輸送との競合も、鉄道輸送の減少を引き起こしていたのです。

鉄道優先政策の終焉

タイの鉄道優先政策の結果は、タイにおける道路整備の相対的な遅れをもたらすことになりました。近代的交通手段の重複を避けるという点において、カムペーンペット親王の鉄道優先政策はそれなりに合理性を持っていましたが、鉄道によって自動車の役割がすべて代替されるという認識はもはや時代遅れとなり、タイの鉄道優先政策も変更されることになったのです。その契機となったのが、一九三二年六月の立憲革命でした。

この革命は、それまでの絶対王政を立憲君主制に改めるための革命でした。主にヨーロッパにいた留学生らが人民党という秘密結社を作り、国内の軍人と手を組んでクーデタを起こして、当時の国王ラーマ七世に対して立憲君主となることを求めたのです。これによってカムペーンペット親王をはじめとする王族は失脚し、政治の表舞台から去ることになりました。そして、行政機構改革が追随し、カムペーンペット親王の時代に規模が拡大した鉄道局もその矛先に上がることになりました。長らく鉄道局下に置かれていた道路局は切り離され、道路部に格下げの上で内務省下の自治土木局の一部局となりました。鉄道局は従来の商業運輸省を継承した経済省下に置かれたことから、従来鉄道局総裁が握っていた陸上交通の統括権は解体されたことになります。それまで鉄道局は省に近い権限を有していましたが、立憲革命後は単なる一つの局の地位に格下げられたのです。総裁の地位も、局長へと降格されました。

そして、新たに成立した政府は、間もなく発生したボーウォーラデート親王の反乱によって、従来の樹状交通網の欠点を認識することとなりました。この反乱は立憲革命後の王族無視の人民党政権に対する反発から生じたもので、ラーマ四世の孫にあたり革命前に国防大臣を務めていたボーウォーラデート親王を首謀とする軍の一部が起こしたものです。彼らはコーラートなどから地方部隊をバンコクに向かわせ、バンコク北方のドーンムアン付近で政府軍と攻防を繰り広げ、最終的にコーラートへ退却して制圧されました。当時コーラートからバンコクへの交通路は鉄道しか存在せず、反乱軍は鉄道を使って進軍し、政府軍も鉄道を使って反乱軍を追撃しました。反乱軍はコーラートへ退却する際に線路を破壊して政府軍の追撃を妨げようとし、政府軍も線路の補修に手間を焼きました。

この反乱は無事に鎮圧されたものの、従来の鉄道と道路から構築される樹状交通網は、有事の際の輸送路の確保には非常に問題があることが認識されました。つまり、幹線機能は事実上鉄道に集約されていたことから、鉄道が破壊されると他に輸送手段がなくなり、軍勢の派遣や物資の補給にも支障をきたすことが判明したのです。自動車のほうが鉄道よりも弾力的な輸送が可能であり、道路がなくても道なき道を進むこともそう難しくはなく、戦車などの軍事車両も走れました。しかも、自動車の場合は誰でも好きな時に道路上を走れますが、鉄道の場合は専用の車両がないと走行は難しく、しかも線路の保有者のみが独占的に輸送サービスを提供できました。先の表1（一〇八ページ）からも明らかなように、タイの場合は他国と比べても道路距離も著しく少なく、しかもバンコクから地方へと延びる幹線道路は皆無という特異な状況でした。このような状況では、有事の際に問題であるとの認識が、人民党政府内で広まったのです。

このため、タイは従来の道路優先政策を改めて、本格的な道路整備へと突入していくことになります。その際に、アメリカ人研究者による農村調査結果を利用して、道路整備が経済発展の側面からも正当化されるとのお墨付きを得ることにしました。タイの農村経済調査を行なったハーヴァード大学の人類学者アンドリュースは、政府に対して調査報告書を提出しましたが、その中には経済発展の不可欠な三つの条件として、バンコク港の改良、農業協同組合の拡大と並んで、内陸部での道路整備の必要性が強調されていました。その根拠として、彼は鉄道一マイルあたりの人口と道路一マイルあたり面積を指標とし、東南アジアや東アジアの国々と比較してタイの鉄道密度は他国と比べて遜色なく、鉄道整備は十分進んだのに対し、道路密度は著しく低いことから道路整備を重視すべきであると結論付けたのでした。本来彼は人類学の調査を行なうのが目的であり、経済調査はタイ政府のために付随的に行った側面が強いことから、この報告書は政府の意向に従って「政治道路」の経済的役割にお墨付きを与え、道路整備を正当化することを意図したものと考えられます。

全国道路整備計画の策定

人民党政府の交通政策の変更は、一九三六年に策定された道路建設一八年計画という形で具体化されました。この計画は、タイで初めての道路整備計画であり、従来の鉄道フィーダー道路のみの整備に代えて、全国に一つの道路ネットワークを構築することを目標としていました。この計画では今後一八年間に全国に約一万五〇〇〇キロメートルの道路網を構築することになっており、当初は未舗装道路として整備するものの、交通量の増加に応じて将来舗装することとされていました。

この計画の最大の特徴は、バンコクから地方へ延びる幹線道路の整備が含まれたことでした。従来の道路はほとんどが地方にあり、それぞれの道路は一つのネットワークを構築することなくバラバラに存在していましたが、この計画では隣接する県とは最低一本ずつ道路で結ばれることを目標としており、それをまとめればすべての県が道路のみで到達できる、言い換えればバンコクからすべての県へ自動車で到達できることを意味したのです。このため、バンコクから延びる道路は必然的に幹線道路としての機能を有することとなり、それまで鉄道と自動車を組み合わせて到達可能だった地域も、自動車のみで到達できるようになるのです。つまり、この計画が実現した暁には、他国と同じようにタイの鉄道も全国レベルで自動車輸送との競合に晒される可能性を有していたのです。

しかし、実際には直ちに鉄道との競合が発生することはありませんでした。新たに整備される道路と鉄道とはルートが異なる箇所が多く、鉄道と道路が完全に並行する区間は少なかったのです。例えば、バンコクとコーラートを結ぶ道路は、鉄道に並行してドンパヤーイェン峠を越えるものとはなっておらず、北のロッブリー経由か東のプラーチーンブリー経由の遠回りのルートとなっていました。北部への道路もナコーンサワンまでは鉄道に近接していますが、その先はターク経由でラムパーンに至ることから、鉄道とは大きく離れたルートでした。南部への幹線道路も、チュムポーンまでは地理的な制約から鉄道と並行するものの、その先は鉄道が東海岸を通るのに対して西海岸を経由することになっていました。このため、たとえこれらの道路がすべて完成したとしても、鉄道と完全に並行する区間は限定されていることから自動車とのすみわけは可能でした。また、鉄道が最短ルートだったのに対して道路は迂回路が多かったことから、所要距離面でも鉄道のほうが有利でした。

加えて、実際にはこれらの道路すべてを一斉に整備することはできないことから、優先度の高い道路から順次建設することになりました。最初の五年計画に盛り込まれた道路は、すでに建設中の鉄道フィーダー道路か、新規着工された鉄道フィーダー道路が大半であり、依然として残っていた鉄道も道路も未到達の県へのアクセス改善が最優先されたのです。その結果、確かに全国に一つの道路網を構築するという壮大な計画は生まれたものの、結局はカムペーンペット親王時代を継承した鉄道フィーダー道路整備が優先され、鉄道と競合するような道路の整備は後回しとなりました。

さらに、当時整備されていた道路の大半は規格の低い未舗装道路であり、たとえ自動車が通行できるようになったとしても、自動車による輸送は時間の面でも費用の面でも鉄道に比べて見劣りするものでしかなく、鉄道輸送の優位性は依然として保たれていました。一九三〇年代半ばの輸送費を比較すると、自動車はトンキロ当たり〇・一～〇・三バーツ程度でしたが、鉄道はもっとも安い籾米で〇・〇一バーツ程度だったことから、その格差は歴然としていました。このため、短距離の輸送はともかく、周縁部とバンコクの間のような地域間輸送の面では、依然として鉄道が輸送の主役を担っており、タイが突然道路優先政策へと転向しても、すぐには大きな変化はなかったのです。

冷遇される鉄道

人民党政府が鉄道優先政策を道路優先政策に変えたことは、陸上交通の主役としての鉄道の地位を直ちに揺るがしはしませんでしたが、鉄道に対する風当たりは確実に強まり、鉄道の整備計画は従来のように円滑には進まなくなりました。この結果、一九三〇年代の鉄道網の拡張は停滞し、一九三三年に東北部のコーンケン線が全通してからは、しばらく新線の開通は見られなくなりました。

カムペーンペット親王の時代に、一九三〇年代を対象とした第三次鉄道建設計画が策定され、建設中のコーンケン線を延伸してノーンカーイとナコーンパノムへ至る二つの路線の建設が含まれました。これらの路線は一九三〇年に調査と開拓が始まったものの、世界恐慌による財政状況の悪化に伴い一九三二年には工事が中断されました。人民党政権は間もなく完成するコーンケン線の建設は続行しましたが、その先の新線建設については結局コーンケン〜ウドーンターニー間一一九キロメートルに区間を絞って再開することとなり、ノーンカーイとナコーンパノムへの鉄道は凍結されました。このうち、後者についてはアンドリュースが道路建設で代替すべきであると主張した路線でした。

鉄道局ではウドーンターニー〜ノーンカーイ間の延伸の必要性を訴えましたが、以前とは異なって内務省など他省庁が道路整備にすべきであると反対の意向を示し、新線建設へのハードルが確実に高まりました。一九三八年には鉄道局が南部のスラーターニーからプーケット島対岸のターヌンへ至る鉄道建設計画を提案したのですが、大蔵省が財政面から鉄道建設よりも道路整備のほうが好ましいと主張し、直ちに着工とはなりませんでした。カムペーンペット親王の時代には、鉄道よりも道路のほうが維持費は高く付き、しかも道路整備によっても直接収入は得られないとして鉄道整備が優先され

●パークナーム線の電車

てきましたが、立憲革命後は明らかに異なる初期投資額の違いから、鉄道のほうが不利となったのです。このため、ウドーンターニーへの延伸以外は、しばらく新線建設は認められませんでした。

新線建設のみならず、鉄道の廃止も検討される事態となりました。一八九三年に開通したタイで最初の鉄道であるパークナーム鉄道は、一八八六年に五〇年間の免許を得て開業した民営鉄道でした。バンコクと南のパークナームを結ぶこの鉄道は、後で述べるように都市鉄道としての機能を高めるために電化を進め、最終的に一九二六年に全線が電化されました。しかし、一九三六年の免許期間の終了が近づくと、政府はこの鉄道の扱いを検討することになりました。政府は免許期間の延長には否定的だったことから、鉄道を買収して国有化することにしました。しかし、会社側の主張する買収額が五〇万バーツだったのに対し、政府側の評価額は三〇万バーツとなったことから、買収価格の決着が難航しました。

このため、政府側は当時建設中だったバンコク～パークナーム間道路を早期に完成させ、もし会社側と買収価格が合意できない場合には、免許の終了後にバスを走らせて鉄道を代替し、廃線にする計画を立てたのです。政府は内務省に対して一九三六年九月の免許期間終了までに道路を完成させるよう急がせ、経済省に対して代替バスの運行準備を指示しました。このような状況の中で、政府側の要求に従わなければこのまま鉄道は廃線となり、設備をスクラップとして売却しても政府の買収価格よりも大幅に安くなることから、会社側は免許失効の五日前に最終的に政府が提示した三五万バーツでの売却を認め、パークナーム鉄道の運行は鉄道局に継承されることになりました。結果として廃線は免れたものの、政府はこのような鉄道の機能は自動車輸送でも十分に代替できると考え、強硬な態度を取ったのです。

鉄道の復活

このように、立憲革命後は従来の鉄道優先政策が道路優先政策へと変わり、鉄道に対する風当たりが強くなりましたが、一九三〇年代末に入ると再び鉄道整備を希求する動きが高まり、鉄道網の拡張が再開されるようになりました。この変更はかつての鉄道優先政策への回帰ではなく、道路整備と共に鉄道整備も行なうという、鉄道と道路の共用政策でした。その背景には、緊迫する世界情勢があり、日中戦争やヨーロッパでの戦争の勃発が、タイを戦争に巻き込む危険性を高めることになったのです。このため、政府は再び「政治鉄道」としての鉄道整備を指向することとなり、その結果が一九四一年に策定された全国鉄道建設計画でした。この計画は、カムペーンペット親王が策定した第三次鉄道建設に次ぐ、立憲革命後では最初の鉄道建設計画でした。

図16に示された対象路線を見ると、この計画がかつてなく鉄道網の拡張を重視した野心的な計画だ

図16●1941 年全国鉄道建設計画

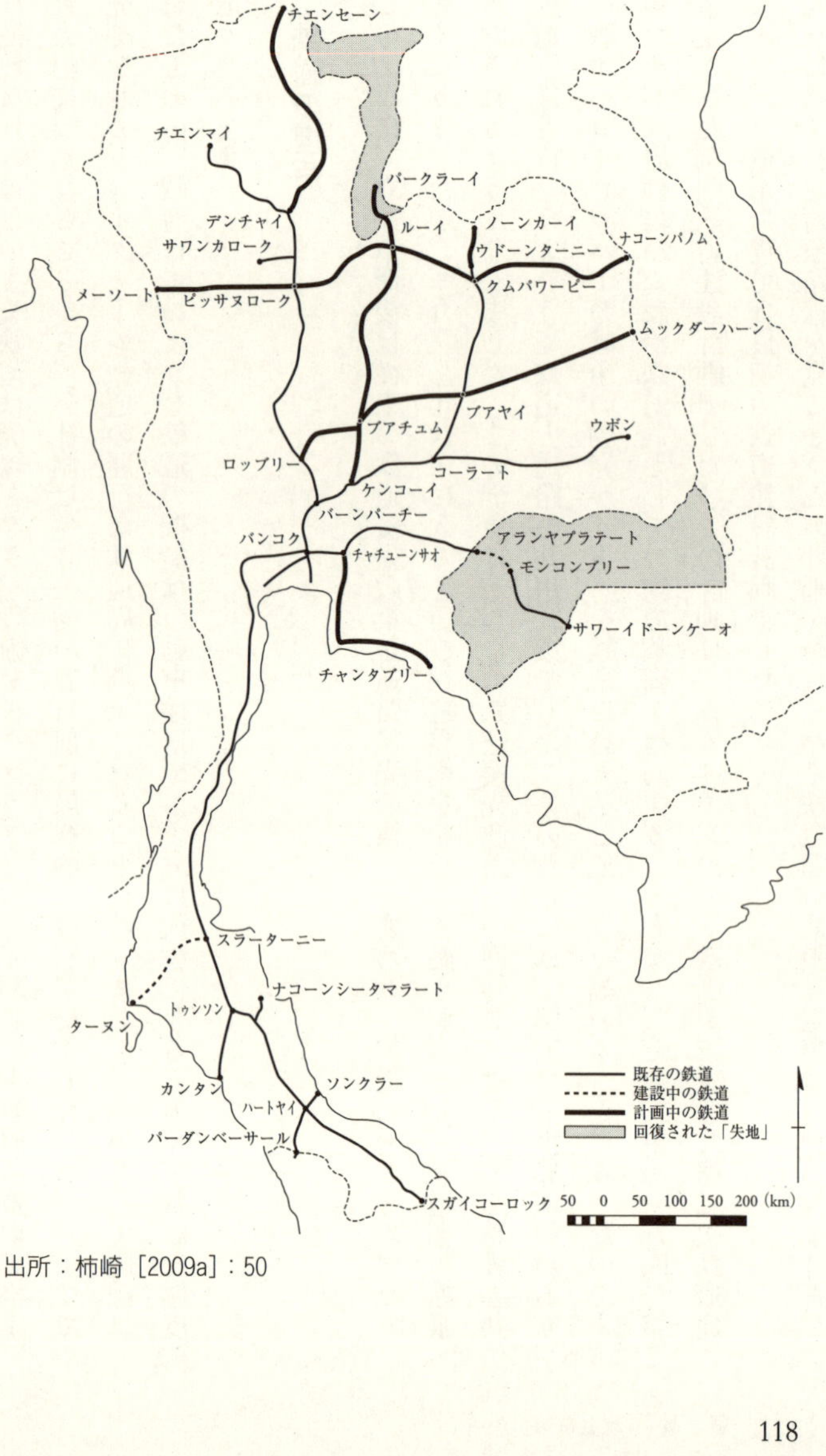

出所：柿崎［2009a］：50

ったことがわかります。計画では建設中の区間を除き、今後二五年間で約二五〇〇キロメートルの鉄道網を整備することを目標としており、既存の鉄道網と合わせると約六〇〇〇キロメートルの鉄道網を構築することを意図していました。対象路線は主に内陸部への路線であり、中部のメーソート、北部のチエンセーン、東北部のルーイ、ノーンカーイ、ナコーンパノム、ムックダーハーン、東部のチャンタブリーへ新たに鉄道を到達させることを目標としていました。南部には新規に盛り込まれた路線はありませんでしたが、前述したスラーターニー〜ターヌン線が建設中の区間に指定されています。もう一つの建設中の区間であるアランヤプラテート〜モンコンブリー間は、フランスからの「失地」回復に伴い、フランスが建設中の区間がタイ側に継承されたものでした。

スラーターニー〜ターヌン間の建設は、一九三九年に着工が認められました。鉄道局が出した計画に対して大蔵省が反対の意向を示したことから、この鉄道の建設は関係省庁からなる検討委員会で検討されることになり、その場で鉄道局が提出した凍結中のウドーンターニー〜ノーンカーイ間、クムパワーピー〜ナコーンパノム間も合わせて検討されました。その結果、スラーターニー〜ターヌン間とクムパワーピー〜ナコーンパノム間を建設することが決まったのです。一九四一年六月にはウドーンターニーへの延伸線が開通したことから、先に調査設計が終了したターヌン線に建設部隊を移し、着工しました。

この計画には、「失地」への鉄道が二線含まれていました。「失地」回復についてはは次に述べますが、

「失地」へ至る路線の一つはバンコク～サイゴン間鉄道の一部となる東線と仏印から移管された区間であり、建設中の区間を完成させればバンコクからバッタンバンを経て新国境サワーイドーンケーオまでが全通し、その先プノンペンまで続く国際鉄道となる予定でした。もう一つは、コーラート線のケンコーイから北上してメコン川畔のパークラーイに至るもので、他の計画線も含めていずれも国境へ至る路線であることも、この計画が「政治鉄道」の整備を目的としていたことをうかがわせます。

さらに、この計画は二つの特徴を有していました。一つはコーラート線を補完するバイパス線が含まれていたことで、ロッブリー～ブアヤイ間がこれに該当しました。当時東北部からバンコクへの貨物輸送がタイの鉄道の最大の任務であり、ドンパヤーイェン越えの区間が隘路となっていました。このため、バンコク～ロッブリー間を複線化した上で、ロッブリーからブアヤイまでの新線を建設する計画となっていたのです。もう一つはタイを東西に横断する路線の存在です。それまでのタイの鉄道は、すべてバンコクから放射状に延びる路線だったのに対し、初めて放射間を接続する路線が設定されたのです。北線と東北線を結ぶピッサヌローク～クムパワーピー間がこれに当たり、メーソート、ナコーンパノムへの路線と接続して東西に伸びる横断ルートを構築することになっていました。ナコーンパノムは仏印の鉄道との連接点になる予定であり、メーソートはイギリスがモールメインから鉄道を到達させようとしていた場所だったことから、将来的にはインドシナ半島を東西に横断する鉄道が構成されることを意図していました。二〇世紀末に浮上したメコン圏の東西回廊のルートとも酷似する構想が、実は一九四一年の段階ですでに出現していたのです。

このように、全国鉄道建設計画は非常に野心的な計画であり、立憲革命後に一時顕著となった鉄道軽視の政策が改められたことを証明するものでした。実際にはすぐに巻き込まれる第二次世界大戦の影響もあり、鉄道建設は計画通りには進みませんでしたが、この計画は戦後の鉄道建設計画の基本となったのです。

4 鉄道輸送の役割

旅客輸送の特徴——短距離の手荷物輸送

タイの鉄道網は他国と比べて遜色ないレベルにまで拡張されましたが、実際の輸送量については旅客、貨物とも相対的に少ないほうでした。表2は、一九一〇年と一九四〇年の東南アジア各国の旅客輸送状況を比較したものです。タイの旅客輸送量は一九一〇年の三一六万人から一九四〇年には七七三万人へと倍以上に増加していますが、路線長一キロメートルあたりの輸送量は三三九〇人から二四一〇人へと減少しています。この路線長あたりの輸送量は、路線網が拡張されてより需要の少ない路

表2●東南アジア各国の旅客輸送（1910・40年）

1910年

	ビルマ	タイ	仏印（カンボジア）	仏印（ヴェトナム）	マラヤ	蘭印（ジャワ）	蘭印（スマトラ）	フィリピン
輸送量(千人)	21,551	3,155		5,379	9,000	67,459	4,874	N. A.
輸送密度(千人キロ)	N. A.	138,590		204,000	N. A.	N. A.	N. A.	N. A.
平均輸送距離(km)	N. A.	44		38	N. A.	N. A.	N. A.	N. A.
路線長1km あたり輸送量(千人)	8.82	3.39		3.04	8.51	15.99	5.27	N. A.

1940年

	ビルマ	タイ	仏印（カンボジア）	仏印（ヴェトナム）	マラヤ	蘭印（ジャワ）	蘭印（スマトラ）	フィリピン
輸送量(千人)	18,920	7,730	655	16,513	10,500	76,463	11,894	10,159
輸送密度(千人キロ)	699,102	423,499	40,700	1,045,500	N. A.	N. A.	N. A.	432,943
平均輸送距離(km)	37	55	62	63	N. A.	N. A.	N. A.	43
路線長1km あたり輸送量(千人)	5.74	2.41	1.93	5.48	6.14	14.12	6.03	8.90

注1：ヴェトナムは滇越鉄道の中国領内区間464km分を含む。
注2：フィリピンはマニラ鉄道（ルソン島）の数値である。
注3：1940年のビルマは1938年、タイは1941年、マラヤ、蘭印は1939年、フィリピンは1938年の数値である。
出所：図14に同じ

線が増加すると低下するので、ビルマやマラヤなどでも下がっています。逆にヴェトナムでは、路線網の拡大以上に輸送量の増加が見られました。

この路線長あたりの輸送量から、各国の旅客輸送量の多少が比較可能であり、タイはもっとも少ない部類に属することがわかります。一九一〇年の時点ではヴェトナムに次いで少なくなっており、一九四〇年の時点ではヴェトナムがカンボジアに代わっただけで、相変わらず二番目に少なくなっています。様々な面でタイに近いビルマにしても、タイの二倍以上の輸送量を誇っていたので、タイの鉄道は相対的に旅客輸送量が少なかった、言い換えればヒトの流動が少なかったことを意味します。

タイの旅客輸送数の少なさは、列車本数にも現れていました。図17は旅客列車の運転区間を示したものです。これを見ると、バンコクから離れるにしたがって列車本数は少なくなり、各線の末端部では一日一〜二往復しか列車がない区間が多いことがわかります。また、長距離列車は週二往復の急行列車が北線と南線に存在するのみであり、普通列車で長距離を旅行する場合は何回も列車を乗り継がなければならず、そのたびに夜を明かさねばなりませんでした。例えばバンコクから東北部のウボンへ行く場合は、必ずコーラートで一泊しなければならなかったのです。さらに、図に示されている普通列車の大半が混合列車であり、各駅で貨車を繋いだり切り離したりするために時間がかかりました。

一方、旅客一人あたりの平均輸送距離は、他国と同程度かやや長めでした。一九一〇年の数値は利用可能な国がほとんどないもののヴェトナムよりも長くなっており、一九四〇年にはヴェトナム、カ

図17●旅客列車運転区間（1931〜33年頃）

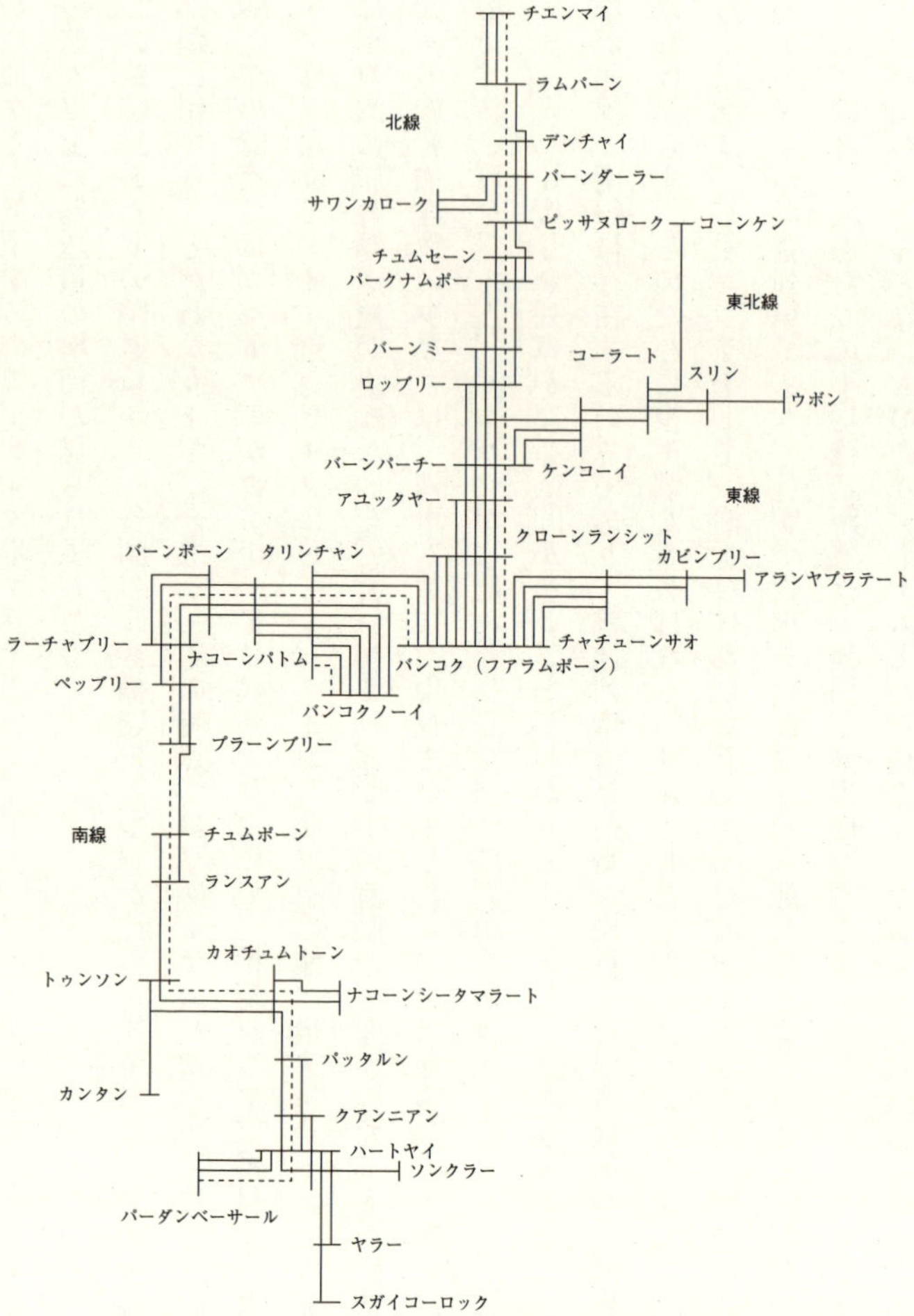

注1：実線は1日1往復の列車を、点線は週2往復の急行列車を示す。
注2：北線、東北線、東線は1933年3月改正の時刻表に、南線は1931年12月改正（一部1933年3月改正）の時刻表に依拠している。
出所：柿崎［2002］：9

ンボジアに次いで長く、フィリピンやビルマを上回っていました。この平均輸送距離は短距離客の比率が高いほど短くなることから、フィリピンやビルマのほうが短距離客の比率が高かったことを意味しています。逆に言えば、これらの国では短距離客が多かったために路線長あたりの輸送量も多くなっていたのです。タイの旅客輸送量が少なかった要因の一つは、相対的に高めに設定されていた運賃にあったものと思われます。例えば一九三八年のバンコクの中国人苦力の日給が〇・八バーツだったのに対し、バンコクから約二〇キロメートルのドーンムアンまでの三等運賃が〇・二五バーツであり、七〇キロメートル離れたアユタヤーまでは一バーツもかかりました。このため、庶民にとって鉄道旅行は高嶺の花でした。

●フアラムポーン駅で発車を待つ旅客列車

他国と同様に、タイの鉄道利用者も最下級である三等の利用者が圧倒的に多くなっていました。一九三五年の数値を見ても、旅客数の九九％が三等旅客であり、一～二等旅客は非常に少なかったのです。しかも、それらの三等旅客の大半が短距離客であり、手荷物を多数持ち込んだ商人や農民などの荷物輸送者だったと思われます。彼らは農村で買い入れたり自ら作ったりした農産物を最寄りの町へ輸送し、最寄りの町で購入した工業製品を持ち帰って村で売却していた、いわゆる「担ぎ屋」でした。手荷物は客車内のみならず、比較的多く連結されていた貨車や荷物車にも積まれ、初期においては一人二個まで無料で荷物車に荷物を積むことも認められていました。

このようなモノの輸送のためのヒトの流動は、実は鉄道開通前から存在していました。鉄道開通前の隊商による貨物輸送がその典型であり、家畜に貨物を積載するとはいえ、その隊商を移動させるために多くの随行者が必要でした。鉄道の開通によってこれらの隊商によるモノの輸送は鉄道輸送に代替されましたが、今度は鉄道を利用した人海戦術型のモノの輸送が発生したのです。ただし、鉄道輸送の場合は貨車を貸し切る車扱いや小荷物輸送を利用すれば随行者は不要となりますので、従来隊商が担っていたような地域間の長距離輸送は車扱いや小荷物輸送に代わり、それらの貨物輸送を補完する形で、地方の町と村の間に短距離の「担ぎ屋」による輸送が出現したのです。つまり、最寄りの町から貨車でバンコクへ送られる農産物を町へと運び、バンコクから最寄りの町に到着した工業製品などを村に運ぶという、バンコクと地方の間の商品流通の末端を彼らが担っていたのであり、それがタイの鉄道旅客輸送の主要な任務なのでした。

都市鉄道化の模索と限界

タイの鉄道の旅客輸送は相対的に少ないものでしたが、バンコクと近郊都市を結ぶ二つの民営鉄道は、都市間輸送のみならずバンコク市内での都市内輸送へも参入し、都市鉄道化を進めて利益を上げようと画策していました。一八九三年に開通したパークナーム鉄道は当初一日三往復の列車をバンコ

図18●バンコク近郊の鉄道網（1930年）

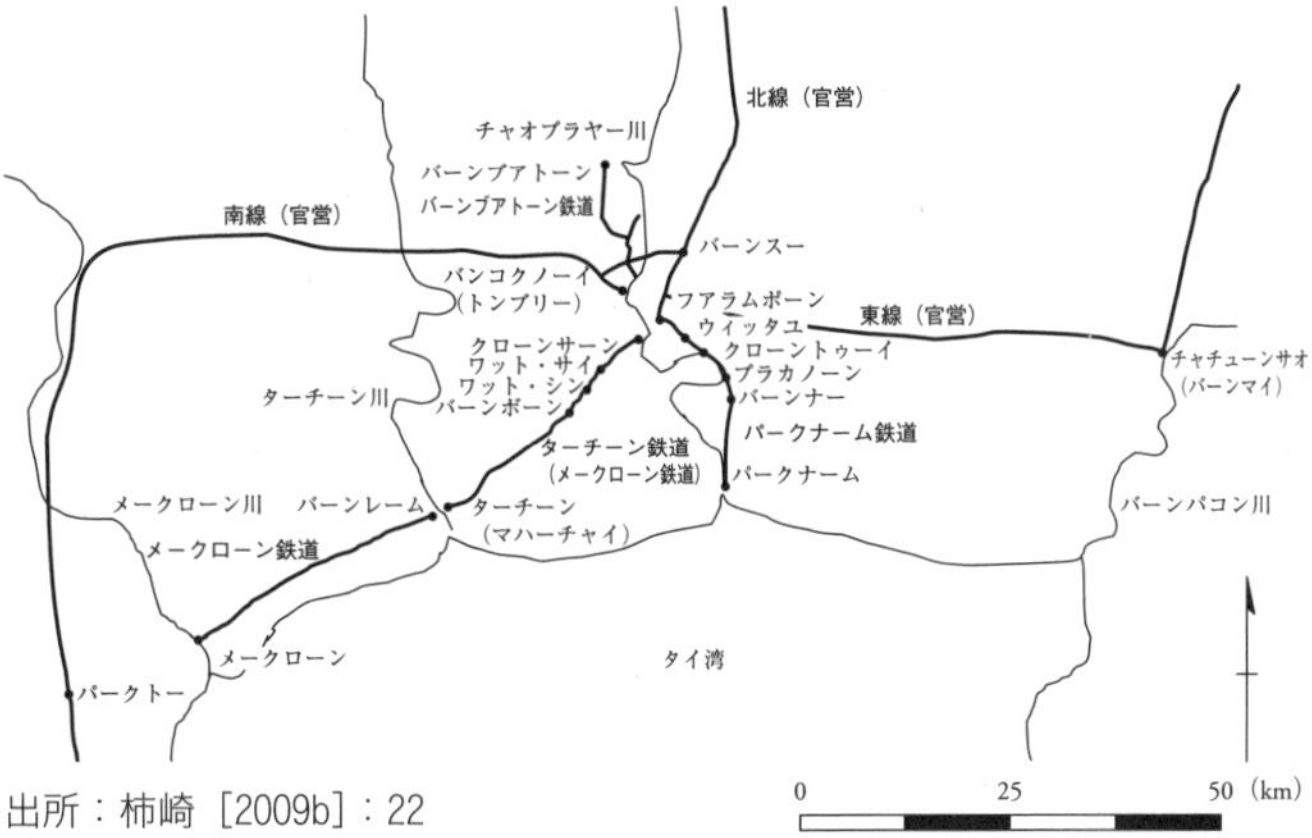

出所：柿崎［2009b］：22

ク〜パークナーム間で運行し、後に一往復増やしたものの、都市間の旅客流動の増加には限界があり、貨物輸送も思ったほど伸びませんでした。一九〇五年に開通したバンコク〜ターチーン（サムットサーコーン）間のメークローン（ターチーン）鉄道は、鮮魚輸送の存在からパークナーム鉄道よりは貨物収入が多かったものの、旅客輸送は一日三往復と同じような状況でした。一九〇八年にメークローン（サムットソンクラーム）まで延伸してさらなる利用者増が実現したものの、それ以上の進展は見られませんでした。

このため、両者とも一部区間を電化して、電車を頻繁に運行することで都市内の旅客流動を吸収しようと考えました。パークナーム鉄道は一九〇八年に内燃動車（ガソリンカー）を導入して起点のフアラムポーンからクローントゥーイまでの五キロメートルに四〇分間隔で運行を開始し、一九一二年にはこの間を電化して電車を二〇分間隔で走らせました。この電化が成功したことから、会社は一九一七年にその先のバーンナーまでさらに五キロメートルほど電化区間を延ばし、一九二〇年代に入ると全線の電化を検討しました。一方、メークローン鉄道はやや遅れましたが、一九二六年に起点クローンサーンから八キロメートルのワット・サイまでの電化を行い、三〇分間隔で電車の運行を始めました。その後、一九三一年までに電化区間を計一一キロメートルに増やしましたが、世界恐慌の影響もあってそれ以上の進展は見られませんでした。どちらもバンコク市内で配電と市内軌道事業を行っていたサイアム電気に電化工事を任せており、電車も市内軌道と同じ二軸の単車でした。

ところが、パークナーム鉄道の全線電化には、問題が生じました。免許期間の終了を一九三六年に控えていたことから、電化による投資を回収するために会社側は政府に対して免許期間の延長を求めました。これに対し、政府が免許期間の延伸に難色を示したことから、会社はサイアム電気への又貸しによる電化に切り替えたのです。つまり、サイアム電気が電化のための設備投資の一切を引き受け、電化完成後は会社に対して決められた賃借料を支払うものであり、会社側の負担なしで全線電化を実現させるものでした。サイアム電気側は、これによってパークナーム鉄道に並行する市内軌道をウィッタユまで延伸し、合わせてパークナームでの配電事業を開始することになりました。その結果、一九二六年にパークナーム鉄道の全線電化は完成しましたが、フアラムポーン〜ウィッタユ間の区間電車の運行が廃止され、市内軌道の電車に接続させてウィッタユ〜クローントゥーイ間のみ一〇分間隔で電車の運行を行なうことになりました。当初の予定ではファラムポーン〜クローントゥーイ間で電車の一〇分間隔の運行を予定していたことから、これは都市鉄道としての機能の後退でした。バンコク〜パークナーム間では最終的に一時間間隔まで本数が増えましたが、一九三六年の国有化後は自動車との競合が発生し、都市鉄道化はまったく進みませんでした。

パークナーム鉄道とメークローン鉄道は一部区間において都市内輸送に参入したことから、通勤・通学輸送にも利用されることになりましたが、官営鉄道においてはその役割はまったくありませんでした。先の図17（一二四ページ）のようにバンコク近郊では列車本数も多くはなっていましたが、通勤・通学に利用可能な列車はありませんでした。一九三〇年代初めの時点で、バンコクに最初の上り列車が到着するのが朝一〇時で、最終列車は一六時に出ることから、通勤・通学面での利用は困難でした。一九二二年からは内燃動車を導入し、その後蒸気動車やディーゼルカーも購入してバンコク近郊などの区間列車に使用してはいましたが、通勤・通学輸送は想定されていませんでした。

その後、官営鉄道にも電化計画が浮上し、バンコク近郊での電車の運行も計画されることになりました。一九二九年に鉄道局が打ち出した計画では、バンコクから北線と東北線の分岐するバーンパーチーまでの九〇キロメートルを電化し、蒸気機関車を電気機関車に代えるのみならず、バンコク〜クローンランシット間に三〇分間隔で電車を運行するなど、都市近郊輸送にも参入することになっていました。しかし、電気設備を破壊された際には列車運行ができなくなるとして、安全保障面から当時のラーマ七世が電化に難色を示した上に、鉄道局を管轄する商業運輸省の大臣だったカムペーンペット親王も、ヨーロッパで視察してきた電気式ディーゼル機関車のほうが好ましいと主張したことから、結局電化計画は中止されてしまいました。親王は全区間で運行できるディーゼル機関車の利点を強調しましたが、将来の都市鉄道化を進める第一歩となりうる電化計画が中止されたことは、バンコクの都市交通の発展という点からは残念でした。

バンコクには実際に電化された鉄道が出現しましたが、このような電気鉄道の存在は東南アジアでは珍しいものであり、他国においてはせいぜい市内軌道レベルまでしか発展しませんでした。市内軌道はバタヴィアの一八六九年を皮切りに、マニラ、シンガポールなど東南アジアの主要都市に出現していきました。当初は馬が牽引する馬車軌道でしたが、一八八二年のバタヴィアを最初に蒸気機関車による蒸気軌道へと変わっていきました。バンコクでは一八八八年に馬車軌道が開通し、一八九三年にはアジアで初めて電車の運行が開始されました。その後各地の市内軌道も電化されていきましたが、鉄道の電化はバンコクの二つの路線以外では、一九二五年にバタヴィア近郊で始まり、後にボゴールまで延伸されたジャワ以外にはありませんでした。

電化は実現しませんでしたが、カムペーンペット親王のディーゼル機関車の導入は実現しました。一九二八年に入換用の機械式ディーゼル機関車を二両導入したのを皮切りに、電化計画の中止後に一三両の電気式ディーゼル機関車を発注して一九三〇年代初めから使用を開始するなど、タイは世界でも早い時期にディーゼル機関車の導入を進めた国となりました。これによって北線や南線の急行列車の速度は向上し、バンコク～チエンマイ間の所要時間は最初に急行列車が運行を開始した一九二二年の二六時間から二一時間に短縮されました。都市鉄道化への道は絶たれたものの、その代わりに鉄道の近代化はある程度進むことになったのです。

貨物輸送の特徴——外港への農産物輸送

旅客輸送と同様に、タイの鉄道は貨物輸送面でも東南アジア各国の鉄道より輸送量は少なくなっていました。表3を見ると、一九一〇年の時点でも路線長あたりの輸送量は三五〇トンとヴェトナムと共に低いレベルにあり、一九四〇年には六二〇トンと大きく増えたものの、他国と比べると同じくヴェトナムとカンボジアと共に低いことがわかります。路線長あたりの輸送量はジャワ、スマトラ、フィリピンで高くなっており、ビルマでもタイの倍程度となっていることから、やはり全体としてはタイの貨物輸送量は少ないレベルでした。旅客、貨物とも輸送量が少ないということは、タイの鉄道密度がすでに十分緻密なものであり、これ以上鉄道を作る必要はないというアンドリュースの主張を裏付けているようでもあります。

●北線の鉄橋を渡る初のディーゼル機関車（1928年頃）

表3●東南アジア各国の貨物輸送（1910・40年）

1910年

	ビルマ	タイ	仏印（カンボジア）	仏印（ヴェトナム）	マラヤ	蘭印（ジャワ）	蘭印（スマトラ）	フィリピン
輸送量(千トン)	2,948	323		576	700	6,674	960	N. A.
輸送密度(千トンキロ)	N. A.	56,677		204,000	N. A.	N. A.	N. A.	N. A.
平均輸送距離(km)	N. A.	175		354	N. A.	N. A.	N. A.	N. A.
路線長 1km あたり輸送量(千トン)	1.21	0.35		0.33	0.66	1.58	1.04	N. A.

1940年

	ビルマ	タイ	仏印（カンボジア）	仏印（ヴェトナム）	マラヤ	蘭印（ジャワ）	蘭印（スマトラ）	フィリピン
輸送量(千トン)	4,057	2,005	224	1,461	1,900	8,014	2,767	1,543
輸送密度(千トンキロ)	697,540	571,537	41,700	340,100	N. A.	N. A.	N. A.	162,014
平均輸送距離(km)	172	285	186	233	N. A.	N. A.	N. A.	105
路線長 1km あたり輸送量(千トン)	1.23	0.62	0.66	0.49	1.11	1.48	1.40	1.35

注1：ヴェトナムはハイフォン〜昆明間鉄道（滇越鉄道）の中国領内区間464km分を含む。
注2：フィリピンはマニラ鉄道（ルソン島）の数値である。
注3：1940年のビルマは1938年、タイは1941年、マラヤ、蘭印は1939年、フィリピンは1938年の数値である。
出所：図15に同じ

図19●主要貨物輸送品目の推移（1920〜1939年）

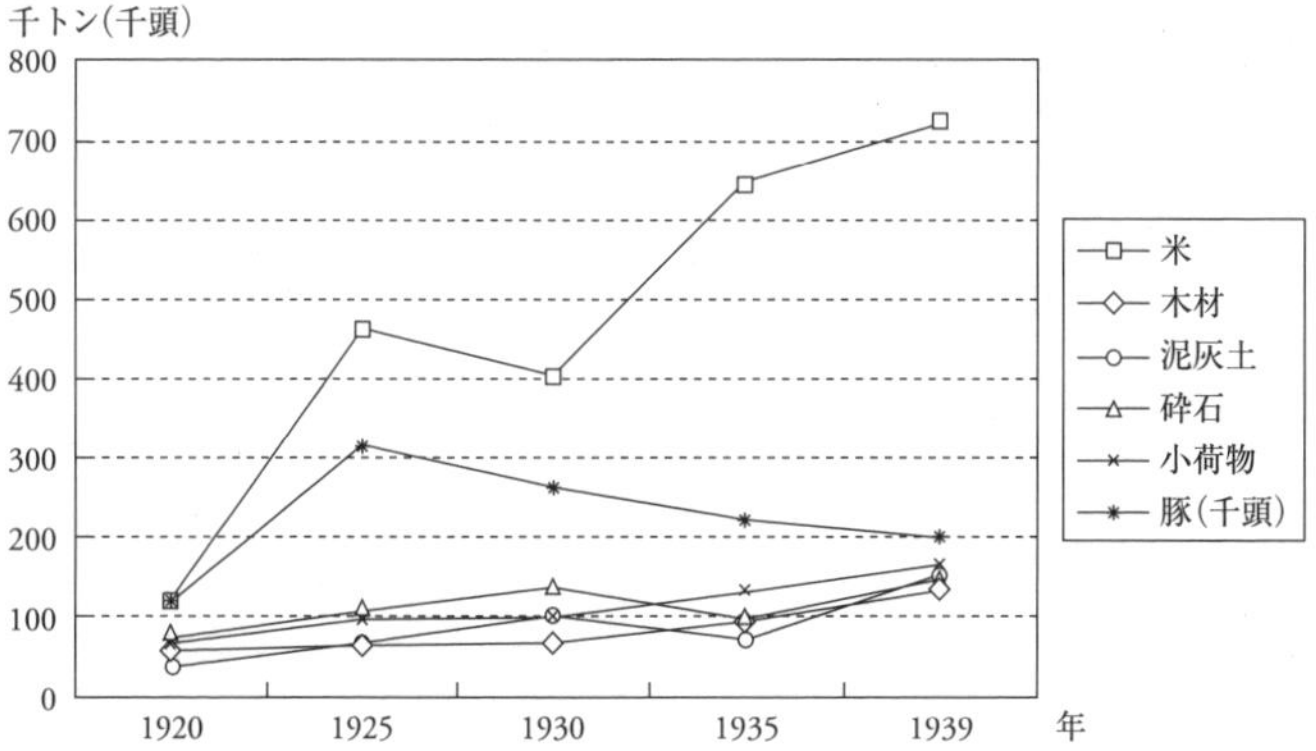

出所：ARA、SYTより筆者作成

しかし、平均輸送距離を見ると、タイの鉄道はもっとも長くなっていました。一九四〇年にはタイの二八五キロメートルがもっとも長く、利用可能な国の数値と比較しても突出していました。旅客とは反対に平均輸送距離が長いということは、鉄道輸送における長距離輸送、つまり地域間輸送が局地的な輸送よりも多かったことを示しています。短距離輸送は「担ぎ屋」による荷物輸送が中心であり、貨物輸送では彼らが集めてきた商品をバンコクへ輸送するような長距離輸送の比率が高かったことが、この数値から読み取られるのです。その長距離輸送される貨物の代表は、やはり鉄道の三大輸送品目だった米、豚、木材でした。

図19を見ると、一九二〇年代から一九三〇年代までの鉄道の主要輸送品目は、基本的には一九一〇年代までと同じく米、豚、木材が多いことがわかります。中でも米の輸送量の増加は目覚しく、一九二五年の四六万トンか

ら一九三九年には七二万トンへと五〇%以上増加していました。豚は三〇万頭程度を最高にやや減少傾向にあり、木材は一九三九年に一〇万トンを越えました。泥灰土はセメントの材料に用いられるもので、北線のバーンモーから一九一五年に操業を始めたサイアムセメント社のバーンスー工場へと輸送されていました。タイにしては珍しい原料輸送でしたが、輸送距離は約一〇〇キロメートルと短距離でした。

泥灰土以外の品目は、一九一〇年代までにすでに三大輸送品目として輸送量が多くなっていましたが、一九二〇年代にさらに輸送量が増加しました。世界恐慌の影響で一時的に輸送量が減ったものの、豚を除いて一九三〇年代に再び輸送量は拡大していきました。その要因は、一九二〇年代からのコーラート以遠への東北線の延伸でした。一九〇〇年に開通したコーラート線は東北部からの新たな商品流通の発生に貢献しましたが、東北部の各地からコーラートまでは従来通り牛車などの輸送に依存していたことから、コーラートまで商品を輸送可能な範囲が限定されていました。しかし、一九二〇年代にウボンとコーンケンへ向けて延伸工事が始まったことで、より奥地からも商品の発送が可能となったのであり、中でも米、豚、木材の主要輸送品目の発送量が大きく増加したのです。

このため、タイの鉄道の主要な任務は、内陸部からバンコクへの農産物輸送となりました。一九三五年に東北部からバンコクへ輸送された貨物は計三七万トン、北部からバンコクへは計一一万トンであり、合わせると同年の鉄道貨物輸送量一四三万トンの約三分の一を占めていました。米輸送の約八割が内陸部からバンコクへの輸送となり、東北部からバンコクへの輸送のみで同年の米輸送量の約半分を占めていました。豚は東北部から九万頭、北部から七万頭がバンコクへ送られており、この年の輸送頭数約二二万頭の七割以上を占めていました。木材も東北部から三・五万トン、北部から一・五万トンと、総輸送量約九万トンの半数以上となっており、やはり内陸部からの輸送が重要な地位を占めていました。

バンコクでの消費が中心となる豚を除いて、これらの農産物はいずれも国外への輸出されるものでした。このため、米や木材がバンコクへ輸送されてくるのは、バンコクを消費地とするのではなく、バンコクから船に積み替えて国外へと輸送する、つまりバンコクを外港として利用するためでした。バンコクはタイ最大の貿易港だったことから、内陸部から集まってきた物資はほとんどがバンコクから輸出されました。逆に外国から輸入される資源や工業製品などもほとんどがバンコクに輸入され、地方向けのものはバンコクから鉄道で各地へと輸送されたのです。

東南アジア各国の輸送品目

後背地から外港への輸送は、他国においても存在しました。ビルマでは一九三七年の貨物輸送量三九七万トンのうち、農産物が全体の約四三％の約一七〇万トンを占め、そのうち米が一一八万トンに達していました。おそらくその大半が内陸部から輸出港ラングーンへの輸送であり、水運が利用可能なイラワジ川（エーヤーワディー川）流域よりも、水運の便の悪いシッタン川流域、つまりラングーン〜マンダレー間の幹線での輸送が中心だったものと思われます。仏印では沿岸部の縦貫線以外の路線で外港〜後背地間輸送が発生するはずでしたが、タイやビルマほど顕著なものは見られませんでした。カンボジアでは一九三六年の時点で一六万トンの貨物を輸送しており、このうち農産物が一一・五万トンと大半を占め、そのほとんどが米でした。

一方、同年の滇越鉄道の貨物輸送量は二九万トンであり、ハイフォンから雲南を含む内陸部へ五・五万トン、内陸部からハイフォンへ五・四万トンと外港〜後背地間の輸送は主流ではなく、むしろトンキン（ヴェトナム）域内四万トン、雲南域内一三・五万トンと局地輸送のほうが多い状況でした。東南アジア大陸部は米の輸出地帯であり、ビルマとタイでは輸出米の三〜四割程度は内陸部から鉄道が輸送してきた米だったものの、仏印では輸出米の産地がメコンデルタに集中していたことから、鉄道は輸出米の輸送にはあまり貢献せず、結果として外港〜後背地間の輸送はそれほど多くはなかったのです。

島嶼部では小規模の外港〜後背地関係が多数存在し、マラヤのようにそもそも後背地から外港への輸送条件の改善のために鉄道が導入された場合が多かったことから、やはり後背地から外港への輸送が中心でした。マラヤでは一九三九年の総輸送量一八七万トンのうち、一般貨物が三九万トンともっとも多く、以下米と石炭・木炭がそれぞれ二六万トン、天然ゴム二一万トンなどと続き、錫・錫鉱は七万トンでした。ジャワは鉄道網の拡張の経緯からやはり砂糖輸送が中心で、一九三九年の総輸送量六九五万トンのうち砂糖・糖蜜が二〇二万トンともっとも多く、その他食品一五八万トン、建築資材一一五万トンとなっていました。デリ鉄道を除くスマトラでは、同じ年に総輸送量一九〇万トンのうち石炭が一一九万トンを占め、西スマトラの石炭輸送が中心だったことがわかります。フィリピンもジャワと同様にサトウキビ輸送が中心であり、一九三八年には総輸送量一五四万トンのうちサトウキビが五三万トンと全体の三分の一を占め、以下砂糖二三万トン、米一三万トンとなっていました。具体的な輸送ルートは判別しませんが、品目で見ても島嶼部の主要な輸送品目はサトウキビ、砂糖、石炭、天然ゴムなどの産品であり、やはり後背地から外港への輸送が主流でした。

●西スマトラの石炭輸送

外港～後背地関係の再編

タイの鉄道が主として後背地から外港への農産物輸送に寄与したことは、タイの外港～後背地関係の再編をもたらすことになりました。そもそも外港と後背地の関係は河川単位に形成され、河川の河口が外港、河川の流域が後背地という形で構築されるのが原則でした。しかし、インドシナ半島では河川の配置の複雑さや地理的近接性のため、より複雑な関係が構築されていました。例えば、チャオプラヤー川上流域にあたる北部は河口のバンコクの後背地としても機能していましたが、地理的により近接したアンダマン海側の港町モールメインの後背地としての役割も果たしていました。メコン川中流域にあたる東北部は、本来は河口のサイゴンの後背地となるはずでしたが、コーン滝に代表されるようにメコン川の航行条件が悪いことと、地理的に近接した南シナ海側とはアンナン山脈で隔てられていることから、距離も遠く陸上輸送でしか結ばれていないものの、バンコクの後背地としての機能が強かったのです。マレー半島にあたる南部は、バンコクよりもシンガポールやペナンの後背地としての機能が高く、東海岸はシンガポール、西海岸はペナンとの関係性が強くなっていました。当時の外港〜後背地関係は、図20の一九〇〇年の各地域間の商品流通を表した図が端的に示しています。

このような外港〜後背地関係は、基本的に輸送条件によって決められていたことから、伝統的な交通手段によって構築された関係は、鉄道という近代的交通手段の導入による輸送条件の大幅な改善によって、大きく変化する可能性がありました。例えば、一八八〇年代にイギリスが計画したモールメインから北部を通って雲南へ至る鉄道は、モールメインと北部の間の輸送条件を大幅に改善し、北部を完全にモールメインの後背地とする可能性を持っていました。フランスが計画したアンナンやサイゴンとメコン川流域を結ぶ鉄道も、同様にアンナンやサイゴンと東北部の関係性を緊密化させ、バンコクの後背地としての機能を減退させる役割を担いうるものでした。

しかし、実際にはタイがバンコクから周縁部に延びる鉄道整備を先行させ、反対にバンコクのライバルとなりうる外港と周縁部の間の交通路はほとんど改良されなかったことから、北部にしても東北部にしても、バンコクの後背地としての機能は大きく高まり、逆にモールメインやサイゴンとの関係は相対的に希薄なものとなったのです。図20の一九三五年の状況が示しているように、北部や東北とバンコクとの間の商品流通は大きく増加したのに対し、それ以外の外港との商品流通の比重は微々たるものとなっています。南部については、シンガポールやペナンとの地理的近接性と、南部の経済構造がマラヤと似ているという理由から、相変わらずバンコクとの間の商品流通よりもマラヤとの商品流通のほうが多くなっています。それでも、バンコクの比重は一九〇〇年の時点よりは明らかに高まっており、バンコクと南部の経済的な関係性が強化されたことが理解されます。そして、パーダンベーサール経由の鉄道が南部東海岸とペナン方面を結んだことで、東海岸でもシンガポールよりもペナンとの商品流通のほうが増加し、南部全体がペナンの後背地としての機能を高める結果となりました。

このように、タイの鉄道はバンコクから周縁部へと放射状に延びる路線網を構築し、バンコクと周縁部との間の交通条件を大きく改善したことから、結果としてバンコクを中心とする外港〜後背地関係の強化をもたらし、タイの経済的統合を大きく促進することになりました。「政治鉄道」から出発したタイの鉄道ではありましたが、結果として政治的統合よりも遅れていた経済的統合を促進し、タイという国民経済の構築に大きな役割を果たしたと言えるでしょう。

図20●地域間商品流通（1900年）

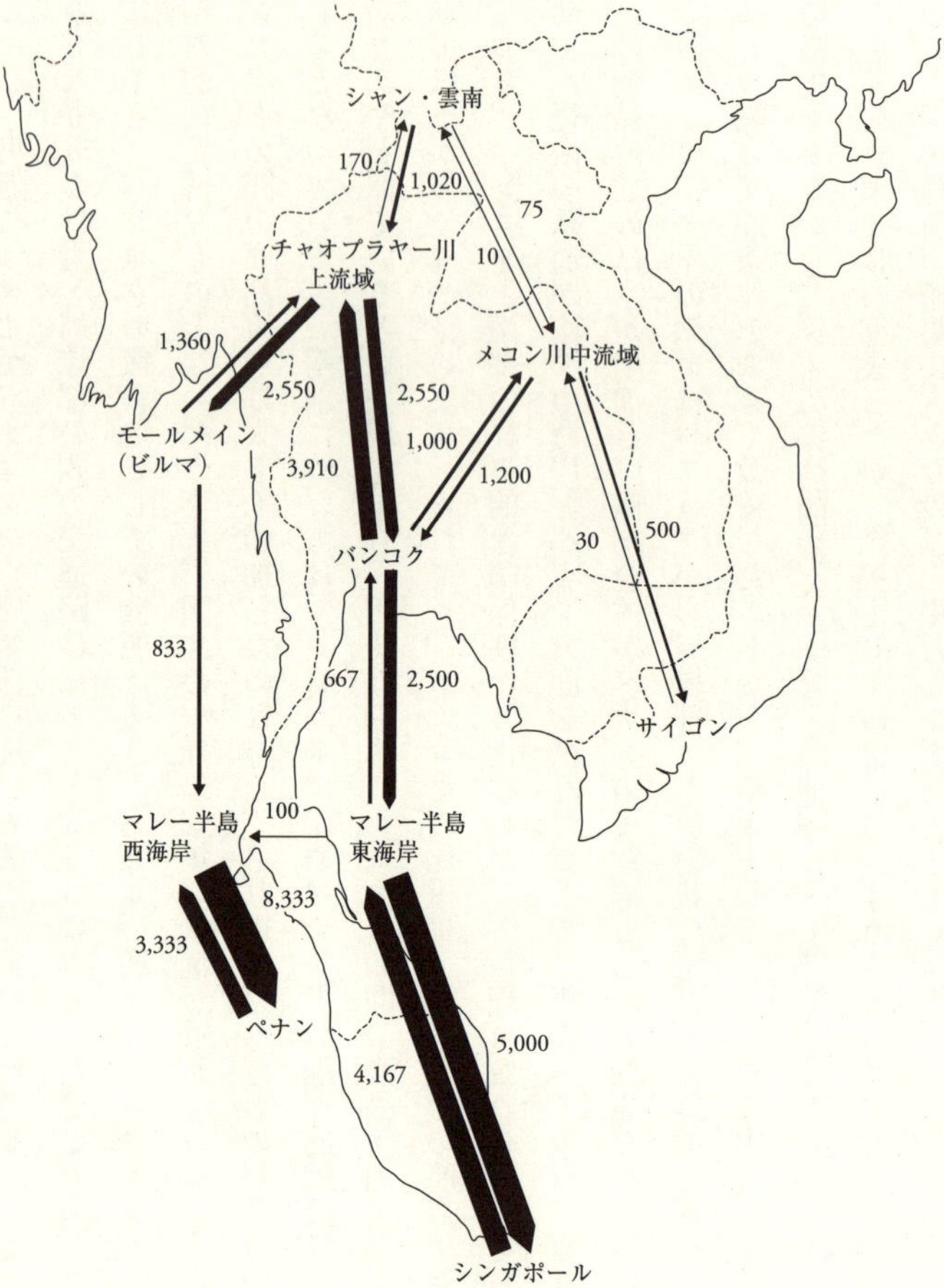

注：数字の単位は千バーツである。
出所：柿崎［2000］：94、Kakizaki［2005］：245

(1935 年)

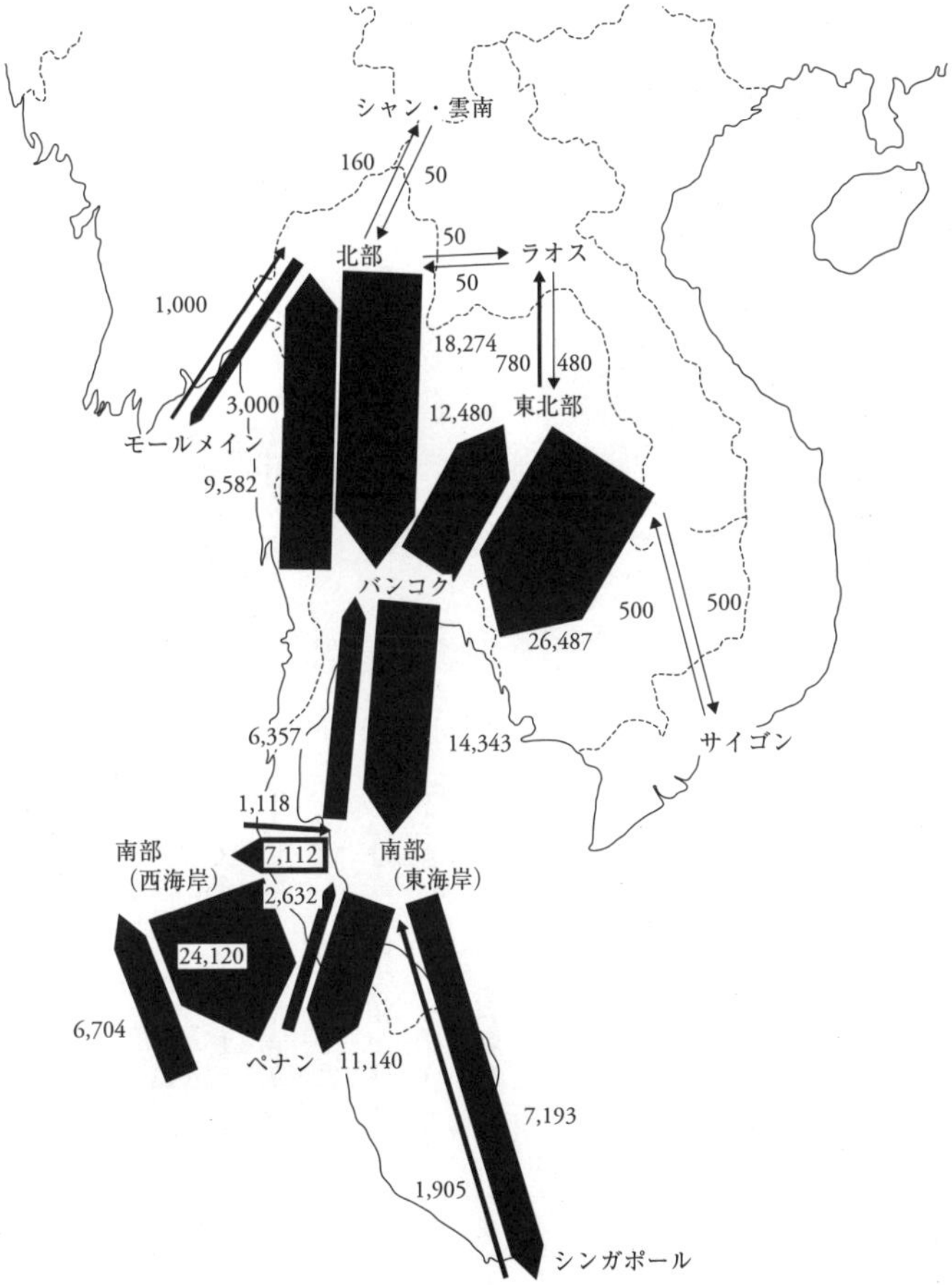
シャン・雲南
160
50
北部
50
ラオス
50
1,000
18,274
780
480
3,000
12,480
東北部
モールメイン
9,582
バンコク
500
500
26,487
6,357
14,343
サイゴン
1,118
南部
（西海岸）
7,112
南部
（東海岸）
2,632
24,120
6,704
ペナン
11,140
7,193
1,905
シンガポール

column

コラム02

ワーコーのディーゼル機関車

●ワーコーの機関車（1999年）

先進国には古い鉄道車両を保存する鉄道博物館は珍しくありませんが、いわゆる発展途上国では鉄道のみに限定した博物館は珍しいものです。東南アジアでは、かつてもっとも鉄道が発達したインドネシアには鉄道博物館が存在しますが、タイには公式のものはありません。バンコクのウィークエンド・マーケットとして有名なチャトゥチャック市場のすぐ北の同名の公園の中に、鉄道博物館を建設する計画がありました。建物は完成したものの結局実現せず、現在はタイ鉄道ファンクラブという民間組織が借りて小さな博物館を運営しています。これがタイで唯一とも言える鉄道博物館です。

古い蒸気機関車を駅前に保存してある例は随所で見られますが、ディーゼル機関車は今のところ二両しか保存されていません。そのうちの一両は、最初に導入された入換用の小型機関車で、ファラムポーン駅付近の国鉄の本社前に置かれています。もう一両は、プラチュアップキーリーカン県のワーコーに保存されています。南線の下り列車でプラチュアップを過ぎてしばらく行くと、やがて左手に黄色と赤に塗られた古めかしいディーゼル機関車と黒と緑の蒸気機関車が一両ずつ保存されている姿が見えてきます。ここはかつてラーマ四世が日食を予想して実際に観察を行なったワーコーという海岸で、現在は科学公園として整備されています。その一角に、機関車が二両保存されているのです。

ワーコーのものは、カムペーンペット親王の電気式ディーゼル機関車の導入計画に基いて、一九三一年にデンマークから購入した五五六号機関車です。最初に投入された本線用機関車一三両のうちの一両で、一〇〇〇馬力の大型機関車でした。南線や北線の急行列車などを牽引しており、当時のタイの鉄道の近代化の象徴とも言える機関車でした。廃車後はバンコクの科学博物館の裏手に保存されていたのですが、科学公園の整備に伴ってこの地に運ばれてきました。ちなみに、蒸気機関車のほうは、一九二七年のラーマ六世橋の開通式の際に、ラーマ七世が乗車した記念列車を牽引した二二六号機です。タイの科学技術の発展の証として機関車が保存されたことは、喜ばしいことです。

図21●鉄道網の発展と道路（1957年）

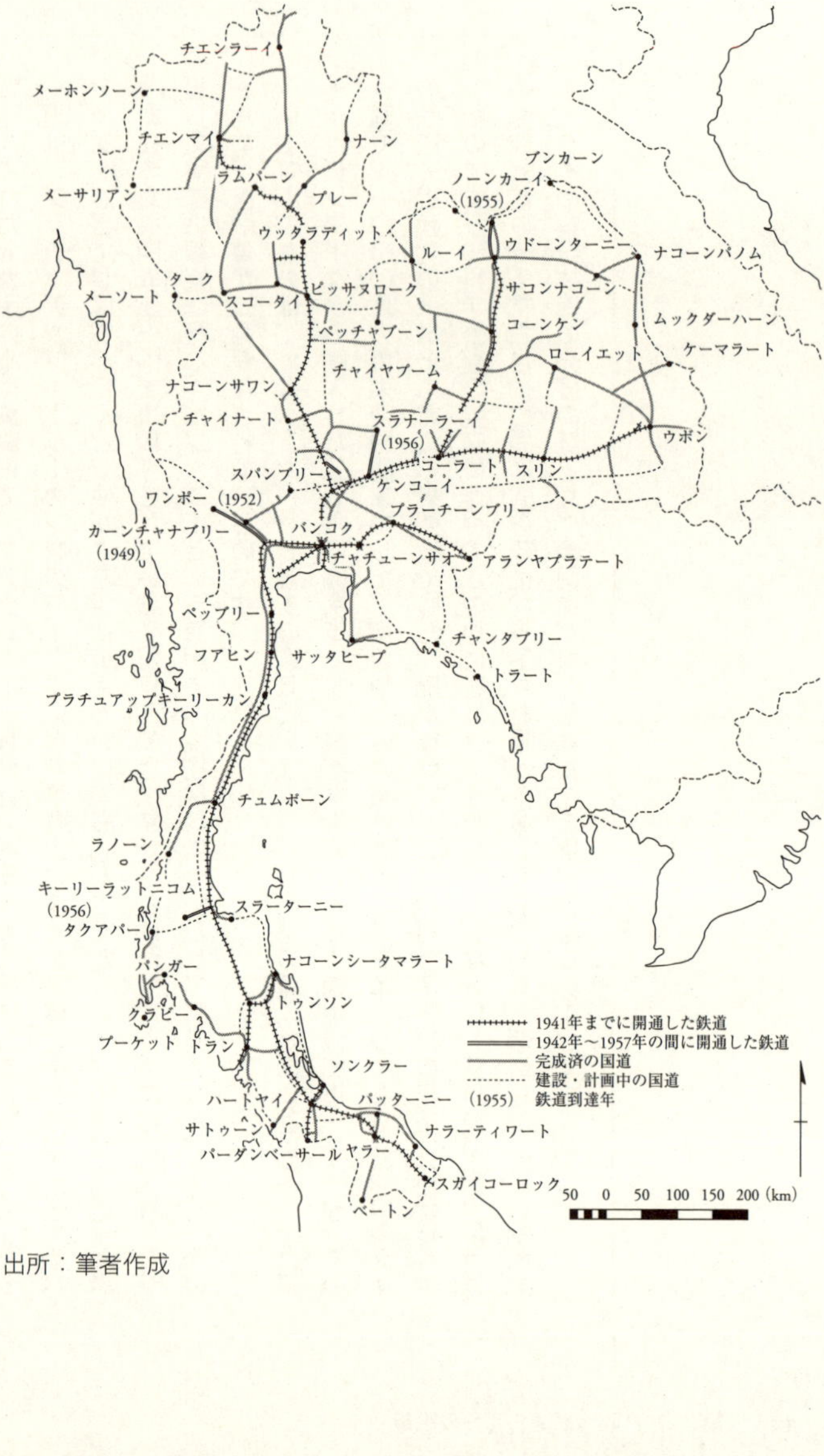
チエンラーイ
メーホンソーン
チエンマイ
ナーン
ブンカーン
ノーンカーイ
(1955)
ラムパーン
プレー
メーサリアン
ウッタラディット
ウドーンターニー
ナコーンパノム
ルーイ
ターク
メーソート
スコータイ
ピッサヌローク
サコンナコーン
ムックダーハーン
ペッチャブーン
コーンケン
ローイエット
ケーマラート
チャイヤプーム
ナコーンサワン
チャイナート
スラナーラーイ
(1956)
ウボン
コーラート
スリン
スパンブリー
ケンコーイ
ワンポー
(1952)
プラーチーンブリー
バンコク
カーンチャナブリー
(1949)
チャチューンサオ
アランヤプラテート
ペッブリー
チャンタブリー
フアヒン
サッタヒープ
トラート
プラチュアップキーリーカン
チュムポーン
ラノーン
キーリーラットニコム
(1956)
スラーターニー
タクアパー
パンガー
ナコーンシータマラート
トゥンソン
クラビー
プーケット
トラン
ソンクラー
ハートヤイ
パッターニー
サトゥーン
ナラーティワート
パーダンベーサール
ヤラー
スガイコーロック
ベートン
1941年までに開通した鉄道
1942年～1957年の間に開通した鉄道
完成済の国道
建設・計画中の国道
(1955) 鉄道到達年
50 0 50 100 150 200 (km)

出所：筆者作成

第3章　戦争と復興――一九四〇～一九五〇年代

1　国際鉄道網の構築

「失地」回復と鉄道

一九三〇年代末になると、日中戦争やヨーロッパでの第二次世界大戦の勃発によってタイも戦争に巻き込まれる危険性が高まり、それが立憲革命後に道路優先政策に傾いたことで冷遇された鉄道を復活させることになりました。さらに、フランスとの間の「失地」回復紛争が、鉄道の重要性を政府に再認識させる大きな契機となったのです。

一九四〇年六月にヨーロッパにおいてフランスがドイツに敗退し、ドイツの傀儡政権となったフランスのヴィシー政権が日本の要求である北部仏印への日本軍の進駐を認めました。このため、タイのピブーン首相は日本の真似をしてフランスに無理難題を要求しました。それは、一九〇四年と一九〇七年にフランスに割譲したメコン川右岸のルアンパバーン対岸とカンボジア北西部の二つの「失地」をタイに返還し、メコン川を両国の国境とすることでした。フランスは当然この要求を拒んだことから、同年一一月に紛争が始まり、当初健闘したタイ軍もやがて劣勢となりました。そこに日本が急遽仲介役を名乗り出て、タイ側に有利な解決を試みました。結局、二つの「失地」は返還され、先に述べたように「失地」中の鉄道はタイ側に継承されたのでした。

この「失地」回復紛争の際に、鉄道も部隊輸送に活躍することになりました。東線はそもそもバンコク～サイゴン間の国際鉄道の役割を担うものであり、タイ側は国境のアランヤプラテートまですでに完成させていました。その後、全国道路整備計画のもとでアランヤプラテートへは例外的に鉄道に並行して道路も整備されましたが、紛争の際には鉄道も軍事輸送に駆り出されました。一九四一年一〇月から東線を利用しての部隊の輸送が開始され、アランヤプラテートに到着した軍勢は国境を越えてカンボジアへ侵入していきました。並行して道路による自動車輸送も行われていましたが、鉄道の持つ輸送力がこの軍事作戦に大きな役割を果たしたことは間違いないでしょう。

「失地」回復紛争が終わると、政府は東線の改良に乗り出すことになりました。従来東線はバンコク（ファラムポーン）でのみ他線と接続していましたが、東線の一つ目の駅マッカサンには中央工場が位置し、さらにこの駅からチャオプラヤー川畔のメーナーム駅までは一九一〇年に開通した貨物線が延びていました。このため、一九三六年にマッカサンから北線のチットラッダー王室駅に至るデルタ線を建設し、北線や東北線から来る列車がバンコク（ファラムポーン）で折り返さずにそのまま東線に入れるようにしたのです。さらに、紛争終了後にはマッカサンの次駅クローンタンから分岐して、バンコクの北東部を迂回して北側からバーンスーに入る延長六キロメートルのバーンスー～クローンタン線の建設が開始されました。この線は、東線の列車がバンコク市内を経由せずにバーンスー操車場へ乗り入れられるようにするものであり、戦略的重要性から戦争中も建設が推進されました。

フランスから「失地」内の鉄道を継承したタイは、直ちに未開通区間の建設に着手しました。すでに開通していたモンコンブリー～サワーイドーンケーオ間については、モンコンブリー～バッタンバン間で一九四一年一〇月から列車の運行を開始しました。残るアランヤプラテート～モンコンブリー間の建設も順調に推移し、レールの未敷設区間が一〇キロメートル程度にまで迫った頃、同年一二月八日未明に日本軍がタイへ侵入したのです。日本軍はこの未開通区間を直ちに開通させて、プノンペンからバンコクを経て北線や南線に至る軍用列車の運行を開始していくことになります。

日本軍の軍用列車

タイに入って来た日本軍は、直ちにタイの鉄道を軍事輸送に利用することになりました。日本軍は部隊や物資を輸送するための軍用列車の運行を要求し、一二月九日から軍用列車がバンコクから南へと下って行くことになりました。一方、マレー半島でもソンクラーなど何ヶ所かに日本軍が上陸しており、同じように鉄道を使用してマラヤへの進軍を開始しました。ただし、マラヤでは英軍が鉄道設備を破壊して逃げたため、日本軍はまず鉄道の復旧を行う必要がありました。バンコクからシンガポールまでの一環輸送が行えるようになったのは、一九四二年二月末のことでした。当初この南線での軍用列車は一日三〜四本設定されましたが、初めはバンコクに戻ってくる列車がなく、直ちに車両不足に陥っていきました。その後は一日二〜三往復で運行され、やがて泰緬鉄道建設の資材や人員の輸送、さらには泰緬鉄道経由でのビルマ向け輸送の占める比率が高まっていくことになります。

南線での軍用列車の運行開始に次いで、日本軍は東線での一環輸送を目指して工事区間の完成を急ぎました。その結果、二週間程度で整備が完了し、一二月二〇日頃からプノンペン〜バンコク間の輸送が開始されました。これによって、ようやくカンボジア〜タイ間の国際鉄道が全通したのです。当時、日本軍は開戦に備え仏印南部に軍勢を集結させていたことから、東線はプノンペンからバンコクを経由してマラヤ方面へ向かう軍事輸送に重要な役割を果たすのみならず、マレー侵攻に次いで始まったビルマ攻略作戦のための軍事輸送も担うことになりました。このため、東線の輸送需要はきわめて大きかったのですが、元来が輸送需要の少ないローカル線だったので輸送力不足が甚だしく、並行する道路でも補完輸送が行われました。当初は一日三〜四往復の列車が運行されましたが、やがて一日一往復となりました。なお、プノンペン〜サイゴン間では鉄道の建設はついに実現しませんでしたが、この間はメコン川の河川水運が利用できたので、サイゴン〜バンコク間での水陸連絡輸送が可能となりました。サイゴンはインドシナ半島各地と日本との往来の際の玄関口の役割を果たすことになり、東線の役割はその点からも重要でした。

北線でも一二月二〇日頃からビルマ攻略作戦向けの軍事輸送が開始され、東線からの列車が中部のピッサヌロークやサワンカロークへと直通していました。ビルマ攻略作戦は、マレー侵攻作戦に次いで始まったもので、進軍ルートの検討の結果、ピッサヌロークから西に向かってメーソートを経由してモールメインへ至るルートが採用され、急遽この間の道路整備が行われました。このため、ピッサヌロークかサワンカロークまで鉄道で輸送し、そこから道路でビルマを目指すという輸送が行われたのです。一九四一年末から翌年一月にかけて一日三〜四本の軍用列車がバンコクから北上することになり、南線、東線、北線のいずれの路線でも軍用列車が運行されていました。北線ではその後一時的に輸送需要が減って軍用列車の運行はなくなり、必要な場合はタイ側の一般列車に連結する形で輸送が行なわれましたが、一九四三年後半から翌年初めにかけてはインパール作戦のために再び軍用列車が設定されました。

タイの貨物輸送でもっとも重要な役割を果たしていた東北線では、軍用列車の運行は長らく行なわれませんでした。しかし、一九四五年に入ると仏印処理の準備のための軍用列車の運行がウボンやウドーンターニーへ向けて行なわれるようになり、その後東北部の反政府組織の秘密基地襲撃の準備や、防衛力強化の目的でも軍用列車の運行が行なわれました。

結局、開戦から終戦までに日本軍が運行した軍用列車は、積荷があったもののみで二軸貨車約三五・六万両分でした。もし最大積載量の貨物を搭載すると計三五六万トンの物資を輸送したことになりますが、実際にはこれらの車両はヒトの輸送にも用いられていたことから、正確な軍事輸送量はわかりません。日本軍がこれだけの車両を軍事輸送に使用したことから、タイ側の一般輸送にも当然大きな影響を与えることになりました。最初の二年間は通常の貨物輸送量が半減し、その分を日本軍の軍事輸送が埋めている形でしたが、一九四四年以降は一般貨物輸送量が大幅に落ち込んだ結果、軍事輸送のほうが多くなっていました。

深刻化する車両不足

当初日本軍がバンコクから多数列車を南下させたのに対し、マラヤから戻ってくる列車がなかったことから、タイ側は直ちに車両不足に直面し、日本側に対して車両の返還を求めました。一九四二年三月の時点では、当時タイが保有していた貨車約三九〇〇両のうちの三分の一がマラヤに滞留していました。日本軍がマレー侵攻作戦とともにタイの車両をマラヤへ向かわせたものの、円滑に返送されなかったことから、大量の貨車の滞留が発生していたのです。このため、タイ側が一般輸送に使用できる貨車は激減し、後背地から外港への農産物輸送は大きな打撃を受けることとなりました。各地で貨車不足による米の滞貨が発生し、一九四二年の米輸送量は前年の約半分にまで落ち込みました。

タイ側は車両不足を緩和するために、一般列車の運行本数を削減しました。戦争直前の列車本数は一日一六六本でしたが、一九四三年には一日九六本にまで減っていました。とくに定期貨物列車は一日四四本から二四本へと半減され、例えば東北部のコーラート～コーンケン間の一日二往復の貨物列車はいずれも運休となっていました。さらに、燃料の薪や機関車の運行に欠かせない潤滑油の減少も顕著となり、さらなる列車の削減や毎日運行から隔日運行への変更によって列車本数はさらに減少しました。爆撃による線路の寸断も含めて、最終的には文字通り細々と列車が運行されるという状態にまで落ち込んだのです。

そのため、タイ側は日本側から車両を取り返そうと画策しました。戦前タイは年間一〇〇～一五〇万トンの米を輸出しており、開戦後は日本軍がこれを引き取ることとなっていました。しかし、一九四二年に米どころの中部で大規模な水害が発生したことから、翌年の米の売却量が大きく落ち込む可能性が出てきました。他方で、東北部やバッタンバンの米は豊作でしたが、開戦以降に鉄道輸送が頓挫したこともあって余剰米が溢れている状況でした。このため、タイ側はこれらの地域の米をバンコクへ輸送すれば日本側へ予定通り年一〇〇万トンの米の売却が可能であるとして、日本側に車両の返還を求めたのです。とくにタイ側が問題にしたのは、日本軍が毎日一本運行しているバンコクからマラヤへの米輸送列車でした。タイ側は、バンコクから船で運ぶか南部の米を輸送すれば車両の返還が可能であると主張し、日本側に通常一日三本運行されている南線の軍用列車を一本削減するよう求めました。これによって一日三往復の米輸送列車の運行が可能となり、月三・六万トンの米を内陸部から輸送して日本側に売却できるとタイ側は説明しました。

●日本軍の軍用列車

日本側は軍用列車の削減には難色を示しましたが、他方で米の調達も望んでいたことから、最終的に一九四三年八月から軍用列車を一本削減し、その車両を用いて東北部からの米輸送列車の運行を開始することになりました。実際には予定通り一日一〇五両分の米を運ぶことはできず、一日六〇〜七〇両をバンコクに到着させるのが関の山でした。ところが、九月から北線でインパール作戦関係の軍用列車が運行されることとなり、米輸送列車のうち一本が転用されることになりました。その後、さらに北線と南線の軍用列車の運行が増えたことから、一一月までに米輸送列車はすべて廃止されてしまいました。これによって内陸部からの米輸送は激減し、日本軍へ規定量を売却するのは困難となったのです。それでも、日本側もバンコクから米を運び出す船不足に悩まされていたことから、それほど固執しませんでした。

このような車両不足を回避するために、日本軍はマラヤや仏印の車両も軍用列車に使用しました。タイ側が貨車の返還を強固に求めたことから、日本軍は軍用列車には極力マラヤや仏印の貨車を使用するように改め、南線では大半がマラヤの貨車を用い、東線でも半分程度が仏印の貨車の使用となりました。マラヤの貨車は全線で使用可能でしたが、仏印の車両はタイやマラヤよりもややサイズが大きかったことから、東線と泰緬鉄道のタイ側の起点ノーンプラードゥックまでしか乗り入れができませんでした。反対に、北線や東北線の軍用列車はほとんどがタイの貨車によって運行されていました。日本軍は日本から運んだ貨車も用い、主に南線や泰緬鉄道で使用していました。貨車は各国で直通運行を行ないましたが、機関車は各国内で用いるのが原則であり、国境で付け替えていました。このため、タイにとっては貨車よりも機関車の不足のほうがより深刻であり、とくに長距離の軍用列車の牽引に使われた大型機関車の不足が顕著でした。

泰緬鉄道とクラ地峡横断鉄道

「失地」内の鉄道整備が完了したことで、バンコク〜プノンペン間の国際鉄道が完成し、従来から存在したタイ〜マラヤ間の鉄道と合わせて三ヶ国間が鉄道で結ばれました。日本軍は、さらにビルマとタイを結ぶ鉄道を計画しました。これが泰緬連接鉄道、いわゆる泰緬鉄道です。この鉄道は図22の大東亜縦貫鉄道構想の一環として浮上したものであり、大東亜共栄圏を縦断して東京や満州から中国経由でビルマあるいはシンガポールを結ぶ縦貫鉄道計画でした。この中には中国〜仏印間、仏印〜タイ間、タイ〜ビルマ間の計三つのミッシングリンクがあり、最後のタイ〜ビルマ間が優先されたのです。これは日本軍がビルマを確保したものの、連合軍による西や北からの反撃に対処するために、ビルマへの物資補給路の整備が求められ、従来の水運のみに依存した状況を改めようとしたためでした。なお、仏印〜タイ間のミッシングリンクは、かつて着工されながらも途中で頓挫していたタンアップ〜クムパワーピー間と、新たに浮上したドンハ〜ウボン間を候補とし、最終的に前者での建設を決めたものの、結局実現せずに終わりました。

タイとビルマを結ぶ鉄道については、以前カムペーンペット親王の時代に南のプラチュアップキーリーカン経由のルートが決まっていました。開戦直後のビルマ攻略作戦では、メーソート経由の道路を整備しましたが、新たな鉄道は南線のノーンプラードゥックから分岐して、北西に進んでテナセリム山脈を横断してビルマのイェー線タンビューザヤッへ至る四一五キロメートルのルートを採用しました。一九四二年六月に着工されたこの鉄道の建設は、当初一九四三年末の完成を想定し、一日片道三〇〇〇トンの輸送力を持たせることになっていました。全長四〇〇キロメートルにも及ぶ鉄道を早期に完成させるためには多数の労働力が必要なことから、日本側は連合軍捕虜やビルマ人労務者を用

図22●大東亜縦貫鉄道構想

中国
衡陽
昆明
湘桂鉄道
ミッチーナー
ラーショー
マンダレー
シュウェニャウン
ビルマ
鎮南関
南寧
香港
ハノイ
仏領ラオス
タウングー
チエンマイ
ラムパーン
タンアップ
ラングーン
(ヤンゴン)
サワンカローク
タイ
ナコーンパノム
クムパワーピー
ドンハ
モールメイン
(モーラミャイン)
タンビューザヤッ
ピッサヌローク
イェー
泰緬鉄道
ウボン
仏領ヴェトナム
アランヤンプラテート
ノーンプラードゥック
バンコク
モンコンブリー
仏領カンボジア
プノンペン
クラ地峡鉄道
カオファーチー
チュムポーン
サイゴン
ソンクラー
プライ（ペナン）
英領マラヤ
シンガポール
既存の鉄道
建設・計画中の鉄道
0 100 200 300 400 500 (km)

出所：筆者作成

いて建設工事を行いました。しかし、沿線は人家も稀な密林地帯で猛獣や疫病のはびこる劣悪な環境だったのと、一九四二年の記録的な洪水もあって建設工事は進みませんでした。

一九四三年二月に入って、大本営は輸送力を一〇〇〇トンに削減する代わりに工期を四ヶ月早めて、同年八月末の完成を指示しました。このため、さらなる捕虜やマラヤやジャワからの労務者の投入を行い、建設を急がせました。ところが、沿線でのコレラの発生によって多くの捕虜や労務者が倒れ、日本軍の対応も適切ではなかったことから犠牲者が続出しました。最終的に建設と運営に従事した捕虜は約六万人、アジア人労務者約二〇万人となりましたが、捕虜一万二千人と労務者の三分の一から半数近くが犠牲となりました。このため、泰緬鉄道は後に「死の鉄道」とのレッテルを貼られることになり、第二次世界大戦中の日本軍の悪行の一つとして有名になったのでした。

結局突貫工事によっても期限内の完成は叶いませんでしたが、一九四三年一〇月にようやく全通し、同じ頃始まったインパール作戦のための軍事輸送に使用されることになりました。サイゴンやシンガポールから泰緬鉄道経由で数多くの部隊がビルマへと輸送され、泰緬鉄道は文字通りタイ〜ビルマ間の動脈として機能することとなったのです。しかし、泰緬鉄道の輸送能力を当初の計画の三分の一に落としたことから、新たに二つの代替ルートを整備して補完することになりました。一つはマレー半島のクラ地峡を横断する鉄道であり、南線のチュムポーンから分岐して半島を横断し、クラブリー川に面するカオファーチーに至る九一キロメートルの路線でした。このルートにはすでに国道がありま

●クウェーノーイ川沿いの桟道を通る旧泰緬鉄道（タム・クラセー・2005年）

したので、国道に並行する形で鉄道は建設され、一九四三年一二月までに開通しました。輸送力は一日三〇〇トンと少なく、完成後も並行する道路が併用されました。このルートの場合はビルマ側の鉄道とは接続しておらず、カオファーチーからは船でクラブリー川を下り、さらにアンダマン海を北上する必要がありました。

もう一つは、北のチエンマイからタウングーへ至る道路でした。日本軍はこのルートと前回使用したピッサヌローク～モールメイン間、以前からタイ～ビルマ間で唯一の自動車道路があったラムパーン～タウンジー間を比較検討して、チエンマイから西に進んでタウングーへ至るルートを採用したのです。一九四三年半ばからこの道路の建設が始まりましたが、従来まったく道路がなかったような山岳地帯での道路建設は難航しました。結局、インパール作戦のための軍事輸送には間に合わず、代わりに旧来からのラムパーン〜タウンジー（シュウェニャウン）間道路を利用することになったのです。このため、この時期には北線でチエンマイやラムパーンへの軍事輸送が活発になりました。

つかの間の国際鉄道網

第二次世界大戦中のタイの鉄道は、史上初めて本格的に国際鉄道としての機能を担うことになりました。戦前からタイの鉄道はマラヤの鉄道と二ヶ所で接続しており、主に南部〜ペナン間の貨物輸送に用いられていました。中にはバンコクからペナンへの長距離の米輸送もありましたが、バンコク〜シンガポール間の輸送はすべて水運が担っており、国際鉄道としての機能は低いものでした。このため、南部〜ペナン間を除きタイを発着する国際輸送の大半は水運に依存しており、国際交通の主役は従来通り船でした。

しかし、日本軍がバンコク〜プノンペン間の鉄道を全通させ、さらにタイ〜ビルマ間の泰緬鉄道を建設したことで、タイを中心にマラヤ、カンボジア、ビルマを結ぶ国際鉄道網が構築されたのです。そして、日本軍はこれらの国際鉄道網を使用して、長距離の国際輸送を開始しました。その結果、それまで主として外港〜後背地間の輸送に従事していたタイの鉄道が、突然長距離の国際輸送という新たな任務を担わされることになったのです。その国際輸送はタイ〜マラヤ間、カンボジア〜タイ間などの二国間に留まらず、カンボジア〜タイ〜マラヤ間、マラヤ〜タイ〜ビルマ間など三ヶ国に及ぶ場合もありました。軍事輸送に限定されていたとはいえ、東南アジアに形成された国際鉄道網が、突如国際輸送面で重要な役割を果たすことになったのです。

このような長距離の国際輸送の発生によって、従来列車本数が少なかった南線や東線では長距離列車が急増し、車両不足のみならず薪の調達などでも大きな問題が発生しました。それまで南線の長距離列車は、週二往復の国際急行列車と週一往復の臨時貨物列車しかなく、残りは区間運行の混合列車が一日一〜二往復運行されている区間が大半でした。東線はバンコク〜アランヤプラテート間の列車は一日一往復しか存在せず、区間運行を含めても一日四往復しか列車がありませんでした。そのような路線に突如一日三〜四往復の長距離列車を走らせることは、大きな負担でした。

国際鉄道網の構築のみならず、日本軍が水運の代替としての役割を鉄道に求めたことも、国際輸送が拡大する要因でした。本来バンコク〜シンガポール間のような水運が利用可能な区間では輸送費用面で水運が圧倒的に有利であり、そのため戦前にはたとえ鉄道が利用可能であろうとも、鉄道を利用するような荷主はいなかったのです。シンガポール〜ビルマ間も同様であり、本来はわざわざ泰緬鉄道のような鉄道を無理して作らずとも、水運で簡単に往来できたのです。しかし、戦時において船舶が不足したことと、水運は敵の攻撃を受けやすいとの理由で、従来国際輸送を担っていた水運の機能を鉄道で代替しようとしたのです。このため、バンコクからシンガポールへの米輸送が典型的なように、それまで水運が担っていた輸送を鉄道が引き受けざるを得なくなり、タイの鉄道の国際鉄道としての機能が急速に高まったのでした。

しかしながら、このような国際鉄道網も長続きはしませんでした。一九四四年に入ると連合軍の爆撃が本格化し、タイの鉄道網もその攻撃対象となりました。とくに長大橋梁の破壊は鉄道輸送の寸断に極めて効果的だったことから、長大鉄橋への爆撃が増加し、その結果路線が寸断されるという事態が発生しました。例えば、一九四四年末には東岸線と西岸線を結んでいたラーマ六世橋が爆撃され、翌年初めの再攻撃で完全に使用不可能となってしまいました。南線ではその先ナコーンチャイシーのターチーン川、ラーチャブリーのメークローン川の各橋梁も破壊され、軍用列車は川と川の間の細切れの運行となり、破壊された橋では船に積み替えて運んでいました。南部でも多数の橋梁が破壊され、一部は応急処置で復旧したものの、やはり細切れの運行を余儀なくされました。

北線でも最大のバーンダーラーのナーン川橋梁が破壊されて北部への列車の直通が不可能となり、バーンダーラー以南でも多数の橋梁が破壊されたことから、結局まともな列車の運行ができなくなってしまいました。最終的に北部への輸送は、バンコクからピッサヌロークまでが水運、ピッサヌロークからサワンカロークまでが自動車となり、サワンカロークから北のみかろうじて鉄道が利用できるという状況でした。南線は細切れ輸送、北線はほぼ不通という状態で終戦を迎えましたが、大きな橋梁のなかった東線は最後まで直通運行が可能であり、一日一往復の軍用列車がバンコク〜プノンペン間を往復していました。最後まで国際鉄道としての機能がもっとも維持されていたのは、この東線でした。

2 戦争の傷跡

寸断された路線網

戦争の結果、タイの路線網は各所で寸断されました。戦争による線路の破壊は総延長四〇キロメートル分にもおよび、とくに橋梁の破壊は大きな影響を与え、南線の軍用列車のように細切れ輸送による復旧を余儀なくされました。戦時中に破壊された橋梁も計二八ヶ所に及び、戦後順次橋の復旧を行なっていきましたが、中でもラーマ六世橋、北線のナーン川橋梁、南線スラーターニーのターピー川橋梁が運行上のネックとなっていました。ラーマ六世橋の破壊で東岸線と西岸線が分離されたことから、両岸間での車両のやりくりできなくなったばかりでなく、南線の車両がマッカサン工場に入場するためにはフェリーで川を渡らねばならなくなりました。南線の列車もラーマ六世橋の完成前と同じくトンブリー（バンコクノーイ）発となり、トンブリーのターミナル機能が復活することになりまし

●旧橋の被災に伴い架け替えられたラーマ６世橋（1998年）

た。

　また、ナーン川とターピー川の橋梁はそれぞれ北線と南線を遮断することとなり、橋の両岸で旅客や貨物の継送を行なって対応せざるを得なくなりました。とくに貨物の場合は積み替えが困難であり、北線の場合はピッサヌロークからサワンカロークまで自動車で迂回するほうが好まれました。南線の場合は沿岸水運で代替可能であり、終戦と共に国際鉄道の機能も喪失したことから、それほど大きな問題ではありませんでした。しかし、北部とバンコクを結ぶ動脈である北線の場合は、他に代替輸送手段がなかったことから商品流通に大きな影響を与え、物価の高騰により北部の住民の生活を困窮させることになりました。

　それでも、タイの場合は路線自体の休止や廃止はなかったことから、路線網自体の縮小はほとんど発生しませんでした。例外は民営の軽便鉄道二線であり、一九四二年に旧プラバート軌道を継承したタールア鉄道と、バンコク近郊のバーンブアトーン鉄道が廃線となりましたが、官営鉄道の廃止はありませんでした。泰緬鉄道の建設には相当量のレールが必要となることから、本来日本軍はもっとも輸送距離の近いタイ国内からもレールを調達したかったはずですが、独立国であり同盟国でもあったタイに対して路線の廃止を強要することはできなかったのです。しかし、他国においては日本軍が泰緬鉄道建設などのためにレールを撤去したり、戦闘によって線路が破壊されてそのままになっていた場合もあったので、軒並み路線網が縮小していました。

図23を見ると、多くの国で戦後路線長が減っていることがわかります。タイは一九四〇年から一九五〇年にかけて旧泰緬鉄道の復活により路線長が五〇キロメートルほど増えていますが、ビルマでは三二九四キロメートルから二八五九キロメートルへと四三五キロメートルほど減少しており、マラヤも戦前の一七〇九キロメートルから一二六七キロメートルへと同じくらい減っています。これは主として日本軍が支線のレールを撤去して泰緬鉄道建設などに用いたためであり、ビルマのイェー線、ミンジャン〜マンダレー間、イェーウ、チャウパダンへの支線の末端部、マラヤのマラッカ支線や東海岸線が該当しました。ヴェトナムでは一九四〇年の三〇一一キロメートルから九八八キロメートルへと三分の二も減少しており、一九四〇年の数値に含まれている滇越鉄道の中国区間を除いても一五〇〇キロメートル程度の路線網が縮小したことになります。これは第二次世界大戦のみならず、その後

図23●東南アジア各国の鉄道総延長の推移（1940〜1960年）

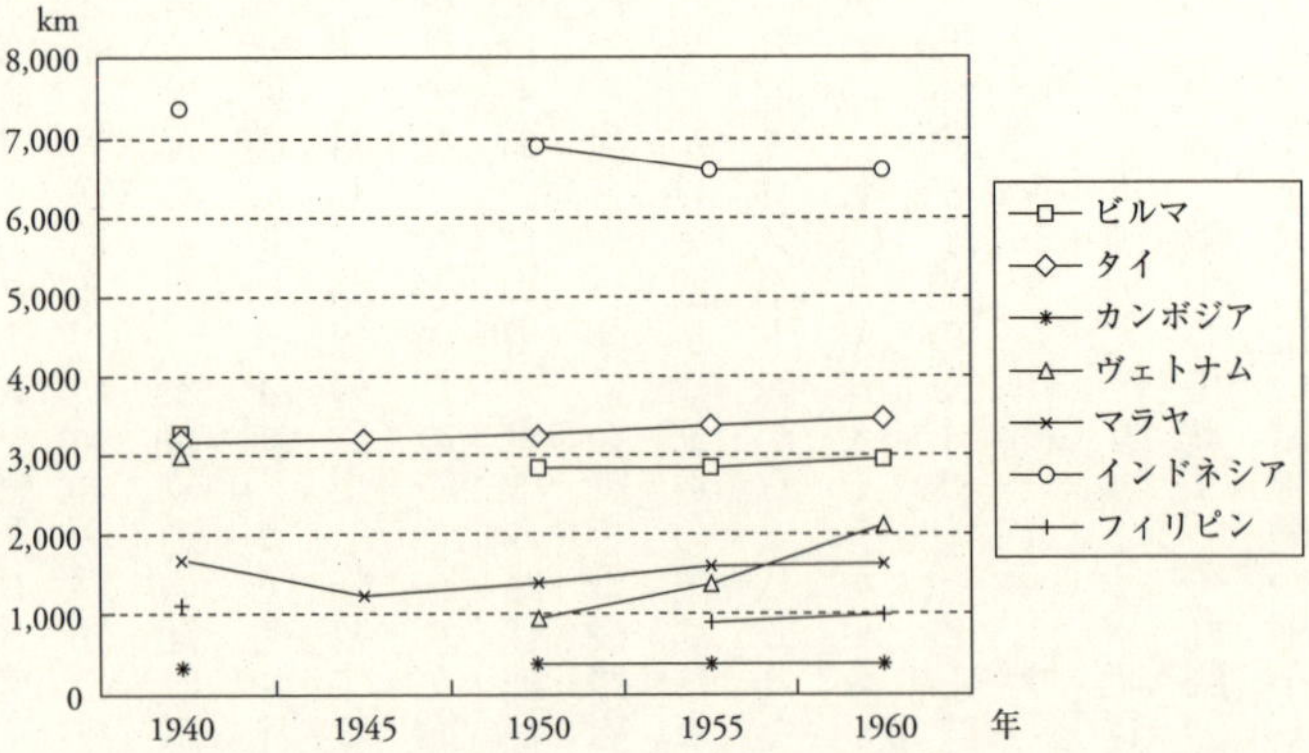

注１：1940年のヴェトナムは滇越鉄道の中国領内区間464km分を含む。
注２：フィリピンはマニラ鉄道（ルソン島）の数値である。
注３：タイの民営鉄道とパークナーム線、メークローン線（1942〜45年国有化）、「失地」回復に伴う路線は含まない。
注４：1940年のビルマは1938年、タイは1941年、インドネシアは1939年の数値、1945年のマラヤは1946年の数値、ビルマの1950年は1951年の数値である。
出所：ビルマ：日本ビルマ協會［1942］、SYM、タイ：柿崎［2009a］、カンボジア：ASRC、ヴェトナム：ASI、VSY、VSD、マラヤ：Kaur［1985］、JWR、インドネシア：Knaap［1989］、SPI、フィリピン：法他編［1942］、JWRより筆者作成

のフランスからの独立戦争の影響も受けて路線網が破壊されたためであり、東南アジアでもっとも鉄道網が縮小していました。インドネシアとフィリピンでもそれぞれ三五〇キロメートル、二〇〇キロメートル程度縮小しており、この時期に路線長が減らなかったのはタイと、タイから「失地」が戻ってきたカンボジアのみでした。

　もちろん、タイと同様に線路や橋梁が破壊されたことによって線路が寸断されている箇所もありました。例えば、

ビルマでは一九三四年に完成したエーヤーワディー川に架かるサガイン橋梁が被災して再びフェリーによる連絡になったほか、マルタバン線のシッタン川橋梁も戦争中に日本の追跡を避けるためにイギリスによって破壊されたままになっており、最終的に復旧するのは一九五五年のことになりました。このように、開通区間とされていても、実際には多くの障害があり、戦前のような円滑な列車の運行ができる状況ではなかったのです。

車両や施設の疲弊

戦争による被害は、線路や橋梁の破壊のみではありませんでした。戦時中の酷使や補修不足、さらに爆撃による被害などで、多数の車両が使用不能な状態となっていました。蒸気機関車の場合は、計一八六両のうち一〇五両が使用できなくなり、うち七八両は修復が不可能な状態でした。ディーゼル機関車二一両のうち二両、客車三二五両のうちの一三両も廃車にせざるを得ず、貨車は計三九一五両のうち二〇八四両が程度の差こそあれ修理が必要でした。戦争末期になると車両の被災を防ぐため夜間に小駅に車両を疎開させたりして、一ヶ所に車両を集中させないなどの対策もとってはいましたが、完全に被害を免れることはできませんでした。さらに、被災後の修復のための資材や設備の不足も、使用不可能な車両を増加させることになりました。

駅や建物なども、被災の対象でした。主要駅のうち二二ヶ所が被災し、バーンスーでは構内の八割が破壊されました。貨物取扱所、機関区、給水タンク、建物、従業員宿舎、通信設備、信号設備など、ありとあらゆるものが被害に遭い、列車運行に大きな影響を与えていました。車両を修理するマッカサン工場も爆撃により被災しており、満足な車両の補修ができなくなっていました。一九四四年六月に最初の爆撃を受けて工場設備が破壊され、日本軍の支援で復旧作業を行っていましたが、一九四五年三月の再攻撃で壊滅的な被害を受けました。度重なる爆撃のため、工場では機材や要員の疎開を行なっていましたが、空襲を恐れた技師の逃亡も加わって工場の能力は悪化していきました。その結果、機関車の修理能力は通常の月一四〜一五両から二〜三両へと落ち込み、修理待ちの車両を増加させることになったのです。

このため、戦争直後の列車運行は非常に限定されていました。一九四五年一二月の時点では、北線のバンコク〜ピッサヌローク間、バンコク〜パークナムポー間がそれぞれ週二往復、東北線バンコク〜コーラート間が一日一往復、東線バンコク〜バッタンバン間が週二往復という運行状況であり、毎日列車が運行されていたのは東北線だけでした。翌月からはピッサヌロークやパークナムポー行は週三往復に増えましたが、毎日運行に復活するまではさらなる時間を要しました。開通した区間の運行状況も劣悪であり、一九四六年五月にバンコクからチエンマイまで鉄道で訪問した人によると、バンコクからピッサヌロークまで二日かかり、バーンダーラーの橋梁が不通のためピッサヌロークからウッタラディットまでは船で遡上し、その先チエンマイまではさらに五〇時間を要したということです。

このような状況は、利用者に多くの不便を与えることになりました。一九四五年一〇月に『タイマイ』紙に載った投稿記事には、次のような様々な不満が述べられていました。「駅員が切符の販売枚数を制限しないために列車が混みすぎ、屋根にまで乗らねばならない。また、乗務員が時刻を守ろうとせず、駅によっては意味もなく一〜二時間も停車するなど気分次第で運転しているので、二〜三時間遅れは当たり前で、時には六〜七時間も遅れる。さらに、薪をくべる人夫が少なく、一回の薪の補給に二時間もかかり、時には人夫がいないため乗客も手伝わなければならない。橋が不通となっているナコーンチャイシーとラーチャブリーでは列車が橋から二キロメートルも離れて止まるため、乗客はたくさんの荷物をもって長距離を歩かねばならない。そして、切符の発売は列車が出る二〇〜三〇分前からしか行われないため、何百人もの乗客が競って切符を買い、息もできないくらい混雑する。」このような光景は、終戦直後の日本の状況と同じであり、疲弊した鉄道の状況を髣髴とさせます。

輸送量の変化

戦争中の日本軍による軍用列車の運行に伴う車両不足や、爆撃による路線網の寸断は、鉄道の輸送力を大幅に低下させることになりましたが、輸送量の変化は旅客と貨物で異なっていました。戦争の影響がマイナスに現れていたのは、貨物輸送でした。タイの鉄道の貨物輸送量は一九四一年には約一八〇万トンでしたが、一九四二年には一一〇万トン程度に減少しました。翌年はほぼ同じ量を維持したものの、一九四四年には五六万トンとなり、最終的に一九四五年には二三万トンまで低下しました。その後の復活の足取りも遅く、一九四八年に一〇〇万トンを越え、一九五〇年にようやく二〇〇万トンと戦前の状況まで回復していました。

一方、旅客輸送は開戦後に輸送量が逆に増加し、終戦時のみ落ち込むという状況でした。一九四一年の旅客輸送量は七七〇万人であり、翌年はやや減ったものの、一九四三年、一九四四年と一〇〇〇万人を越える輸送量を記録し、終戦の年に半減して五〇〇〇万人程度となりました。しかし、翌年には早くも一〇〇〇万人台に回復し、その後も急増して一九四八年には二五〇〇万人に達しました。一九三〇年代後半にはだいたい五〇〇〇万人台で推移していたことから、戦争を挟んだ一〇年間で旅客数が五倍も増加したことになります。

貨物と旅客の異なった傾向は、戦争中から戦争直後にかけての経済や社会状況を反映したものでした。貨物輸送は開戦直後からの軍用列車の運行で深刻な車両不足に陥り、物理的に輸送不可能な状況となっていました。また国際貿易が事実上止まったことで、輸出品や輸入品の輸送も減り、貨物輸送の需要そのものが落ち込みました。さらに、橋梁の破壊による路線網の寸断は、積み替えに労力を要する貨物輸送には大きな障害となりました。このため、貨物輸送量は大幅に落ち込むこととなり、国内の商品流通は大きく停滞したのでした。

反対に、旅客輸送の需要は、貨物輸送の停滞とともに高まることになりました。貨物輸送が滞ることによる地域間の商品流通の減少は、局地的な商品流通の需要を拡大させることとなり、農村と最寄りの町を結んでいた「担ぎ屋」による荷物輸送の需要を増やすこととなったのです。また、車や燃料の不足によって自動車輸送も鉄道以上に停滞することとなり、自動車利用者の転移も鉄道利用者の増加へとつながったのです。さらに、鉄道運賃は急激なインフレ率に比べてそれほど上昇しなかったことから、従来物価水準に比べて相対的に割高だった運賃は極めて安いものとなり、価格競争力が増しました。一九四一年と一九五〇年を比べると、この間に物価はおよそ九倍増加したのに対し、鉄道運賃は二・五倍しか増えませんでした。このため、たとえ列車本数が減ろうとも、旅客輸送量は戦時中にむしろ増加し、路線網の寸断や薪不足による列車運休の影響で一九四五年には減少したものの、翌年以降は再び急増し、戦前を大幅に上回る輸送量となったのです。戦争は、皮肉にも鉄道運賃の相対的な低下をもたらし、従来高嶺の花だった鉄道を庶民の足へと変えたのでした。

戦争による輸送量の変化は他国においても同様でしたが、上述したように路線網の寸断や減少がより著しかった国が多かったことから、タイよりも大幅な落ち込みが見られました。終戦直後の数値はフィリピンしか得られませんが、旅客、貨物とも戦前の三分の一の輸送量に落ち込んでいました。一九四〇年と一九五〇年の数値で比べると、タイは戦前を上回る状況でしたが、他国ではインドネシアの旅客輸送以外はいずれも戦前を下回っていました。例えばビルマでは旅客は半減、貨物は三分の一に減っており、インドネシアでは貨物が半減していました。第二次世界大戦後にフランスとの戦争に巻き込まれたヴェトナムではさらに輸送量が大きく低下し、貨物は戦前の四〇％に、旅客は二〇分の一に低下しました。このように、東南アジアの他国と比べるとタイは貨物面で輸送量の落ち込みは大きかったものの、戦後の回復は相対的に早く、しかも戦前を上回る状況に拡大していったことが大きな特徴でした。

米による復興

戦後の輸送力不足を解決するためには、線路や橋梁の修復と共に車両の増備が必要でしたが、それを側面から支援したのはタイの米でした。タイは戦前からビルマ、仏印と並ぶ主要な米輸出国でしたが、戦争中にビルマと仏印の米生産量が低下して輸出余力がなくなったのに対して、タイは若干の減産は見られたものの輸出余力は残っていました。そして、アジア各地で食料不足が顕著となったことから、どこの国でも食料調達に躍起となっていました。その際に注目されたのが、タイの米でした。

タイはイギリスとアメリカに対して米を供出することになり、当初は無償で、のちに有償で米を引き渡しました。その過程で、供出量を増やすためには東北部など内陸部からの米をより多く集める必要がありましたが、内陸部からバンコクへ米を輸送する鉄道の輸送力が不足していることから、タイに蒸気機関車が売却されることになりました。これによって、タイは戦時中に日本軍がマラヤなどから持ち込んだ一一一両の蒸気機関車の一部と、アメリカが東南アジア復興用に製造した機関車（マッカーサー型）六八両を購入し、計一四二両の蒸気機関車を新たに確保しました。日本軍が泰緬鉄道用に日本から運んできたC五六型四六両やC五八型四両もこの時にタイのものとなり、戦後の機関車不足を緩和することになりました。

米の供出はやがて国連緊急食糧委員会の任務となり、委員会が各国からの申請に応じて売却先と量を決めることになりました。世界各地での米不足は依然として解消しないことから、タイ側も委員会も米の増産には積極的でした。タイ側は依然として東北部をはじめとする内陸部には余剰米が多数あるものの、鉄道輸送力が足りないのでバンコクまで輸送ができないと説明したことから、駐日米軍がこの話に関心を示しました。当時米軍は日本や朝鮮半島向けに大量の米の調達を希望しており、日本から鉄道車両をタイへ輸出し、代わりにそれによってバンコクに運ばれてきた米を引き取るという、米と鉄道車両の交換を提案したのです。アメリカの意図は、必要な米を確保することのみならず、日本の鉄道車両産業の復興を同時に行なうことでした。

この物々交換によって、一九四八年に日本に対してタイが蒸気機関車五〇両、客車二〇〇両、貨車五〇〇両を発注し、車両の増備がさらに進むことになりました。一九五〇年にも蒸気機関車五〇両と貨車五〇〇両が日本に発注され、終戦後間もなく多くの日本製車両がタイの鉄道で活躍することになったのです。従来、タイの鉄道車両は欧米から輸入されたものが中心であり、蒸気機関車に限ってみればイギリスとドイツ製が主流でした。日本へは一九三〇年代に三八両が発注され、一部は戦時中にようやく到着した状況でしたが、C五六や戦後米と引き換えに購入した機関車が加わり、日本製機関車のシェアは急速に高まったのです。

米と交換した車両は必ずしも米輸送のみに用いられたわけではありませんでしたが、タイの鉄道の米輸送量も回復傾向を見せました。戦前は精米や籾米など合わせて六〇～七〇万トン程度輸送していましたが、戦争中に急減した輸送量は最終的に一九四五年には四・三万トンまで低下しました。その後徐々に回復し、一九五〇年には四二万トンまで回復しました。米はタイの最大の輸出品でしたが、その米がタイの急速な国際社会への復帰を助け、鉄道車両の不足を緩和する役割も果たしたのです。

なお、戦後タイは日本から蒸気機関車を計一〇〇両購入しましたが、他にディーゼル機関車も調達していました。一九三〇年代末にタイはスイスに電気式ディーゼル機関車七両を発注していましたが、戦争の影響で納入は大幅に遅れ、戦後ようやく到着した状況でした。戦前に購入した一五両の機関車も、戦時中の酷使や整備不良の影響で疲弊していました。このため、タイは蒸気機関車と並んでディーゼル機関車の調達も希望し、これに対してアメリカは自国企業への発注を勧めました。ダヴェンポート社に発注された電気式ディーゼル機関車は、五〇〇馬力型三〇両と一〇〇〇馬力型一五両の計四五両であり、納入の完了は一九五五年のことでした。

鉄道局から国鉄へ

鉄道の復興には多額の費用がかかる上、政府は鉄道以外にも道路、港湾、灌漑設備、発電など多方面のインフラ復興や開発を必要としたことから、国際協力に依存することとなりました。タイは戦後ピブーン首相の復活で反共を全面に掲げ、かつての対日協力を疑うアメリカの全面的な信任を獲得し、西側陣営の一角をなすようになりました。このため、タイは一九五〇年からアメリカの援助と世界銀行からの借款を受けることになり、どちらもアジアではもっとも早い時期に開始されました。鉄道は世界銀行の借款対象となり、これを用いての復興が進んでいくことになるのです。

政府は計六分野での借款を希望していましたが、世界銀行からの調査団が各分野の状況を調査した結果、灌漑、港湾、鉄道の三分野のみが認められることになりました。タイで最初の世界銀行からの借款は総額二三四〇万ドルでしたが、灌漑が一六〇〇万ドルともっとも多く、鉄道は三〇〇万ドルでしかありませんでした。鉄道部門の借款使用計画は、車両の修理用部品の調達、信号設備の調達と設置、マッカサン工場の復興の三部門でした。当初タイ側はより広範囲な借款による整備計画を提示していており、設備の復興、設備の維持、輸送量増加への対応、東北部への新線建設の四部門を掲げていました。その中身は車両、修復用の橋梁、レール、信号設備の調達、東北部へのバイパス線の建設であり、総額二〇〇〇万ドルに上りました。

しかし、世界銀行の調査団の視察の結果、修復が遅れて使用不能となっている車両が多いことから、新たに車両を購入するよりも既存の車両の適切な維持を行なうためのマッカサン工場の復旧が最優先であると結論付けました。またバイパス線の建設については、借款ではなく国家予算で整備すべきであるとして、新線建設への借款の供与には消極的でした。このため、借款計画の中心を占めていたディーゼル機関車三〇両や蒸気機関車五〇両の購入は外されることとなり、当初タイ側が申請した額から大きく削減されたのです。

この借款の供与に対して、世界銀行側は二つの条件を課しました。一つは鉄道事業の自立化を図るために、従来の鉄道局を独立公企業体に改組することでした。これは政府部門から切り離すことで、政治からの圧力を受けにくくし、鉄道事業の採算性を維持するためでした。もう一つは、運賃値上げでした。従来の非常に安い運賃水準では、独立採算制に移行後の収支が悪化する可能性があったので、鉄道側に適正水準の運賃を設定させることを目指したものでした。このため、政府は鉄道局を独立させてタイ国有鉄道（国鉄）に改組することになり、一九五一年七月にこれを実行しました。これをもって、過去六〇年間に渡って鉄道事業を管轄してきた鉄道局は消滅し、運輸省下に置かれた国鉄がタイの鉄道事業を継承することになったのです。国鉄に改組した後は、従来大蔵省が支出していた税金や諸手当を自前で負担することになり、減価償却費や福祉基金の積立額が増えることから、従来よりも収支は悪化しましたが、依然として黒字を維持していました。

一方、値上げについては政府も国民の反発を恐れ消極的でしたが、最終的に一九五二年初めに旅客二〇%、貨物一〇〇~二〇〇%の値上げを行い、世界銀行との約束は守りました。しかし、改組後も国鉄の自立性は低く、運賃水準も依然として低かったことから、世界銀行側は次の借款計画では国鉄に優先投資計画を策定させ、その中から優先度の高いものに対して借款を供与する形へと改めることにしました。新線建設については前回と同じく国家予算による整備を求め、借款の対象に含めることには反対でした。この結果、国鉄は優先投資五年計画を策定し、一九五五年に総額一二〇〇万ドルの第二次借款に調印しました。今回は前回棚上げとなった車両購入が含まれたのみならず、レールやポイントの交換、駅構内改良、橋梁強化、自動連結器の導入など鉄道輸送を改善するための多数の施策が盛り込まれていました。

3　輸送力の増強

車両の増備

戦争によって疲弊した鉄道でしたが、戦後急速に輸送需要が伸びる中においては、戦前のレベルへ

図24●車両数の推移（1930〜1960年）

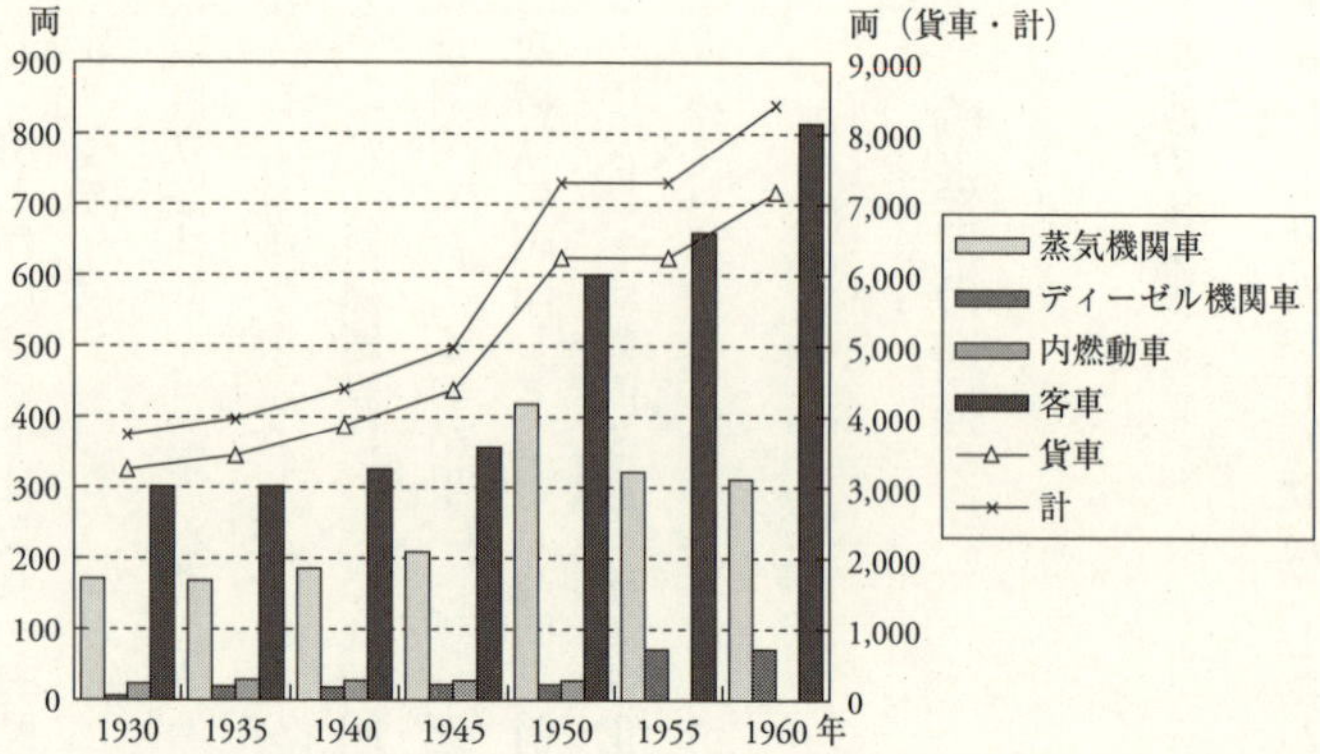

注：パークナーム線、メークローン線の車両数は含まない。
出所：柿崎［2009a］、ARAより筆者作成

の能力回復のみでは不十分であり、さらなる輸送力の増強が求められました。線路や橋梁の復興のみならず、車両の増備、牽引力の向上、レール交換が、輸送力の増強のための主要な施策でした。

図24は、鉄道車両数の推移を示したものです。戦前の鉄道車両数は約四〇〇〇両であり、一九四五年には四九七三両に達していましたが、これが一九五〇年には七二七七両へと急増しています。最終的に一九六〇年には八三九一両に達しましたが、このうち七一八一両が貨車でした。一九四〇年から一九六〇年にかけて車両数は倍増していたことから、この図を見る限り戦争による疲弊した車両の状況は明らかではありません。

しかし、実際にはこれらの数値はあくまでも在籍する車両数を示したものであり、すべてが使用可能なわけではありませんでした。一九五一年の状況では、在籍車両数七一五二両のうち、使用可能な車両は全体の七

一％の五一一〇両のみでした。戦時中に在籍車両数が増加していたものの、戦争直後には在籍車両の半分が故障していたことから、現実には使用可能な車両数は減っていました。しかも、稼動できる車両も多くが日本軍に用いられていたのです。

これらの故障した車両の中には、再起不能となって除籍されたものもあったので、実際には図中の車両の増加数よりもはるかに多くの新車の投入が必要でした。一九五一年から五七年までに投入された新車の数は計一六八四両でしたが、在籍車両数の増加は八〇〇両程度でしたので、この間に約八〇〇両の廃車が行われた計算になります。一九四五年から一九五〇年までに車両数が急増し、一九五〇年から一九五五年までの間はほとんど変化がないのは、後者の五年間は毎年一定の新車の投入があった一方で、同じ程度の数の廃車が進められていたためです。一九五七年には使用可能な車両の比率が八九％に上昇していたことから、車両の故障率も年々低下していきました。

新車の購入には、世界銀行の借款も用いられることになりました。一九五〇年の最初の借款では、タイ側が望んだものの新車の購入費を含めることはできませんでしたが、この借款で世界銀行が問題視したマッカサン工場の修復が終わったことから、一九五五年に調印した二回目の借款には車両の購入が含まれました。内訳はディーゼル機関車三〇両、客車一七〇両、貨車八四四両であり、以後主流となっていく借款を用いての車両購入のさきがけとなりました。戦前から国際入札によって鉄道車両を購入しており、タイの鉄道には世界各地から来た車両が運行されていましたが、世界銀行の国際入

●日立製の電気式ディーゼル機関車が牽引するカンタン行列車（トゥンソン・1991年）

札では恣意的な落札者の決定は厳禁だったことから、この多国籍の状況がますます高まることになりました。

その典型例が、この借款による電気式ディーゼル機関車三〇両の入札でした。一九五五年に行われた入札には一三社が応札し、そのうち八社が検討対象とされ、日本の日立製作所製の価格が一両九万八九〇〇ドルと、二位以降の約一四万ドル以上と比べ圧倒的に安くなっていました。日本のディーゼル機関車開発は始まったばかりであり、タイ側ではすでに世界中で用いられているアメリカのゼネラル・エレクトリック（GE）社を推す声が強かったものの、あまりに価格差が大きかったことからとりあえず日立製を数両購入して試用することに決めました。結局五両を先行購入して一九五八年から試用し、残り二五両の発注については異論も出たものの、最終的に翌年日立へと発注しました。これは、日本で最初の電気式ディーゼル機関車の輸出でした。

戦後間もなく米との交換で導入した日本製の蒸気機関車一〇〇両を最後に、タイは蒸気機関車の新規購入を止めることになりました。このため、以後機関車の購入はディーゼル機関車のみとなり、これによって蒸気機関車の数は一九五〇年をピークに以後減少していくことになります。内燃動車も一九五五年にはほぼ消滅しますが、これは戦前に購入したガソリンカーやディーゼルカーが老朽化によって廃止されたためで、一九六〇年代に入ると再びディーゼルカーの導入が進んでいくこととなります。このように、単に車両数の増加が見られたのみならず、車両の近代化も着実に進展していました。

タイにおける車両数の増加は、他国に比べても目覚しいものがありました。すべての国の数値が得られるわけではありませんが、例えばビルマでは一九三八年の車両数は計八七六〇両だったのに対し、一九六〇年には九三二三両と約六%増加したに過ぎませんでした。ジャワでは一九三九年の二万六一九三両が一九六〇年には二万五四五両へと減少し、スマトラも同じ時期に五六〇六両から五八八四両へと微増しただけでした。第二次世界大戦後も戦乱が続いたヴェトナムでは、一九三六年の四〇二一両から一九六〇年には北ヴェトナム一四六八両、南ヴェトナム一六八一両へと大幅に減少していました。この間に鉄道車両数を倍増させたのは、おそらくタイのみだったと思われます。

動力近代化の点からも、タイは他国と比べても遜色ないレベルでした。一九六〇年には機関車全体の一七%がディーゼル化されており、フィリピンの三四%、マラヤの二八%よりは低かったものの、インドネシアの一一%(電気機関車含む)、ビルマの二%、南ヴェトナムの一%よりは高くなっていました。タイの鉄道車両は、量的にも質的にも着実に充実度を高めていったのです。

牽引力の向上

輸送力の増強のためには、車両の増備や強力な機関車の導入のみならず、牽引力の向上も必要であり、そのためには自動連結器の導入が欠かせませんでした。タイの鉄道は当初のコーラート線ではフックとねじを使ったフック・スクリュー式を用いましたが、一九〇三年に開通したメートル軌のペッブリー線は将来マラヤの鉄道との接続を考慮し、マラヤと同じABC(フック)式を用いました。その後のカムペーンペット親王の時代の軌間統一の際に、標準軌線のスクリュー・フック式もABC式に変えていました。ABC式は植民地の狭軌鉄道での使用を前提に開発されたもので、東南アジア各地で用いられていました。一九六〇年の時点でも旧英領のビルマ、マラヤはこの方式を用いており、カンボジア、インドネシア、南ヴェトナムもフック式やスクリュー(ねじ)式を用いていました。

このABC式には、様々な欠点がありました。連結する際にはフックを降ろしたり、解結の際にはフックを上げるなどの作業を人力で行う必要があり、時間がかかるのみならず、多くの要員を必要としました。フックを上げ下げする際には係員が車両の間に入らなければならず、作業上の危険も高い

●ドンパヤーイェン越えのために投入されたガラット式機関車（カーンチャナブリー・2005年）

ものでした。また、フックを降ろすことで車両を連結していたことから、振動によりフックが外れると列車が分割されてしまう危険もありました。さらに、連結器の形状がフック付とフック無とにわかれており、フック付同士やフック無同士では連結できないことから、車両の向きを一定に保つ必要もありました。

そして、輸送力増強の面でもっとも大きな問題は、牽引定数、つまり一列車あたりに連結できる車両数が限られていたことでした。この連結器の最大負荷は一〇〇トン程度であり、山間部の場合最大でも一列車一五両、重量にして三〇〇トンまでしか牽引できませんでした。このため、東北線のケンコーイ〜パークチョン間のドンパヤーイェン峠越えや北線のウッタラディット以北では列車を二〜三分割して山越えを行なっており、ガラット式機関車など大型の機関車を導入したものの、このような区間での輸送力は飽和状態でした。とくに、貨物輸送量の多い東北線ではこの区間が隘路となっていたことから、一九四一年の鉄道建設計画でもバイパス線が計画されていたのです。北線のウッタラディット駅も構内が手狭となったことから、旧駅より北に新駅を設置して新たな運転上の拠点とすることとなり、一九五九年にシラーアート駅として開業させました。

このような連結器の問題を解消するために、連結と解結を自動で行なうことのできる自動連結器を導入することになりました。自動連結器の場合は最大負荷が三倍に増えることから、山間部の牽引能力も三倍増となり、十分な牽引力の機関車があれば列車の分割を不要とすることができるのです。このため、世界銀行からの第二次借款を利用して自動連結器への交換を行うことになり、車歴三〇年未満の車両を対象として計五七四五両の連結器を交換することにしました。日本では一九二五年に自動連結器への交換作業を一日で行ったことから、国鉄では技師を派遣して日本の経験を学ばせて、タイでの連結器の交換計画を策定しました。

タイでは日本のように一日での交換は不可能でしたので、一九五七年末から順次交換を開始し、新たに購入する新車には初めから自動連結器を搭載しました。交換は北線、東北線、南線の順に路線単位で進め、列車ごとに連結器を交換していきました。片側のみ自動連結器に交換した車両も作り、一つの列車に両方の連結器を備えた車両を繋いで運行できるようにも対応していました。この交換作業は一九六〇年に終了し、山間部での列車の分割も必要なくなりました。

レールの交換

車両の増備や連結器の交換と共に、レールの交換も重要な施策でした。タイの鉄道は開業時より本線は五〇ポンドレール（一メートルあたりの重さが二四・八キログラム）のレールを使用しており、当初の軸重一〇・五トン、最高速度六〇キロメートルで一日数往復の列車の運行には十分でした。しかし、戦後輸送量が増加して車両の重量も速度も増加し、運行頻度も高まった一方で、戦時中の酷使や補修の不足も影響してレールの破損が多くなりました。このため、鉄道局ではレールの交換を計画しましたが、五〇ポンドレールの調達が難しいことから六〇ポンドレールを購入し、東北線のコーラートまでなど列車本数の多い区間からレールの交換を行いました。

その後、外国の専門家から六〇ポンドではなく八〇ポンドレールへの変更を勧められましたが、世界銀行側は八〇ポンドへの交換は費用がかかりすぎるとして、当面七〇ポンドレールへの交換にするよう助言しました。これによって、一九五五年からの第二次借款を一部用いて七〇ポンドレールへの交換が始まり、一九六〇年までに計一〇九四キロメートルが七〇ポンドレールの区間となりました。六〇ポンドレール区間も同年までに四八〇キロメートルに達していたことから、当時の総延長約三五〇〇キロメートルの内の四五％が六〇ポンド以上のレールに交換されたことになります。なお、七〇ポンドレールもやはり磨耗が見られることから、一九六六年より八〇ポンドレールへの交換に変更し、一九九〇年代からはさらに一〇〇ポンドレールへの交換が行われています。

また、レールの交換に合わせて、レールの溶接による長尺レール化やロングレール化も推進されることになりました。タイのレールは一本当たり八〜一八メートルの長さでしたが、レールのジョイント（繋目）が保線費用の三〇％を占めることと、レールを溶接して長くしても熱による膨張は一定以上にはならないことがわかったので、レールの溶接によるジョイントの削減を進めることになりました。一九三七年から八メートルレールを五本繋いで四〇メートルにする作業を始めましたが、戦争により中断されていました。戦後アメリカからの援助でレール溶接機が得られたことから、一九五九年より一本一二メートルの七〇ポンドレールを六本あるいは一二本繋いで敷設することにしました。このため、この作業はレール交換と連動して行なわれることとなり、当初の予定よりもレール交換は若干遅れることになりました。なお、このロングレール化はその後一九六〇年代にさらに延ばして一本一八〇〇メートルまで延長し、さらにコンクリート枕木に代えた区間では一本七キロメートル程度まで繋いだ区間も出現しています。

それでも、タイのレールの水準は決して高くはありませんでした。一九六〇年頃の状況を見ると、もっとも重軌条化が進んでいたのはマラヤで、本線では全線で八〇ポンドレールを使用していました。ビルマでも七五ポンドか六〇ポンドとなっており、フィリピンも六五〜七五ポンド、インドネシアでも四〇〜八四ポンド（軌間一〇六七ミリメートル）とおおむね五〇ポンド以上のレールを使用していました。タイは戦後の急速なレール交換の結果ようやく六〇ポンド以上の区間が半数近くになった状態でしたから、他国に比べれば依然として細いレールを用いていたことになります。この結果、タイの鉄道の軸重も依然として一〇・五トン（機関車一二・五トン）と低く、他国ではマラヤの一六トンを最高に、フィリピン一五トン、インドネシア一三・五トン（幹線）、ヴェトナム・カンボジア一三トン、ビルマ一二トンと続いていたように、タイは最低のレベルでした。

急増する輸送量

輸送力の増強と共に、鉄道輸送量も急激に増加していきました。タイでは旅客輸送量が戦時中にも増加しており、終戦時に一時的に減少したもののすぐに復活を果たしていましたが、その後も輸送量は順調に増加していきました。一九五〇年に二五〇〇万人程度だった旅客輸送量は一九六〇年にはほぼ四〇〇〇万人に達し、終戦直後ほどの伸びではなかったものの、順調に増えていました。戦前と比較した際の伸び率は非常に高く、一九三〇年代後半から一九六〇年までの間に八倍程度増加していました。このような輸送量の急増は、東南アジアの他国と比べても突出していました。

図25は一九四〇年から一九六〇年までの各国の旅客輸送量の推移を示したもので、多くの国において戦後輸送量が大きく増加していった状況がわかります。もっとも輸送量が多いのはインドネシアで

図25●東南アジア各国の旅客輸送量の推移（1940〜1960 年）

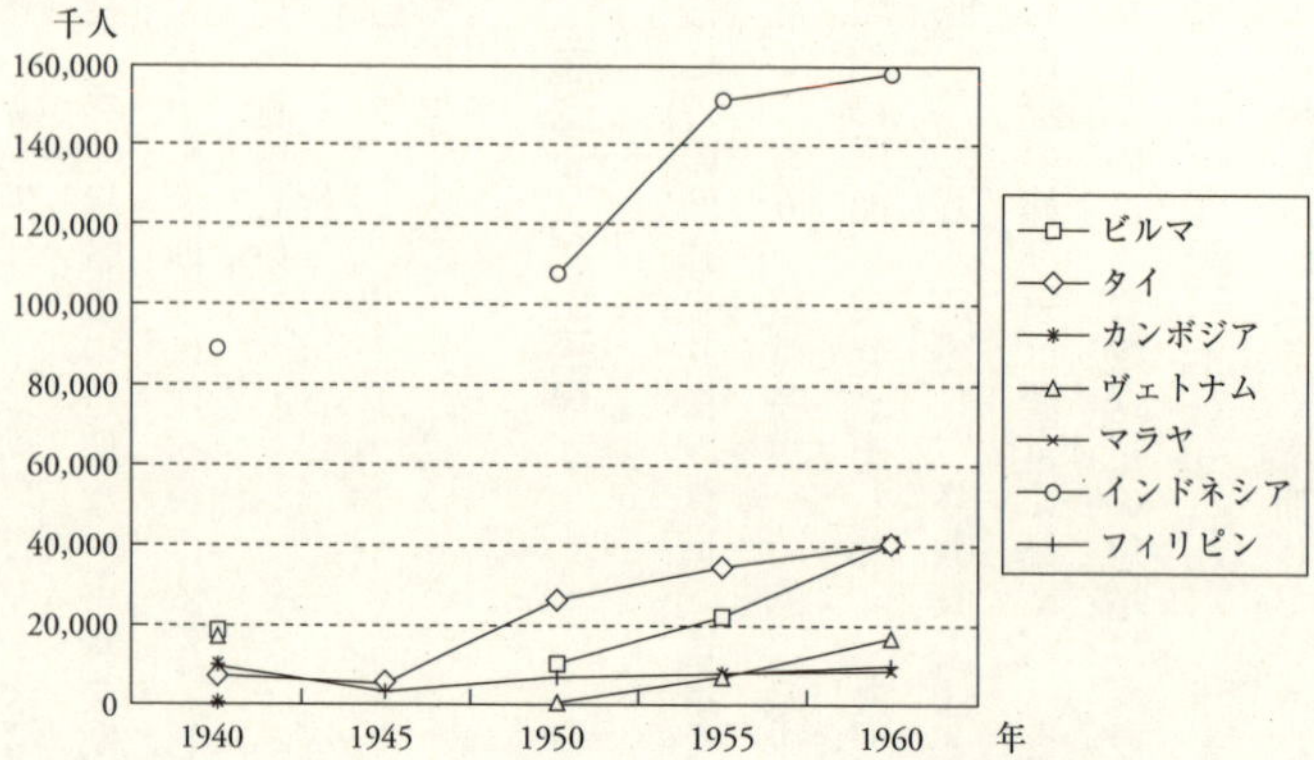

注１：1940 年のヴェトナムの数値は滇越鉄道の中国領内区間 464km 分を含む。
注２：フィリピンの数値はマニラ鉄道（ルソン島）のみの数値である。
注３：1940 年のビルマは 1938 年、タイは 1941 年、マラヤ、インドネシアは 1939 年の数値、1945 年のフィリピンは 1946 年の数値、ビルマの 1950 年は 1951 年の数値である。
出所：ビルマ：日本ビルマ協會［1942］、SYM、タイ：柿崎［2009a］、カンボジア：ASRC、ヴェトナム：ASI、VSY、VSD、マラヤ：MS、ASBM、インドネシア：Knaap［1989］、SPI、フィリピン：法他編［1942］、PSY より筆者作成

あり、一九五〇年から一九五五年にかけてその量が急増していますが、一九四〇年と比較すると一九六〇年の数値は二倍弱しか増加していません。ビルマも戦後急速に増加していますが、こちらも一九四〇年の数値が一八九二万人とタイの倍以上の水準であり、一九六〇年にはタイと同じレベルの三九六七万人であることから、伸び率は二倍に留まっています。戦争の影響を大きく受けたヴェトナムは一九四〇年と一九六〇年の数値がほぼ同じ一六〇〇万人程度であり、ようやく戦前の水準に回復したのみでした。マラヤとフィリピンは、戦前よりもやや減っています。

このように、タイの旅客輸送量の増加率は、東南アジアにおいてもっとも高かったのです。

貨物輸送については、旅客輸送ほどの伸び率ではなかったものの、輸送量はやはり増加していました。戦争による車両不足や路線網の寸断の影響は貨物輸送に大きく現れており、その復興も旅客よりは遅れましたが、一九四九年にようやく戦前並みの一五〇万トン程度に回復してからは年々増加傾向を見せ、一九六〇年には三六八万トンにまで増えていました。旅客輸送ほどではありませんでしたが、戦前と比べると約二倍の増加を見せており、戦後の復興期に貨物輸送面でも鉄道が重要な役割を果たしていたことが確認できます。

●ヴェトナムの旧滇越鉄道の復旧（1955年）

他国と比べても、タイの貨物輸送量の増加はやはり目覚しいものでした。図26を見ると、タイの貨物輸送量は一九四五年を底にその後順調に増加しており、最終的に一九四〇年から倍増していることがわかります。一九四五年の数値が得られない国が多いですが、タイ以外で唯一数値が得られるフィリピンにしても、戦後の輸送量の増加はタイよりも緩慢です。ヴェトナムでは一九五五年から一九六〇年にかけて輸送量が三倍以上増加し、一九四〇年の時点と比べても二倍以上増加しています。マラヤも戦後順調に輸送量が増加し、戦前の一九〇万トンから一九六〇年には三五六万トンへと二倍弱の増加を見せています。ビルマとインドネシ

図26●東南アジア各国の貨物輸送量の推移（1940〜1960年）

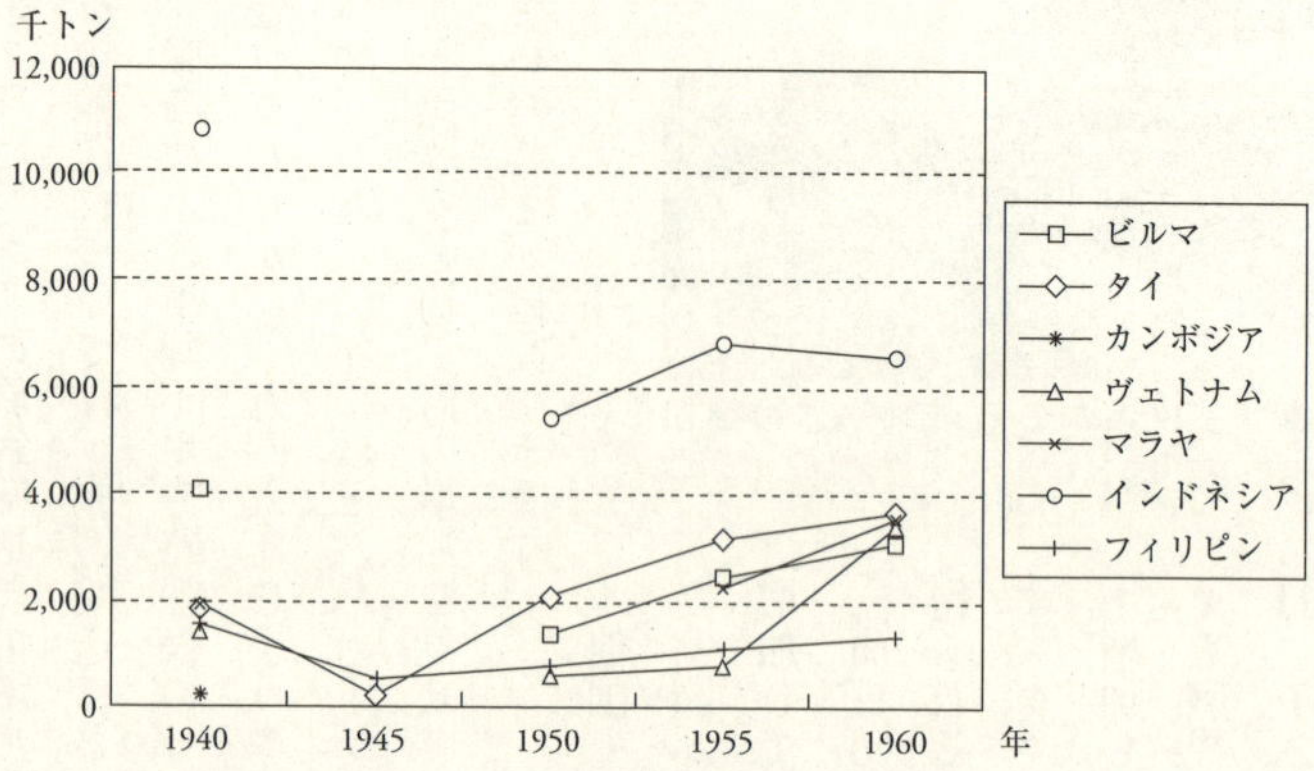

注1：1940年のヴェトナムの数値は滇越鉄道の中国領内区間464km分を含む。
注2：フィリピンの数値はマニラ鉄道（ルソン島）のみの数値である。
注3：1940年のビルマは1938年、タイは1941年、マラヤ、インドネシアは1939年の数値、1945年のフィリピンは1946年の数値、ビルマの1950年は1951年の数値である。
出所：ビルマ：日本ビルマ協會［1942］、SYM、タイ：柿崎［2009a］、カンボジア：ASRC、ヴェトナム：ASI、VSY、VSD、マラヤ：MS、ASBM、インドネシア：Knaap［1989］、SPI、フィリピン：法他編［1942］、PSYより筆者作成

アも戦後の輸送量の復興は見られますが、戦前と比べると減少しており、ビルマは同じ期間に四〇六万トンから三〇五万トンへ、インドネシアは一〇七八万トンから六五六万トンへと大きく減少しています。

旅客、貨物輸送共にタイの鉄道が戦後大幅に輸送量を増加させた背景には、路線網の縮小が発生したような他国と比べると、タイの鉄道が戦争中に受けた被害は相対的に小さかったことがあるかもしれません。また、タイが戦後鉄道網の復興を積極的に推進し、世界銀行の借款も用いて復興と近代化を進めた成果も、それに勝るとも劣らず重要な役割を果

図27●主要貨物輸送品目の推移（1941〜1960 年）

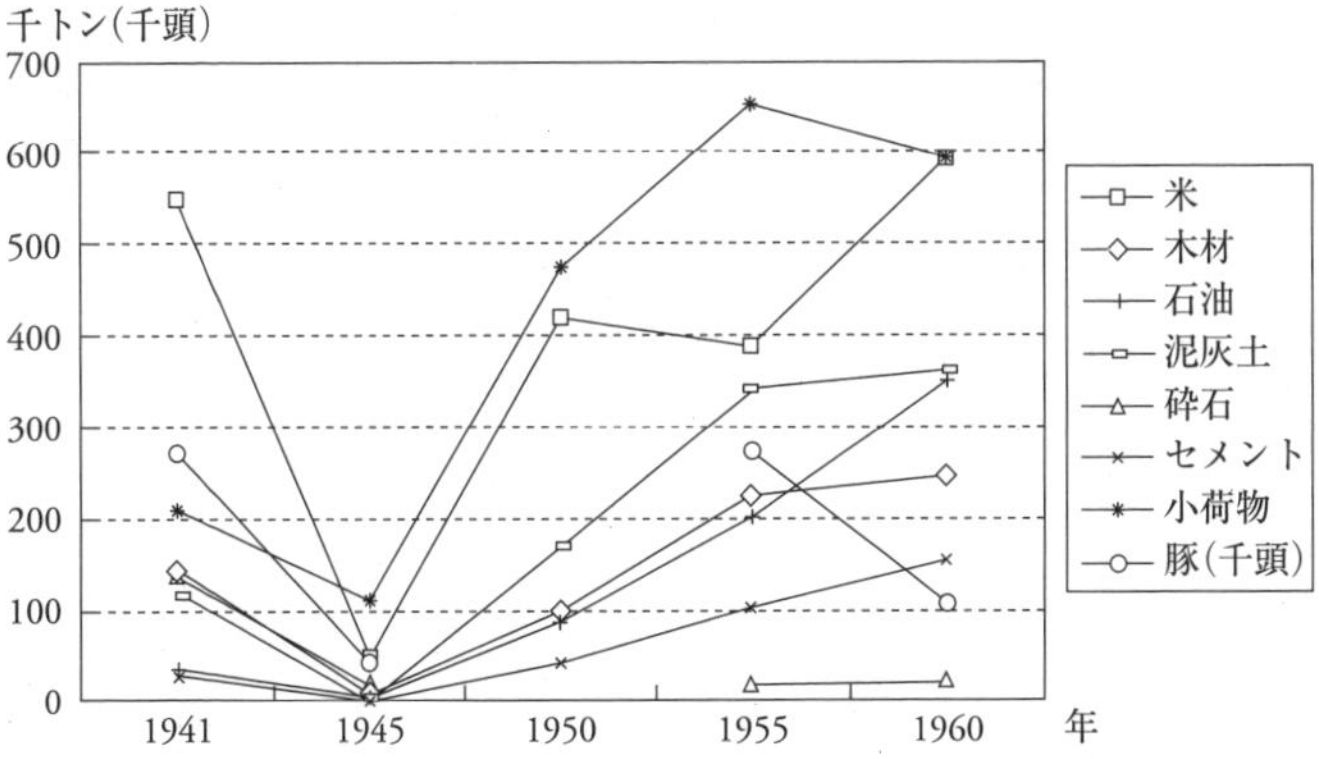

出所：柿崎［2009a］、RRF、SYT より筆者作成

たしたはずです。

輸送品目の多様化

戦後の貨物輸送の増加については、輸送品目の多様化という側面も付随していました。戦前のタイの鉄道の主要な任務は後背地から外港への農産物輸送であり、その中心は三大輸送品目だった米、豚、木材でした。これらの輸送についても戦争によって大きな打撃を受けましたが、戦後再び輸送量は回復していきました。それと同時に、戦後新たに輸送量が増加する品目も出現し、戦前よりも輸送品目は多様化し、三大輸送品目は相対的にその比重を低下させていくことになります。

図27を見ると、戦争によって各品目とも輸送量が大きく低下し、その後復活していく過程が読み取られます。戦前もっとも輸送量が多かった米は一九五〇年には四二万トンまで回復していますが、その後の増加は鈍く、一

九六〇年にようやく一九四一年と同じ程度に達したに過ぎませんでした。ただし、この間に精米輸送の比率が大きく高まっており、一九三〇年代後半には籾米と精米の比率はほぼ半々でしたが、一九六〇年には精米が八〇%以上を占めるにまで増加していました。豚は一九五五年の段階で戦前の状況に回復しましたが、一九六〇年には大幅に落ち込んでいます。これは次に述べるフレンドシップ・ハイウェーの影響であり、戦後もっとも輸送量が多くなっていた小荷物の輸送量が同じ時期に減少するのも同じ理由でした。木材は戦後輸送量が増加し、戦前の一五万トン程度が二五万トン程度まで達しており、三大輸送品目の中では唯一戦後の輸送量が戦前を上回っていました。

一方、石油やセメントは戦後輸送量が大きく増加した品目であり、鉄道の新たな顧客として重要な役割を担い始めました。石油の輸送量は戦前には三万トン程度でしたが、戦後輸送量は増加し、一九六〇年には三六万トンに達していました。当時タイでは原油の生産はほとんどありませんでしたので、これらの石油輸送はすべて石油製品輸送であり、バンコクから地方へ向けてのガソリンやディーゼル油（軽油）の輸送が中心でした。中には内陸国である隣のラオス向けの石油輸送も含まれており、タイの鉄道がラオスへの石油輸送の生命線となっていました。地方における石油需要の拡大は自動車の普及と連動しており、自動車が増加するに伴って石油需要も高まり、鉄道による石油輸送も増加するという関係が成立していました。

セメント輸送も、戦後急速に増加していきました。タイで最初のセメント工場はバンコクに建設されましたが、戦前はセメントの需要はバンコクが圧倒的に高く、バンコクから地方へのセメント輸送は年二～三万トンしかありませんでした。しかし、戦後地方でのセメント需要が拡大するにつれて輸送量も拡大し、一九六〇年には一六万トンまで増加しました。また、原料立地型の新たなセメント工場が中部に建設されたことから、地方のセメント工場からバンコクへの輸送も開始されました。セメント生産の拡大は原料の泥灰土輸送の増加をもたらしており、一九三〇年代後半に一〇万トン台の輸送量だったものが、戦後は三〇～四〇万トン台にまで増えました。さらに、中部のセメント工場で作られたクリンカー（セメントの焼塊）をバンコクの工場で粉砕してセメントにする分業も行なわれたことから、半製品であるクリンカーの輸送も増加しており、一九六〇年には二三万トンとセメント自体の輸送量よりも多くなっていました。セメントのみならず、セメントの材料などのセメント関連品目を合わせれば、その輸送量は石油以上に多くなっていました。

このように、タイの鉄道の任務には、従来からの後背地から外港への農産物輸送に加えて、資源・工業製品の輸送が新たに付け加えられることになりました。そして、これらの輸送は石油やセメントに典型的なように外港から後背地への輸送が中心となり、農産物輸送とは輸送方向が逆になっていました。資源や工業製品の輸送が加わって輸送品目が多様化したことで、従来の三大輸送品目の重要性は低下し、米の比率は一九四一年の三〇％から一九六〇年には一六％に半減しました。これまで後背地から外港への輸送を主要な任務としてきたタイの鉄道の役割が、変化し始めたのです。

4 鉄道網の拡張と限界

道路整備の状況

タイの交通政策は、立憲革命後に一時的に道路優先政策へと変わったものの、その後世界情勢の悪化から鉄道が復権して鉄道・道路共用政策へと戻りました。この共用政策は、戦争中を経て戦後復興期も継続されることになりました。図28のように、国道と県道の総延長が一九三五年の時点では二八九一キロメートルしかなかったものの、一九四五年には七〇〇〇キロメートルを越えて、一九六〇年には一万五六五キロメートルにまで増加しました。一九四〇年と一九四五年の差が非常に多くなっていますが、これは一九四一年に多数の道路が新たに国道に指定されたためであり、その多くが安全保障面で重要な国境へ至る道路などの、いわゆる「政治道路」でした。未舗装道路の一九五五年と一九六〇年の差も大きくなっていますが、こちらは一九五五年の数値に県道が含まれていないためで、実際には一九五〇年からほぼ同じスピードで道路網が拡大していったはずです。

一九三六年に道路建設一八年計画が策定されましたが、当初は従来からの継続である鉄道フィーダー道路の建設が優先されました。その後タイを取り巻く状況が悪化する中で、安全保障を目的とした

図28●自動車登録台数と国道・県道総延長の推移（1935〜1960 年）

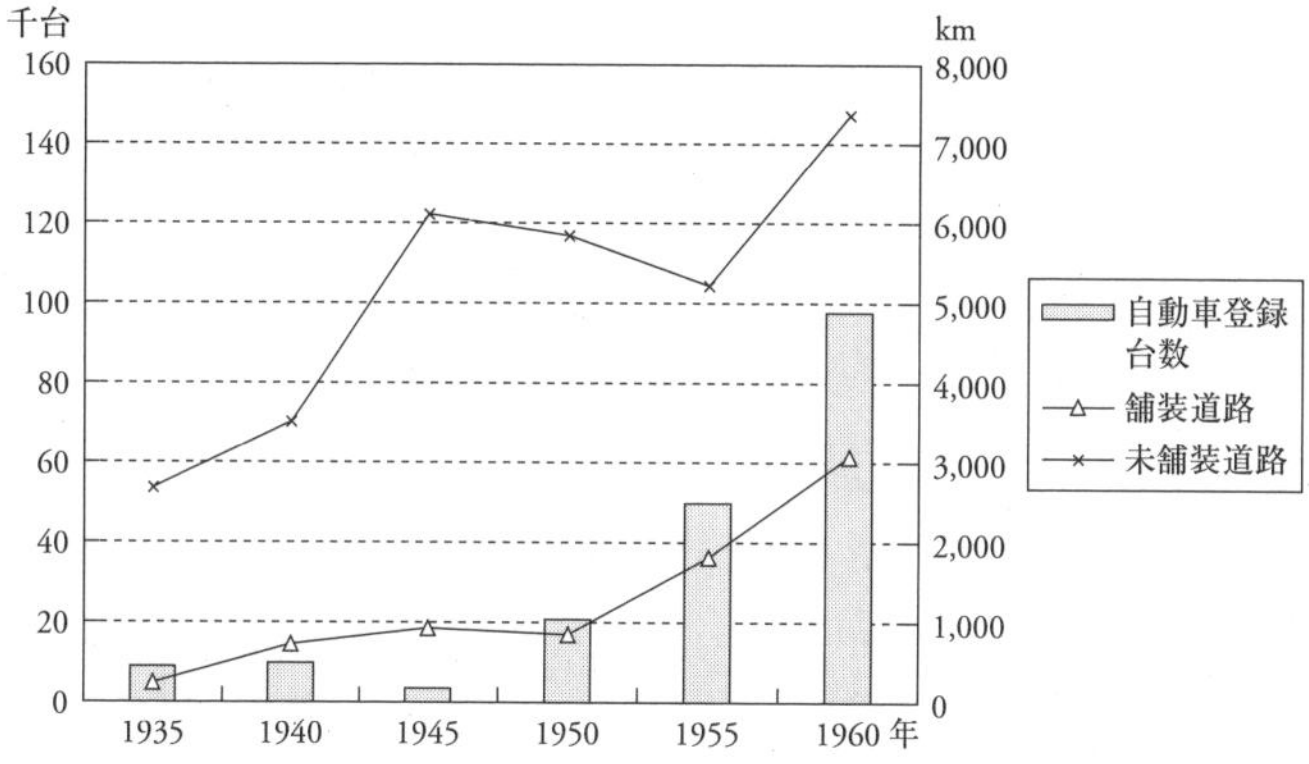

注：1955 年は県道を除く
出所：自動車登録台数：SYT、道路総延長：RTL より筆者作成

国境への道路などが計画外道路として整備されることとなり、バンコクと地方を結ぶ幹線道路の整備も推進されていきました。戦後も冷戦の顕在化に伴って再び安全保障のための「軍事道路」の整備が進められることになり、国境への道路や幹線の整備が継続されました。その結果、一九五七年までに国道網が全国に張り巡らされることになり、バンコクから放射状に各地へ延びる幹線道路網の整備がかなり進展したのです。国道や県道は維持道路と建設・計画道路に分けられており、維持道路は建設が完了して一般車両の通行が認められたもの、建設・計画道路はまだ完成しておらず一般車両の通行が認められていないものでした。ただし、建設道路の場合は路線が設定されたのみで自動車の通行がまったく不可能な場合もあれば、ほとんど完成直前で事実上一般車両の通行が黙認されているものまで幅がありました。

一九五七年の時点では、バンコクから北部への幹線は完成し、バンコクからビルマ国境のメーサーイまでが自動車で到達できるようになりました（一四四ページ図21参照）。チエンマイまでは一部建設中の区間がありましたが、すでに自動車の到達は可能でした。東北部へはロッブリー経由の道路が戦時中に完成し、その先も一部区間を除いてノーンカーイまで道路が開通していました。南部へもすでにチュムポーンまでの区間は完成し、チュムポーンから東海岸経由で南下するルートも建設道路に指定されていました。このように、鉄道に並行するような幹線道路の整備も進展し、バンコクと周縁部を自動車のみで連絡するという当初の一八年計画の目標はかなり達成されてきました。

しかし、問題は道路の質でした。先の図28には舗装道路の距離が示されていますが、一九三五年の二一八キロメートルよりは大幅に増えたとはいえ、一九六〇年でも三一二三キロメートルの舗装道路しかありませんでした。先に見たように他国においては戦前の段階で少なくとも二〇〇〇キロメートルの舗装道路があり、マラヤやビルマでは九〇〇〇キロメートル程度の舗装道路が存在したことから、その差は依然として大きかったのです。バンコクから地方へ延びる幹線道路も、バンコクから二〇〇キロメートル圏内はほぼ舗装化されたものの、その先は未舗装道路でした。確かに全国に道路が到達し、ようやくタイ国内にも一つの道路網が完成した状況ではありましたが、実際には低規格の道路網が全国規模に拡大したに過ぎなかったのです。このため、輸送条件の改善の度合は低く、短距離はともかくとして、長距離輸送面では自動車輸送よりも鉄道輸送のほうが所要時間の面でも輸送費用の面でも圧倒的に有利でした。タイの鉄道の輸送量が急激に増加した背景には、このような自動車輸送の競争力が他国より低かったという要因もありました。

道路の質が悪い要因の一つに、主として安全保障上の目的から多数の「軍事道路」の整備が要求されたことも挙げられます。とりあえず自動車が何とか走行可能な程度の道路の存在が求められたことから、質よりも量が優先され、雨季には泥沼となって走行不能となるような道路も数多くありました。また、政府が道路局に対して矢継ぎ早に新たな道路整備を要求したことから、道路局の能力が追いつかず、必然的に完成する道路の質は低下しました。中には着工後何年も完成しないような区間もあり、完成した区間でも適切な維持がなされず、すぐに道路が破損するという事例も多かったのです。

それでも、自動車の普及は急速に進んでいきました。図28のように、一九四〇年までの伸び率は緩慢であり、一九四五年には戦争の影響もあって登録台数が大幅に低下しましたが、戦後は急速に増加しており、一九五〇年から一九六〇年までの一〇年間に五倍も増えていました。このような自動車の増加は、当然ながら自動車輸送の競争力の増強をもたらすはずでしたが、低い道路水準がそれを抑制していました。逆に言えば、道路水準が引き上げられれば、自動車輸送の競争力は大幅に高まり、鉄道輸送にも大きな影響を与えるはずでした。一九五〇年代末からの高規格道路の整備が、それを現実のものとしていくことになります。

泰緬鉄道のその後

戦争中に一時的に出現した国際鉄道網は、終戦と共に消え去ることになりましたが、一部はタイの鉄道網に組み込まれ、一般輸送にも使用されることになりました。日本軍が建設した鉄道は泰緬鉄道とクラ地峡横断鉄道の二線であり、前者は連合軍がタイ国内の区間をタイ政府に売却しましたが、後者は主要なレールの供出源となったマラヤの東海岸線を復旧させるために、イギリスが資材をマラヤへ持ち帰ったことから、鉄道は完全に消え去りました。なお、開戦直後に日本軍が完成させた東線のアランヤプラテートとカンボジアのモンコンブリーの間の鉄道も、一九四六年にタイが「失地」をフランスに返還したことでフランスに引き渡され、戦争中に国際輸送に活躍した東線も再びアランヤプラテートまでの国内路線に戻りました。

タイが連合軍から買い取った泰緬鉄道についても、もはや国際鉄道としての機能はなくなっていました。泰緬鉄道のビルマ側区間の資材はビルマの鉄道から転用してきたものだったので、ビルマ国内の鉄道復旧のために撤去されました。その後、タイ側が独立したビルマ政府に泰緬鉄道の復旧を打診しましたが、ビルマ側は国内問題の解決を優先させるためそのような余力はないとして反応しませんでした。このため、泰緬鉄道は国内路線としての機能しか発揮できないことになったのですが、問題はどこまでの区間を残すかでした。この鉄道のカーンチャナブリー以西は人家も稀な山間部を通過することから、旅客・貨物需要は期待できませんでした。他方でこの地域は並行する道路もないことから、唯一の近代的交通路としての存在意義はありました。

元来軍用鉄道として建設されたことから、泰緬鉄道の線路規格は悪く、一般営業の鉄道として使用するためには大規模な改修が必要でした。このため、ある程度沿線の開発のために役に立ちそうで、かつ改修可能と見込まれたターサオ（ナムトック）までの一三〇キロメートルの区間のみ復活させることにし、その先の区間のレールは撤去した上で他線の建設に転用することになりました。その結果、一九四九年にノーンプラードゥックからカーンチャナブリーまでの区間がまず開通しました。その後、映画『戦場にかける橋』で有名となったクウェーヤイ（クワイ）川に架かる鉄橋やタム・クラセー（アルヒル）のクウェーノーイ川の断崖絶壁に沿う桟道などを整備の上で、一九五二年にワンポーまで開通区間が伸び、最終的に一九五八年にナムトックまでの全線で営業を開始しました。

この鉄道は沿線開発が目的の鉄道であり、当初は並行道路がなかったことからそれなりに利用もありました。沿線は畑作地として開拓され、ナムトックは木材の搬出駅としても活況を呈しました。ところが、一九七〇年代に入ってクウェーノーイ川にダム建設計画が浮上し、ダムへの資材輸送道路も兼ねてカーンチャナブリーから西へ伸びる道路建設が計画されると、借款を供与する世界銀行は利用者の減少によって赤字が増すとしてこの鉄道の廃止をタイ側に求めました。タイ側では道路開通後に実際に鉄道利用者が減ったら廃止を検討するとの回答に留めましたが、やはり道路開通後は貨物輸送

●観光客で賑わうクウェーヤイ川橋梁（2005 年）

を中心に影響が現れました。しかし、その後カーンチャナブリーを訪問する観光客が増加し、クウェーヤイ川橋梁を始めとする泰緬鉄道関係の歴史遺産が観光資源として評価されると共に、この鉄道の重要性が再認識されたことから、廃止計画は消え去りました。現在では観光鉄道としての機能がさらに高まり、タイで随一の観光鉄道となっています。

新線建設の再開

戦前に立てられた全国鉄道建設計画は、開戦と共に中断されましたが、戦後は再び新線建設が画策されることになりました。一九四一年の時点では、当面南部のスラーターニー～ターヌン間、東北部のクムパワーピー～ナコーンパノム間を建設することが決まっており、前者は着工されたものの戦争によって中断されていました。一九四九年には、全国鉄道建設計画のうち当面一〇年間に整備する路線が決められ、ケンコーイ～ブアヤイ間、スラーターニー～ターヌン間、ウドーンターニー～ノーンカーイ間、クムパワーピー～ナコーンパノム間、ブアヤイ～ムックダーハーン間の五線が選ばれました（一一八ページ図16参照）。その後、一九五二年に計画が一部変更され、前半の五年間で最初の三線とバーンパーチー～ケンコーイ間の複線化を、後半の五年間で残る二線とチャチューンサオ～トラート間を整備することに決まりました。

この時期にもっとも優先された路線は、東北線のバイパス線であるケンコーイ～ブアヤイ間の路線でした。東北線のドンパヤーイェン越えは輸送力増強のための隘路となっており、連結器の問題もあって列車を二～三分割する状況を打開するためにも、補完ルートの整備が求められていました。最初の計画ではこのバイパス線はロッブリー～ブアヤイ間に設定されており、これとは別にパーサック川に沿って北上して「失地」に至るケンコーイ～パークラーイ線がありました。戦争中にピブーン首相が連合軍の爆撃を避けるためにパーサック川流域のペッチャブーンへの遷都を計画したことから、ケンコーイからロッブリー～ブアヤイ線との交点となるチャイバーダーン（ブアチュム）までの区間が着工されました。結局完成前に遷都計画が中止され、建設も止まってしまったのですが、この区間を利用してドンパヤーイェン越えのバイパス線のルートをケンコーイ～チャイバーダーン～ブアヤイ間に改めたのです。最初の開通区間であるケンコーイ～スラナーラーイ間が開通したのは、一九五六年

図29●鉄道建設・計画路線（1957 年）

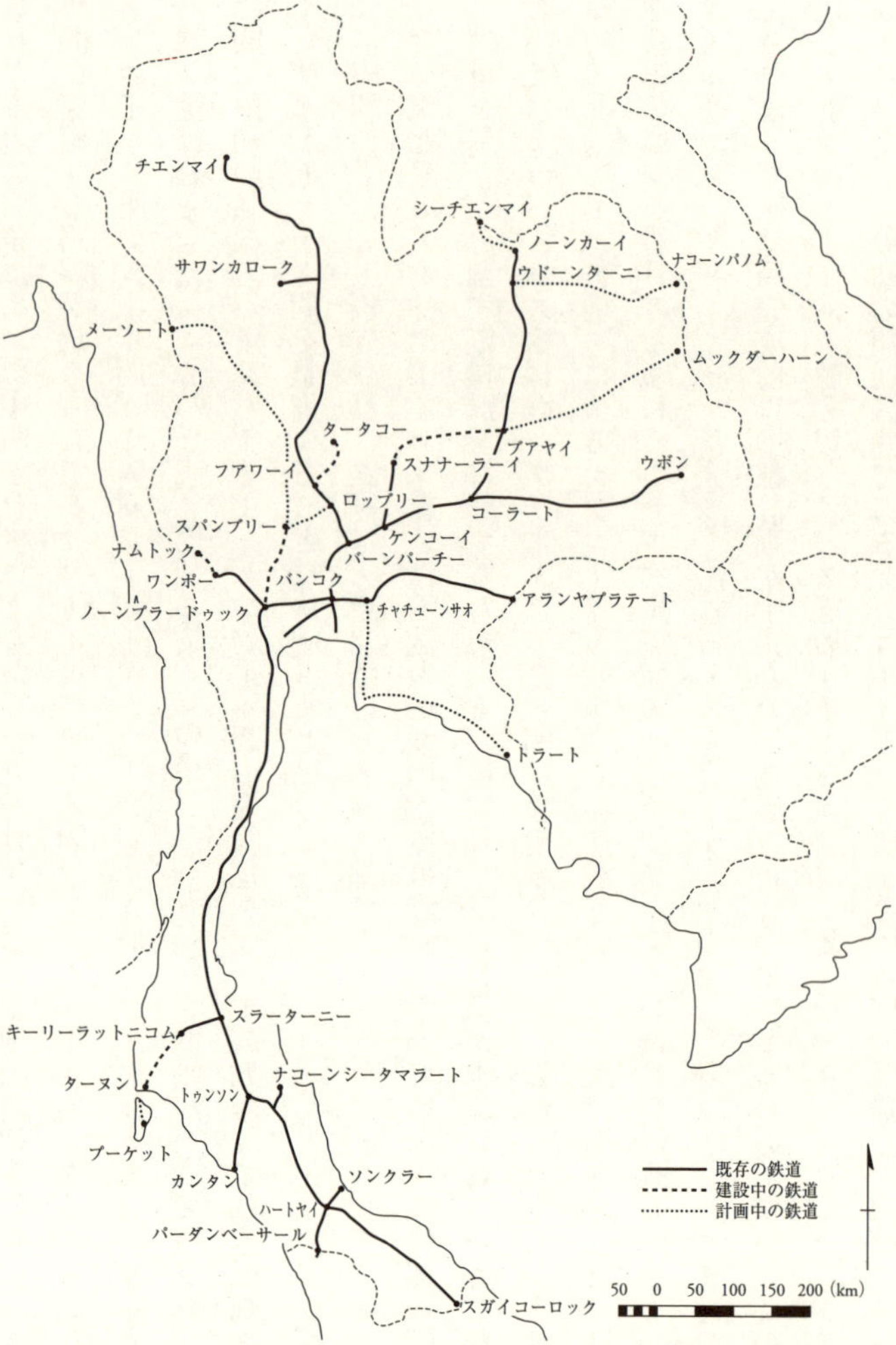

出所：柿崎［2009a］：98

のことでした。

バイパス線の起点が変わったことから、当初のロッブリーまでの代わりに、ケンコーイまでの複線化が盛り込まれました。ちなみに、バーンパーチーまでの複線化は一九四二年までに順次進められており、一九三二年にバーンスー〜クローンランシット間二一キロメートルが完成したのを皮切りに、一九四〇年にバーンパインまでの二九キロメートルが完成し、最終的に一九四二年に北線と東北線の分岐点バーンパーチーまで複線区間が到達して、タイの複線区間は計九〇キロメートルとなっていました。スラーターニー〜ターヌン間はすでに着工されていたことから一九五一年に建設が再開され、一九五六年にキーリーラットニコムまでが開通しました。ウドーンターニー〜ノーンカーイ間も一九五四年に建設が始まったことから、一〇年計画のうちの最初の五年間に着工することとされた路線はいずれも建設に着手されたことになります。

しかし、実際にこの計画に盛り込まれなかった路線の建設も進められました。先に述べた旧泰緬鉄道の復活は計画には含まれていなかったし、「失地」回復紛争後に着工したバーンスー〜クローンタン線も、計画には含まれなかったものの建設は続きました。さらに、ファワーイ〜タータコー間の薪輸送の軽便鉄道の改良も進められました。この鉄道は北線のファワーイから北東に延びる軌間六〇〇ミリメートルの軽便鉄道であり、一九〇七年に建設されて沿線の薪を集めて本線に供給する役割を担っていましたが、非公式に一般の旅客や貨物の輸送も行っていました。このため、一九四一年にこの線をメートル軌に改軌し、合わせてタータコーまで延伸することに決まり、一九四七年から工事が開始されていました。このような計画外の鉄道建設は、当然ながら計画内の鉄道建設にも影響を与えることになりました。

軍事鉄道計画の浮上

道路と同様に、世界情勢の緊迫化を受けて「軍事鉄道」の計画も浮上してきました。ウドーンターニー〜ノーンカーイ間は当初は軍事鉄道ではなく、戦後立てられた一〇年計画にも含まれていた、いわゆる計画内の路線でした。しかし、一九五三年にラオス情勢が悪化し、ラオス北部に進入したヴェトミン（ヴェトナムの独立運動組織）が首都ヴィエンチャンにも迫るという危機が発生しました。このため、ラオス国境であるノーンカーイへの鉄道延伸は「軍事鉄道」として脚光を浴びることとなり、政府は迅速な完成を求めました。国鉄では一九五四年にこの間の建設を開始しましたが、世界銀行にこの新線建設を第二次借款計画に含めるよう頼んだものの、銀行側は新線建設には借款を供与しないとの原則を崩しませんでした。

●ノーンカーイ線延伸の記念列車（1955年）

このため、ラオスの外港であるバンコクとの間の交通路の改良を求めていたアメリカが、ラオスへの支援策の一環としてノーンカーイへの鉄道建設を支援することになりました。アメリカは四〇〇万ドルの援助を行い、タイ側に至急この鉄道を完成させるよう求めました。その結果、早くも一九五五年に開通し、バンコクからノーンカーイまでが鉄道で結ばれたのです。当初のノーンカーイ駅は市街地の南に位置していましたが、間もなくメコン川畔への延伸が行なわれ、一九五八年に新駅が完成しました。ラオス向けの貨物はここでトラックに積み替えられてメコン川をフェリーで渡ることになり、ラオス向け輸送はノーンカーイ線の重要な任務となったのです。この路線は、タイで唯一の援助（無償資金協力）で建設された鉄道でした。

アメリカは線路の建設のみならず、ラオス向け輸送のための車両の支援も行いました。一九五九年には有蓋車一二五両とタンク車四〇両を無償譲渡し、輸送需要の拡大で深刻な車両不足を緩和する役割を果たしました。さらに、タイ側もラオス向けの石油輸送のためにディーゼル機関車五両の援助をアメリカに要請し、その成果もあって一九六三年には機関車一〇両とタンク車一〇〇両が寄贈されました。共産化の波を抑える防波堤としての役割をラオスに期待していたアメリカは、ラオス向けの支援物資輸送を重視しており、これが間接的にタイの交通網の整備を促進したのです。

一方、ノーンプラードゥック〜ロッブリー間の鉄道は、まったく新しい軍事鉄道計画でした。この路線は南線のノーンプラードゥックから北上してスパンブリーを経由し、北東に向かって北線のロッブリーに至るもので、南線と北線を結ぶバイパスとしての役割を果たすものでした。チャオプラヤー川の東岸と西岸に分布するタイの鉄道網は、バンコクのラーマ六世橋でしか連絡しておらず、戦争中のようにこの橋が破壊されると相互の直通ができなくなることから、有事の際の代替ルートを確保する目的で出されたものでした。このうち、ノーンプラードゥック～スパンブリー間は一九五四年に着工され、新たな計画外の鉄道建設となりました。

この鉄道は、当初は軍事鉄道としての役割しかありませんでしたが、一九五五年に政府が隣国との国際交通路の整備構想を立てるように求め、国鉄では旧来の泰緬鉄道のルートではなく、スパンブリーからチャオプラヤー川西岸を北上し、メーソートへ至る路線が相応しいと結論付けました。このルートは一九四一年の全国鉄道建設計画には含まれていませんでしたが、一九〇六年の鉄道局が策定した鉄道建設計画にはナコーンパトム～ウタイターニー～ターク線として盛り込まれており、途中のウタイターニーまでは経済的にも意味があるとされていました。このため、ノーンプラードゥック～スパンブリー間も単なる軍事鉄道としての役割のみならず、将来の国際鉄道としての可能性も秘めていました。

停滞する新線建設

このように戦後復興期に新線建設が再開され、タイの鉄道網が再び拡張する可能性が高まったものの、実現したものは限られていました。一九四一年から一九六〇年までに開通した新線は計二八四キロメートルでしたが、当初の計画では一〇年間で一〇〇〇キロメートル程度の新線を開通させることとになっていました。先の図29（二〇〇ページ）の中で、一九四一年以降開通した区間は旧泰緬鉄道のワンポーまで、スラーターニー〜ターヌン線のキーリーラットニコムまで、ケンコーイ〜ブアヤイ線のスラナーラーイまで、ウドーンターニー〜ノーンカーイ間のみとなっていました。旧泰緬鉄道は新線建設というよりもむしろ改修であり、ウドーンターニー〜ノーンカーイ間はアメリカの援助で整備されたことから、タイが自力で建設した区間はわずか一〇〇キロメートル程度に過ぎなかったことになります。

建設中の区間も、ケンコーイ〜ブアヤイ線、スラーターニー〜ターヌン線の未開通区間とファワーイ〜タータコー線、ノーンプラードゥック〜スパンブリー線、旧泰緬鉄道の末端区間、そしてバンコク市内のバーンスー〜クローンタン線のみであり、一九五二年に打ち出した最初の五年計画の対象路線はとりあえず着工されたものの、後半の対象路線についてはまったく未着手の状態でした。最初の五年計画の区間にしても、結局予定の三割しか完成させることができませんでした。新たな計画が策定されて鉄道網の拡張が進むものと思いきや、実際には計画倒れの側面が高かったのです。

新線建設の遅れは、予算不足にありました。世界銀行が新線建設への借款を拒んだことから、アメリカの援助を除いて鉄道建設はすべて国家予算で賄う必要がありましたが、国家予算の配分は計画通りには行きませんでした。計画では、最初の五年間に年平均一億バーツ程度の予算が新線建設費として必要でしたが、一九五二年と一九五三年は予定の半分の年五〇〇〇万バーツをほぼ確保したものの、次の二年間は年三〇〇〇万バーツ程度に減額され、一九五六年以降は新線建設費の配分は消えてしまいました。このため、計画開始直後から予算不足によって建設は進まず、一九五六年にはどうにか二区間を開通させたものの、この年から新線建設費が付かなくなり、建設は頓挫してしまったのです。予算不足に対処するために、国鉄では自らの収入を用いての新線建設も行っており、一九五七年には六四〇〇万バーツの支出が認められました。しかし、これも長続きせず、一九五八年にはすべての建設工事を一時中断するという事態に追い込まれたのです。

この時代の鉄道・道路共用政策は、タイを取り巻く情勢が悪化して、再び治安維持など安全保障や政治面の効用を重視した交通網の整備が期待された結果であり、「軍事鉄道」と「軍事道路」の拡張を求めたものでした。その結果、立憲革命後に顕著となった道路優先政策による鉄道軽視の方針は改められ、再び鉄道網の拡張が模索されたのであり、一九四一年の全国鉄道建設計画がその典型でした。しかし、実際には戦争によって頓挫してしまい、戦後も冷戦の影響から「軍事鉄道」の重要性は維持されたものの、肝心の予算が不足することで、結局計画のごく一部しか実現しなかったのです。道路の場合は、少ない予算で規格の低い道路を数多く作るという結果となりましたが、鉄道の場合は、いくら規格を下げても最低限の費用はかかることから、新線開通の少なさという形で現れることになりました。既存の路線網の復興は順調に推移し、輸送量も大幅に増えていきましたが、路線網の拡張という点では目覚しいものはありませんでした。一九二〇年から一九四一年までにタイの鉄道網は一〇〇〇キロメートル弱の路線長の増加を見ましたが、一九四一年から一九六〇年までの増加は約二八〇キロメートルに留まり、鉄道網の拡張のスピードは明らかに落ちていました。

column

コラム03

旧泰緬鉄道の観光列車

●サイヨーク・ノーイ滝に保存されている C56 型機のすぐ手前まで乗り入れる観光列車（2005 年）

かつての泰緬鉄道は、今では観光鉄道として脚光を浴びています。クウェーヤイ川橋梁やタム・クラセーの桟道など、鉄道自体が観光資源なのですが、その資源が十分に活用されているとは言えません。普段はトンブリーとナムトックの間に一日二往復の列車があるほか、ノーンプラードゥック～ナムトック間にも区間列車が一往復あります。朝トンブリーを出る列車に乗っても、ナムトックに二〇分滞在して折り返さなければ当日中に列車でバンコクへ戻ることはできません。このため、沿線の観光地を巡りながら列車でバンコクから往復してくるためには、最低二日は掛かることになります。

しかし、週末に運行されている観光列車に

乗れば、途中の名所を巡りながらナムトックまで日帰りで往復することができます。朝六時半にファラムポーンを出た列車は、まずナコーンパトムで四〇分停車します。この間に、乗客は駅の南の大きなプラパトム仏塔を参拝します。それから列車は旧泰緬鉄道へと入り、次にクウェーヤイ川橋梁の手前で二五分間停車しますので、この間に歩いて橋を渡ってくることができます。列車はさらに進み、時刻通りに行けば一一時半に終点のナムトックに着きますが、観光列車のみ特別にこの先一キロメートルほど先のサイヨーク・ノーイ滝の傍まで運んでくれます。旧泰緬鉄道の線路を近年修復して、滝まで列車が入れるようにしたのですが、勾配が急なため雨が降ったら滝までは上れないそうです。

ナムトック（滝）という駅名の元となったこのサイヨーク・ノーイ滝で三時間ほど過ごすと、一旦ナムトックの駅まで戻っていた列車が迎えに来ます。帰りはカーンチャナブリーの駅に一時間停車し、乗客は駅の南側に広がる連合軍捕虜の墓地などを見て廻ります。その先は一路バンコクを目指し、定刻では午後七時半にファラムポーンに到着することになっています。実際には時間通りには走らずに遅れることが多いのですが、一日で泰緬鉄道の全区間に乗車し、かつ最低限の名所も見てみたいという方にはお勧めのコースです。ちなみに、南線のビーチリゾート・ファヒン方面への観光列車もあり、分岐駅のノーンプラードゥックでナムトック行とファヒン行に分かれます。クウェーヤイ川橋梁まで列車で来て、その先バスに乗り換えて別の観光地を訪れるコースもあります。

図30●鉄道網の発展と道路（1995 年）

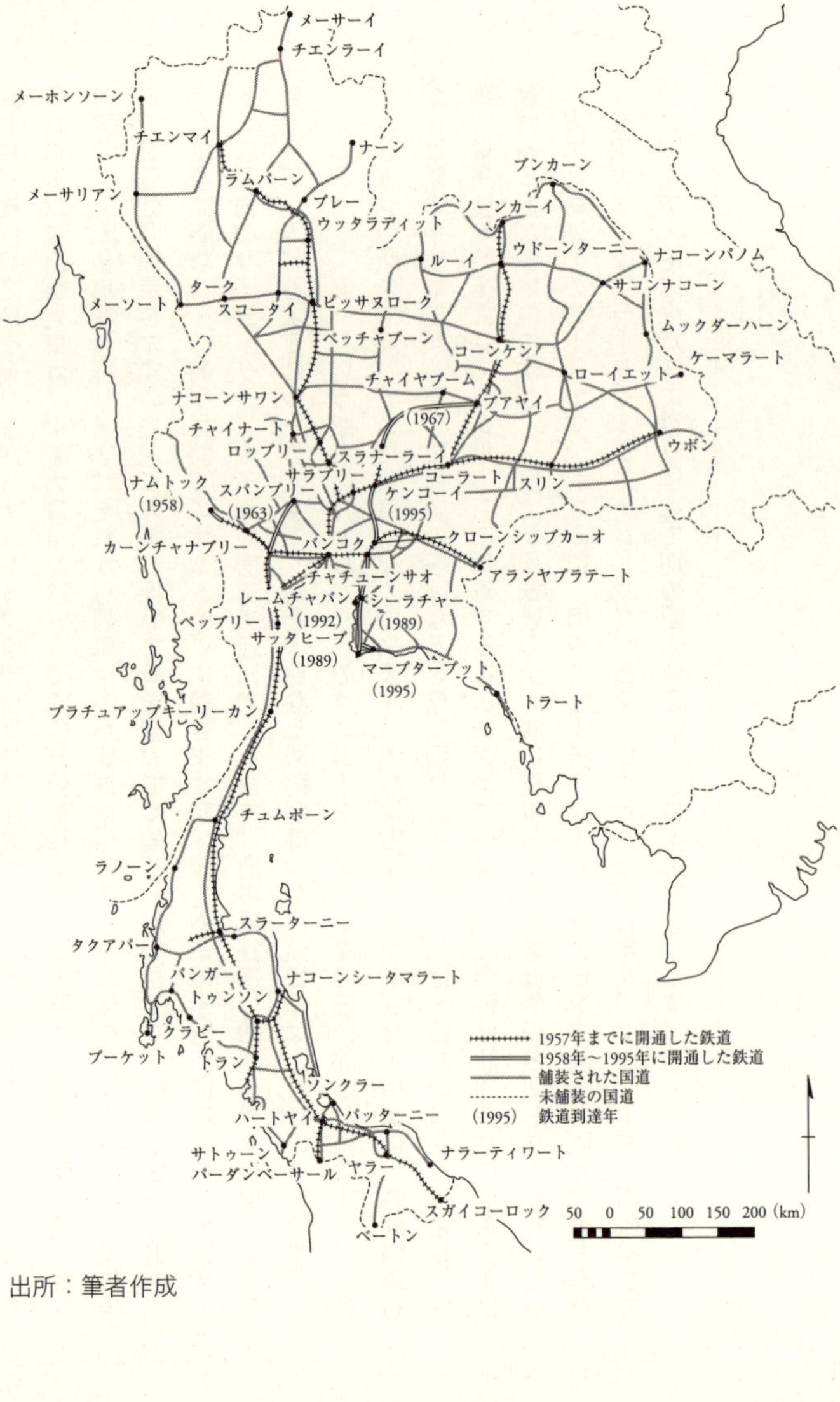

出所：筆者作成

第4章　鉄道の転換期——一九六〇～一九八〇年代

1　フレンドシップ・ハイウェーのインパクト

高規格道路の時代の到来

タイの交通政策は立憲革命後に鉄道と道路の共用政策へと変わったものの、当時の道路状況の悪さから鉄道の優位性は変わらず、とくに長距離輸送面においては鉄道が陸上交通の主役であり続けました。ところが、一九五八年にサラブリー～コーラート間のフレンドシップ・ハイウェーが開通すると、タイの交通政策は完全な道路優先政策へと変わり、全国津々浦々に舗装された高規格道路が到達することになりました。その結果、競争力を高めた自動車輸送との競合が全国規模で発生することになり、既存の鉄道輸送に大きな打撃を与え、鉄道は明らかに劣勢となったのです。

フレンドシップ・ハイウェーは中部のサラブリーと東北部のコーラートを結ぶ道路であり、バンコク〜サラブリー間の既存の国道と接続してバンコクと東北部を結ぶ幹線道路としての役割を果たすものでした。このタイで初めての高規格道路は、対面通行ながらも自動車が時速一〇〇キロメートルで走行できる規格を有しており、それまでのタイの道路とは明らかに異なっていました。建設費も計四億バーツ強であり、一キロメートルあたりの建設費は約二〇〇万バーツとそれまでの道路の六〜二五万バーツと比べても破格の高さでした。しかも、タイで初めて近代的な建設機材を駆使して建設された道路であり、かつ初めて外国の建設会社が建設したものでした。

このように例外的に高規格の道路を建設することができたのは、アメリカの援助の賜物でした。ノーンカーイへの鉄道延伸と同じくラオス支援策の一環として、アメリカはバンコクとノーンカーイの間の道路整備への支援を決めたのです。アメリカはそれまでにも重要な道路の橋の建設などの支援を行っていましたが、一つの道路に特化して大々的な支援を行ったのはこれが初めてでした。アメリカの援助による潤沢な資金があってこそ、このような破格の道路整備が可能となったのです。そして、最初のサラブリー〜コーラート間の開通後も残りの区間の整備が援助によって進められ、一九六五年にバンコクからノーンカーイまでが高規格道路で結ばれました。アメリカの支援による道路整備への謝意を示すために、この道路はフレンドシップ・ハイウェー（タノン・ミットラパープ）と命名されたのです。

おりしも、この翌年には「開発」を旗印に経済開発を志向するサリット政権が成立し、タイは「開発」の時代に突入しました。フレンドシップ・ハイウェーは東北線と並行してドンパヤーイェン山脈を越える道路でしたが、この道路の開通後に沿道の開拓が急速に進み、当時輸出が急増していたメイズ（トウモロコシ）畑が多数出現していきました。このため、フレンドシップ・ハイウェーは「開発」の先導者として認識されることになり、高規格道路を建設すれば沿線の「開発」が促進されるという「フレンドシップ・ハイウェー神話」なるものが急速に流布することになったのです。

このため、タイはそれまでの低規格道路の拡張に代わり、高規格道路を全国に広めていくことに専心し始めました。一九六三年からは世界銀行の借款も用いるようになり、他の西側先進国からの援助や借款も利用しながら、高規格道路の整備は急速に進んでいきました。一九六〇年の段階ではわずか三一二三キロメートルしかなかった舗装道路網が、一九七〇年には一万キロメートルを超え、一九九〇年には三万九九三一キロメートルにまで達しました。舗装道路の比率も急激に増加し、一九六〇年の時点で国道と県道の舗装道路率はわずか三〇％でしたが、一九七〇年には六一％と未舗装道路よりも多くなり、さらに一九九〇年には八八％まで増加しました。このうち、幹線道路に当たる国道は一

図31●東南アジア各国の舗装道路総延長の推移（1960〜1990年）

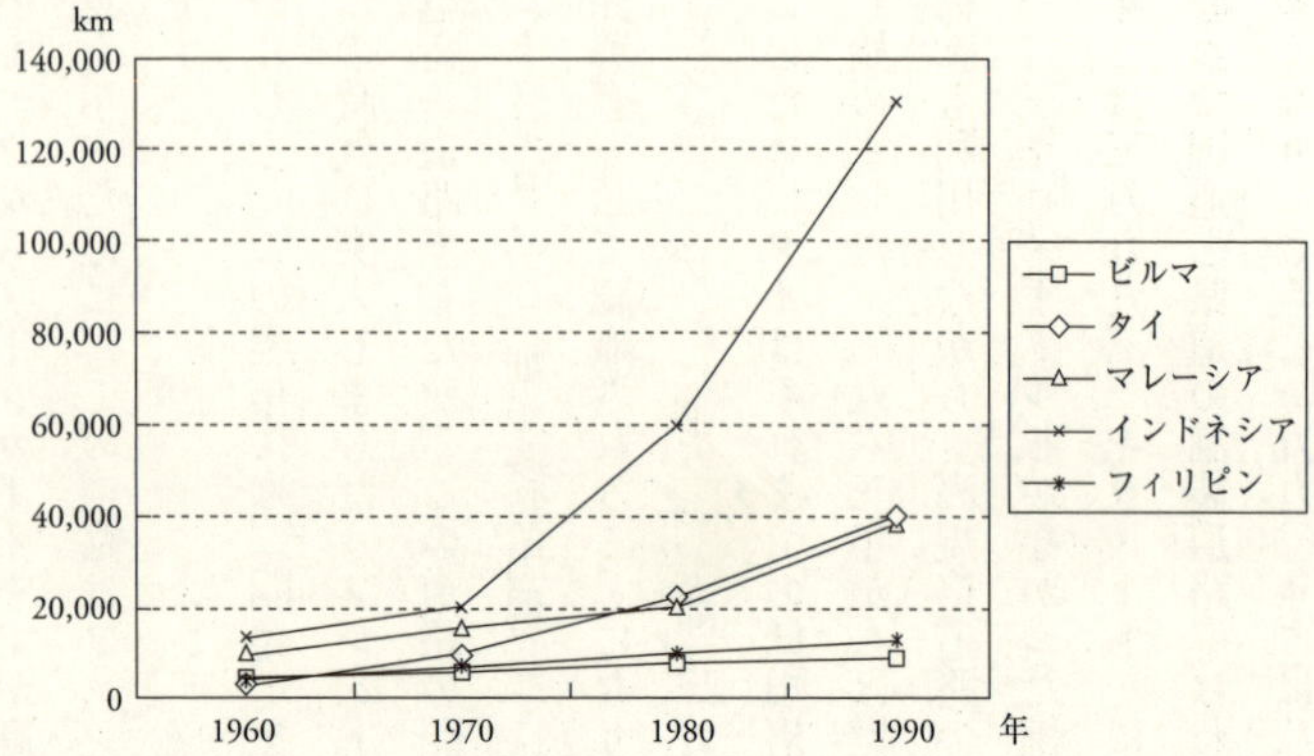

注：フィリピンは国道のみの数値である。
出所：ビルマ：SAM、SYM、タイ：RTL、マレーシア：ASBM、YSM、インドネシア：SYI、フィリピン：PSYより筆者作成

九七〇年までに八三％が舗装化されており、一九七〇年代までにほぼ全区間に渡って鉄道に並行する高規格道路が出現するような状況となっていました。この結果、初めはフレンドシップ・ハイウェーとの並行区間のみで発生した自動車輸送との競合が、瞬く間に全国へと広まったのです。

高規格道路の整備は他国においても見られましたが、タイの高規格道路の拡大はもっとも早いものでした。図31は東南アジア各国の舗装道路距離の推移を示したものであり、これを見るとタイの増加率が非常に高いことがわかります。一九六〇年の時点でタイの舗装道路距離はもっとも少なくなっていましたが、一九九〇年には約四万キロメートルとインドネシアに次いで多くなっています。インドネシアでもこの間に舗装道路が急増していますが、一九六〇年から一九九〇年までの増加率は一〇倍弱だったのに対し、タイは一三倍弱となっていました。一九三五年の時点ではタイの舗装道路距離はわずか二〇〇キロメートル程度しかなく、他国に大きな格差をつけられていましたが、「開発」の時代以降の高規格道路の急速な整備によって、タイの道路水準は東南アジアの中でも上位に達したのでした。

急速なモータリゼーション

高規格道路の急増と共に、自動車の台数が急速に増加したことも、自動車輸送の競争力を高めるもう一つの要因となりました。一九六〇年の時点では乗用車、バス・トラックそれぞれ約五万台ずつしかありませんでしたが、一九七〇年には合わせて三六万台に達し、その後一九八〇年には七七万台、一九九〇年には二六〇万台へと急増しています。乗用車とバス・トラックの増加傾向はほぼ同じでしたが、地域的には乗用車はバンコクの比重が高くなり、バス・トラックは逆に地方の比率が高くなっていました。

タイの自動車登録台数の増加は、高規格道路と同じく東南アジアでもっとも早いものでした。図32を見ると、タイはマレーシアとほぼ同じ軌跡を描いて自動車登録台数を増加させていることがわかります。インドネシアの数値が得られないので正確な比較はできませんが、一九六〇年の段階でマレーシアよりも少なかった登録台数は一九九〇年にはもっとも多くなっており、この間の増加率は二六倍にも達していました。他方でヴェトナムとカンボジアの自動車登録台数は非常に少なく、戦争や紛争

図32●東南アジア各国の自動車登録台数の推移（1960〜1990 年）

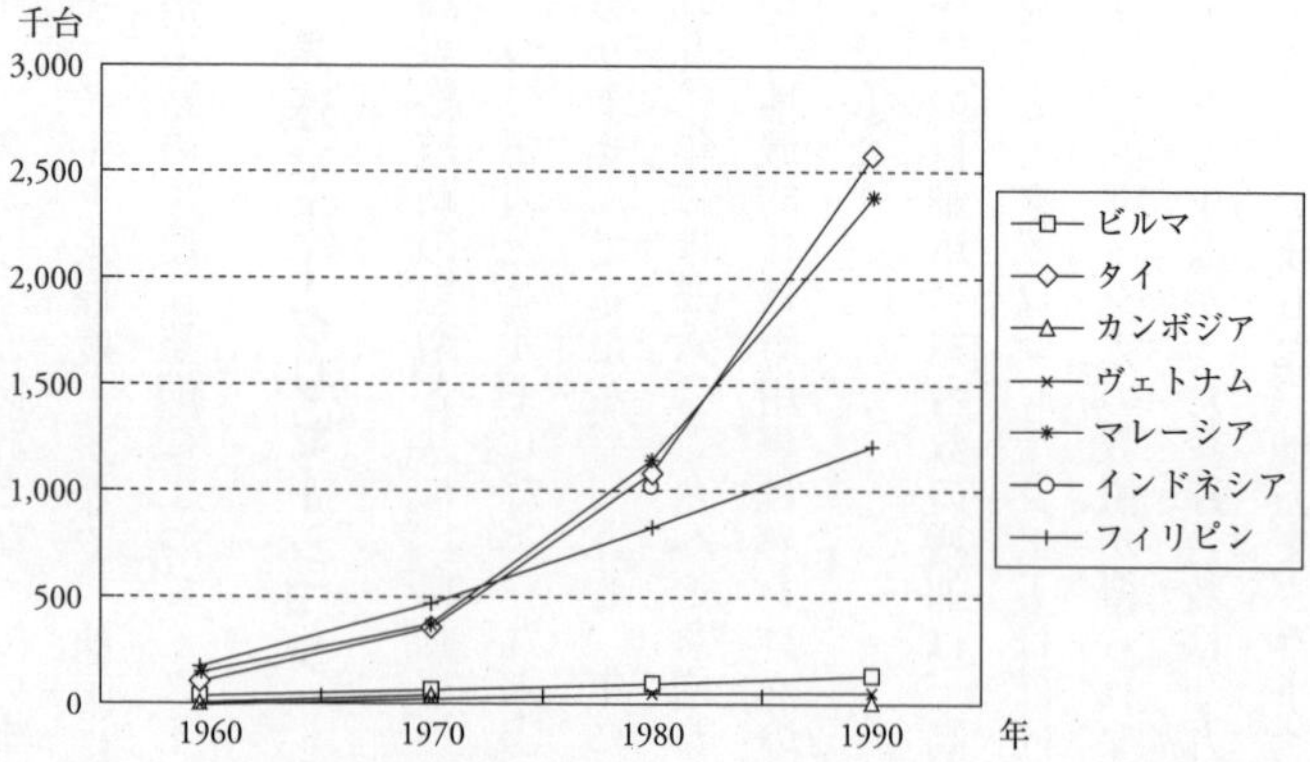

注1：バイク・三輪自動車を除く。

注2：インドネシアの 1980 年の数値は 1979 年、フィリピンの 1980 年の数値は 1981 年のものである。

出所：ビルマ：SAM、SYM、タイ：SYB、カンボジア：ASRC、SBC、BSC、ヴェトナム：VSD、マレーシア：ASBM、YSM、インドネシア：SYI、フィリピン：PSY より筆者作成

の影響で増加どころか逆に減少している場合もあり、各国間の自動車台数の格差はこの間にますます拡大していきました。一九六〇年代からビルマ式社会主義の下で鎖国状態となっていたビルマの自動車登録台数の増加率も低く、東南アジア大陸部では西側陣営の一翼を担ったタイのみが急速なモータリゼーションを経験していました。

タイにおける自動車の急増は、自動車産業の勃興とも連動していました。サリットの「開発」の時代は、従来の国営企業などを中心とした経済ナショナリズムの思想に基づく内向きな輸入代替工業化から、積極的に外資を導入する民間主導の外向きの工業化へと経済政策を大きく変更した時期でした。このため、タイは産業投資奨励法を

制定して外国企業が国内に進出するための便宜を図っていましたが、一九六二年には自動車産業も奨励産業に指定し、従来の完成車の輸入に代わって国内での自動車の組立を推進することにしました。この結果、一九六〇年代だけで日系企業を中心として八社がタイに自動車組立工場を建設し、タイにおける自動車の組立が拡大していきました。一九六一年の自動車組立台数はわずか五〇〇台程度でしたが、一九七六年には約五万台に達し、この年にはついに完成車の輸入台数を国内組立台数が上回りました。急速な自動車組立産業の発展の背景には、自動車部品の輸入関税率を完成車の関税の半分に設定するという誘導策の効果がありました。

国内での自動車組立産業の隆盛は、自動車販売価格の相対的な下落を招きました。さらに、「開発」の時代の順調な経済発展の恩恵を受けて、都市在住のホワイトカラーや専門職など中間層と呼ばれるようになる層を中心に可処分所得が増加したことによって、自動車を購入する余裕のある人々が増加しました。地方においても、急速な高規格道路の増加に伴い、自動車を購入して運輸業を始めたいという商人などが出現し、バスやトラックを入手して新たなビジネスへと参入していきました。この結果、バンコクにおいても地方においても自動車の台数は急激に増加し、自動車輸送は旅客、貨物の両面においてその重要性を高めたのでした。

民間主導の工業化の時代においては、政府の役割は従来のように直接工業化に参入するのではなく、むしろ民間の投資を促進するための基盤整備、いわゆるインフラ整備に重点が置かれるようになりました。自動車産業の奨励のためには、自動車が利用可能な高規格道路を全国津々浦々に建設することこそ、最大の奨励策でした。このため、「開発」の時代の道路優先政策は自動車産業の育成という点からも正当化され、高規格道路と共に自動車も「開発」の象徴とされました。このような逆風の時代の中で、鉄道は従来とは異なる新たな対応を迫られることになったのです。

自動車輸送への転移

フレンドシップ・ハイウェーの開通は、既存の鉄道輸送に大きな影響を与えました。フレンドシップ・ハイウェーによる自動車輸送の輸送条件の改善は明白であり、最初の開通区間であるサラブリー～コーラート間の所要距離は従来のロッブリー経由の約三〇〇キロメートルから一五〇キロメートルへと半減され、所要時間も一一時間から三時間へと大幅に短縮されました。この間のバス運賃も、従来の片道六〇バーツから一〇バーツへと六分の一に低下し、輸送費用面でも大幅な改善がなされました。その結果、鉄道と比較しても自動車輸送は有利となり、バンコク～コーラート間の場合は自動車で四～五時間で到達できるようになったのに対して、鉄道はもっとも早い急行列車でも七時間半かかる状況でした。運賃もバスの二〇バーツに対して、鉄道は四三バーツ（急行料金含む）と、輸送時間、輸送費用共に自動車が鉄道を凌駕することとなったのです。

フレンドシップ・ハイウェーの影響をもっとも受けたのが、かつての鉄道の三大輸送品目の一つである豚輸送でした。一九五〇年代に入っても年間二五万頭程度の豚輸送が行われており、その大半が東北部からバンコクへの輸送でした。東北線での豚輸送数は平均月に一万頭台で推移しており、一九五八年前半には月一万二〇〇〇頭程度の輸送を保っていました。ところが、この年の七月にフレンドシップ・ハイウェーが開通すると、東北線での豚輸送頭数は激減し、九月には五〇〇頭にも満たない状況に陥りました。フレンドシップ・ハイウェーに並行するサラブリー〜コーラート間からの豚の発送が皆無となったばかりでなく、その先ノーンカーイ線沿線からの輸送も消滅しました。わずかに残ったのは並行道路がまだ整備されていなかったウボン線沿線からの発送で、一日貨車六両分程度の輸送がありました。しかし、一九七三年にこの沿線に高規格道路が到達すると共に、これも姿を消しました。

豚輸送が自動車に転移した最大の理由は、所要時間の短縮でした。豚の生体輸送では、輸送中に豚が疲れて痩せてしまい、時には死ぬこともあったので、極力短時間で目的地に到着させるほうが望ましかったのです。また、鉄道の場合は発駅と着駅で積み替えを必要とすることから、積み替えのコストがかかるのみならず、豚の体力の消耗にもつながりました。このため、自動車輸送による輸送時間の短縮のメリットは非常に大きく、たとえ輸送費が鉄道を若干上回ったとしても、自動車輸送が選択されることになったのです。最後まで鉄道による豚輸送が残ったのは、自動車輸送が不便で自動車への代替ができなかった地域のみでした。そのような地域でも、道路整備が進んで自動車が到達できるようになった時点で、鉄道による豚輸送は消えました。

豚輸送と共に自動車輸送への転移が顕著だったのは、バンコクから地方への雑貨や工業製品の輸送でした。鉄道の貨物運賃は品目によって賃率が異なっており、輸送品目の運賃負担力、つまり付加価値によって賃率が決められていました。このため、付加価値の高い雑貨や工業製品などバンコクから地方へ送られる貨物の賃率は、地方からバンコクへ送られる農産物と比べてかなり高く設定されていました。他方で自動車輸送の運賃は輸送品目によって大きな違いはなく、需要と供給のバランスによって運賃は絶えず変化していました。とくにバンコクから地方への輸送については、地方からバンコクへの輸送に比べて輸送需要が少ないことから、業者間の競争により安い運賃を享受することが容易でした。

この結果、フレンドシップ・ハイウェーの開通とともに割高なバンコク発の貨物輸送は激減することになりました。例えば、ノーンカーイ線のコーンケン駅に到着する貨車の数は、一ヶ月あたり一六三両から一二両へと激減し、この線の多くの駅でバンコクから到着する貨物は石油製品やセメントを除いてほぼ消滅しました。豚の場合とは異なり、これらの工業製品や雑貨の輸送については迅速な輸送はそれほど重要ではなく、むしろ安い輸送費が輸送手段を選択する要因でした。

このようなフレンドシップ・ハイウェーの開通による影響は、当初は東北線のみで発生しましたが、やがて道路整備が進むとともに全国各地で同じような貨物輸送の減少が出現してくることになりました。このため、鉄道側も様々な対策を講じて顧客離れを食い止めつつ、新たな顧客を確保していくことになるのです。

バンコク市内の鉄道廃止

サリットの道路優先政策は、バンコク市内でも顕在化することになりました。彼は「国の掃除」と称して「美化」政策を行っていくことになりますが、その彼が問題視したのがバンコクの交通問題でした。狭い路地に多数の自動車がひしめき合う状況は「美観」を損ねているとし、それを解決するための施策を行うことになったのです。その典型例が三輪自転車タクシー（サーム・ロー）の廃止であり、速度が遅く自動車交通の妨げになるとして、一九五九年末をもってバンコク市内の街路から一掃されました。同様の理由から、バンコク市内に約五〇キロメートルの路線網を構築していた市内軌道も廃止されることになり、一九六一年から一九六八年までの間に順次消えていきました。

市内軌道は道路上の一部を占有することで自動車の円滑な流れを妨げることから、「美観」を損ねると見なされたのですが、バンコク市内に乗り入れている鉄道も槍玉にあがることになりました。これは、バンコク市内の鉄道がいずれも地平を走行しており、道路との交差は一ヶ所を除いてすべて踏切による平面交差だったことから、踏切の遮断による混雑が発生していたためでした。サリットは混雑の元凶である踏切を生み出している鉄道を撤去し、跡地を道路にすることでバンコク市内から鉄道をすべて除去することを画策したのです。

サリットの「美化」政策により、かつて都市鉄道化を模索したパークナーム線とメークローン線が槍玉に上ることになりました。パークナーム線は一九三六年に国有化された後は自動車との競合に晒されて利用者数が伸び悩んでいました。一九五〇年代末には一日八往復の運行となっており、利用者も一日三五〇〇人程度でした。この線はファラムポーンからクローントゥーイまでの区間でラーマ四世通りと並行していることから、この道路を拡張するためにこの間を廃止したいとの提案が一九四〇年以後何度か浮上しましたが、国鉄が反対したことで廃止は免れてきました。しかし、一九五九年に再び廃止を求められた際には、この線が毎年赤字を計上しており、起点をクローントゥーイに移すことでさらなる利用者の減少が予想されることから全線廃止も止むを得ないとの結論に至り、最終的に一九五九年限りで廃止されることになりました。

一方、メークローン線は一九四二年と一九四五年の二回に渡って段階的に国有化され、一九五五年には電気設備の故障でバンコク市内の電車運行は中止されたものの、代わりにディーゼルカーを導入して市内での区間運行を継続しました。パークナーム線のような並行する道路もなかったことから、利用者は一日八〇〇〇人ほどに上り、都市近郊鉄道としてはタイで随一の存在でした。ところが、サリットが一九五九年に起点のクローンサーンからタラートプルーまでの四キロメートルの区間を廃止し、途中のタークシン通りの踏切を廃止すると共に線路を道路に代えることを閣議決定してしまいました（図33参照）。メークローン線の車両をマッカサンの中央工場に入場させる際にクローンサーンから船で輸送していたことから、国鉄側はそのルートを確保するために南線と連絡する新線を建設するか、あるいは道路に転用しても回送列車が走れるよう線路をそのまま残しておくことを求め、その場合は利用者の便を考えてタークシン通りとの交点ウォンウィアンヤイを起点とする案を主張しました。結局後者の案が選ばれ、一九六一年末をもってクローンサーン駅は廃止されて営業区間も二キロメートルほど減りました。

その後、沿線住民がメークローン線の全線廃止と道路への転用を求めたことから、国鉄では再び解決策を探す必要に迫られました。メークローン線は並行する道路がないことから代替輸送手段の確保が難しいため、国鉄では実現可能性がないことを念頭に置きつつ、直ちに代行バスの運行が可能であれば鉄道を廃止してもよいと回答しました。さらに、メークローン線の終点サムットソンクラーム県の知事も廃止反対を表明したこともあり、結局全線廃止は免れました。代わりにメークローン線の改良計画を策定することとなり、国鉄ではファアラムポーン～クローンサーン間のチャオプラヤー川、メークローン線の二つの区間を隔てているターチーン川、そして終点のメークローン川の三ヶ所に長大橋を設け、メークローンと南線のパーク

●メークローン線に投入されたディーゼルカー（1959年頃）

図33●バンコク市内鉄道網（1959年）

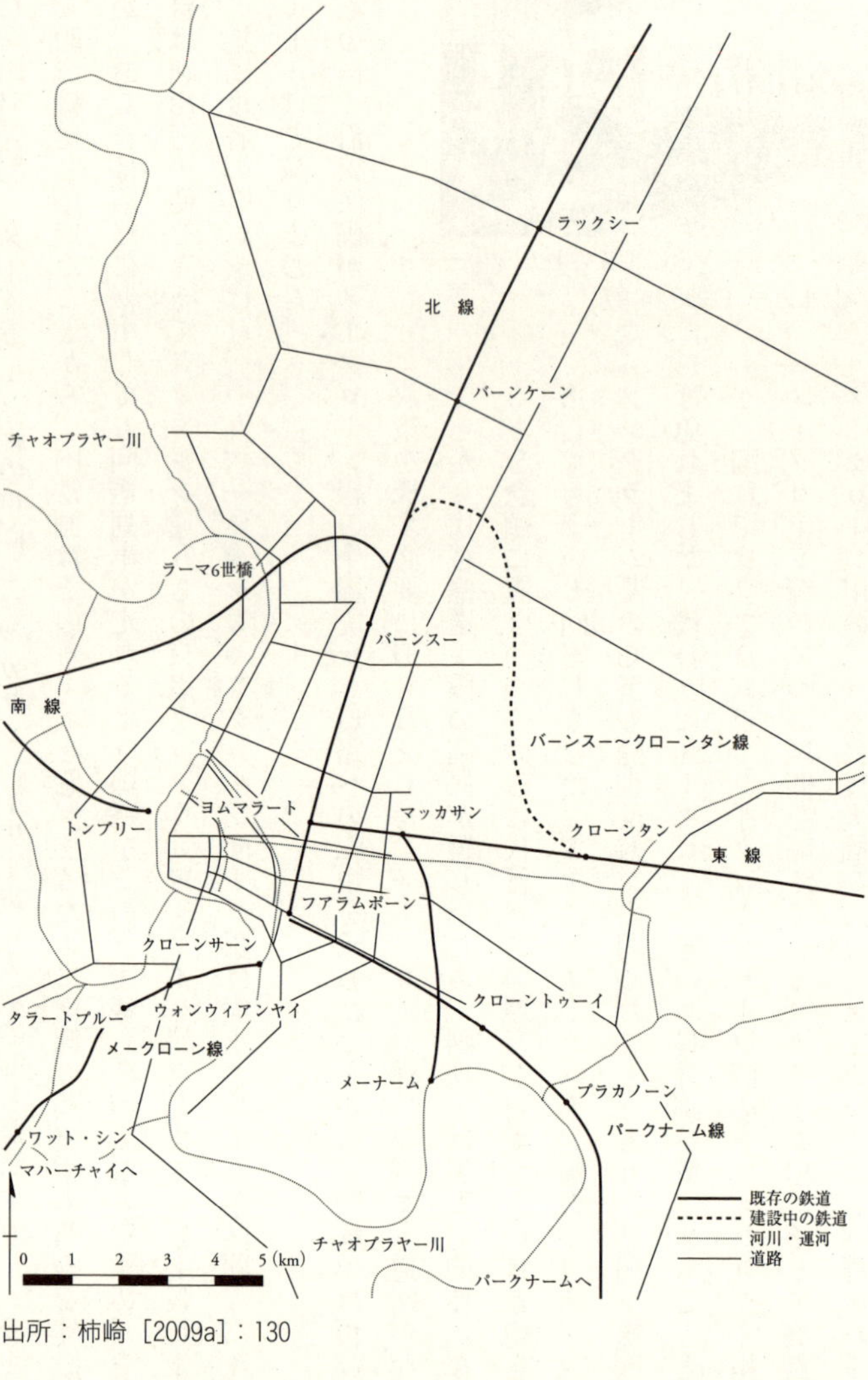

出所：柿崎［2009a］：130

トーを結ぶ新線も建設することで、バンコクから南部へのバイパス線にする改良計画を策定しました。しかし、同じ頃浮上したトンブリー〜パークトー間道路計画と重複したことから、結局は道路整備が優先されてメークローン線の改良計画は先送りとなったのでした。

バンコクターミナルの移設問題

サリットの「美化」政策は、ファラムポーンから北へ延びる幹線にも危機をもたらすことになりました。やはり一九五九年に、彼はファラムポーンのターミナルを八キロメートル北のバーンスーへ移設し、この間の線路跡を道路にすることを閣議決定しました。バーンスーに新たなターミナルを建設する計画は一九四〇年代に浮上したのですが、戦後ピブーン首相の時代に計画が誤解されてファラムポーンをバーンスーに移設する計画と認識されたことから、移転計画が公式化されてしまったのです。戦後自動車の増加と共にこの間の踏切による交通渋滞が問題となっていましたが、サリットが移設を決定するまでは線路を嵩上げして立体交差とする計画が検討されていました。

ところが、サリットが突如ファラムポーンの廃止を決めたことから、国鉄では対応策を検討する必要に迫られました。ファラムポーンの廃止に伴って新たな投資が必要となることから、国鉄ではファラムポーンを廃止するよりもファラムポーン〜バーンスー間を高架化したほうが安上がりとなることを示すことにしました。ファラムポーンを廃止した場合、他線との接続がなくなる東線への連絡を確保するために、建設中のバーンスー〜クローンタン線を完成させなければなりませんでした。さらに、ファラムポーンにある機関区などをバーンスーに移設する必要もあることから、総工費は約七億バーツと見積もられました。一方、市内区間の高架化は約四・四億バーツで済むことから、移設のほうが割高となりました。

国鉄は一九六〇年一二月にファラムポーンの貨物の取扱いをバーンスーに移したことから、ファラムポーン〜バーンスー間の列車本数は従来の一日一一二本から五四本へと半減していました。さらに、ドーンムアン空港への新道建設の調査設計を行っていたアメリカのコンサルタント会社もこの間の鉄道の廃止には反対の意向を示し、鉄道の代替には二四車線分の道路が必要になるとして、旅客ターミナルの機能はファラムポーンに残しておくべきだと結論付けました。このようなファラムポーンを廃止することに伴うデメリットが相次いで明らかになったことに加え、推進役のサリットが一九六三年に死去したことから、ファラムポーンの移設計画は急速にしぼんでいきました。結局、一九六四年の閣議でこの計画は正式に中止され、国鉄ではファラムポーンの貨物跡地を使用して駅前の拡張を行なうことになりました。

一方、踏切の除去問題についても検討は続けられ、当初の鉄道の嵩上げから道路の跨線橋の建設へと変化していきました。一九六六年には市内一四ヶ所に跨線橋を建設することで国鉄とバンコク市の間で合意が得られましたが、国鉄は跨線橋による完全な踏切の除去を望んだのに対し、市側は踏切を残しつつ交差点の立体交差化を進めることを希望したことから折り合いはつかず、計画は一向に進展しませんでした。この踏切除去の問題は、その後浮上したホープウェル計画の実現によって完全に解消されるはずでしたが、計画の中断によって現在も解消されておりません。道路交通の妨げになるばかりでなく、道路交通が優先されて列車が踏切が閉まるのを待たされることで、列車運行にも大きな影響を及ぼしています。サリットの「美化」政策によってバンコクのターミナル駅が消えるという事態は避けられましたが、大量輸送手段としての鉄道の機能が軽視された結果は、道路優先の街づくりという形で現れることとなり、バンコクを悪名高い渋滞の町へと導いていくことになるのでした。

2 鉄道側の対応

ディーゼル化の推進

自動車輸送との競争が激化する中で、鉄道側も様々な施策を行なってサービスを改善する必要性に迫られました。具体的には、スピードアップ、列車本数の増加、運賃の引き下げなどが重要な課題となり、新たな施策が順次進められていきました。

車両の増強については、ディーゼル化の推進が重要な施策となりました。戦後復興期に蒸気機関車を導入したものの、一九五〇年代に入ると蒸気機関車の新規購入は行なわれなくなり、ディーゼル機関車を増備して順次蒸気機関車を置き換えることにしていました。薪の枯渇が顕著となってきたことから、国鉄では一九六一年に全面的なディーゼル化を決めており、最終的に一九七〇年代末に無煙化が達成されました。

図34は、一九六〇年から一九九〇年までの車両数の推移を示しています。一九六〇年以降ディーゼル機関車数が着実に増加し、一九六〇年の六四両が一九七五年には二四四両へと約四倍に増加しています。反対に蒸気機関車は一九六〇年の三〇六両から順次減少し、最終的に一九八〇年に三七両、一九八五年に七両となり、その役割を終えたことが確認できます。残る蒸気機関車は鉄道記念日など年に数回運行される機会があり、常に稼動可能な形で保管されています。ディーゼル機関車と共に内燃動車も増加傾向にあり、一九六〇年には一両しかなかったものが、一九八五年には二〇四両に達しています。この内燃動車はいずれもディーゼルカーであり、ディーゼル機関車と共にディーゼル化のもう一つの主役でした。客車も一九六〇年の八一三両から一九九〇年には一一五五両と五〇%弱の増加を見ましたが、貨車は一九七五年を境に漸減傾向にあります。

ディーゼル機関車の導入については、一九五五年の世界銀行の借款以降は借款による購入が基本となり、一九六一年からの第二次機関車六〇両調達計画でさらに増備が行なわれることとなりました。

図34●車両数の推移（1960〜1990年）

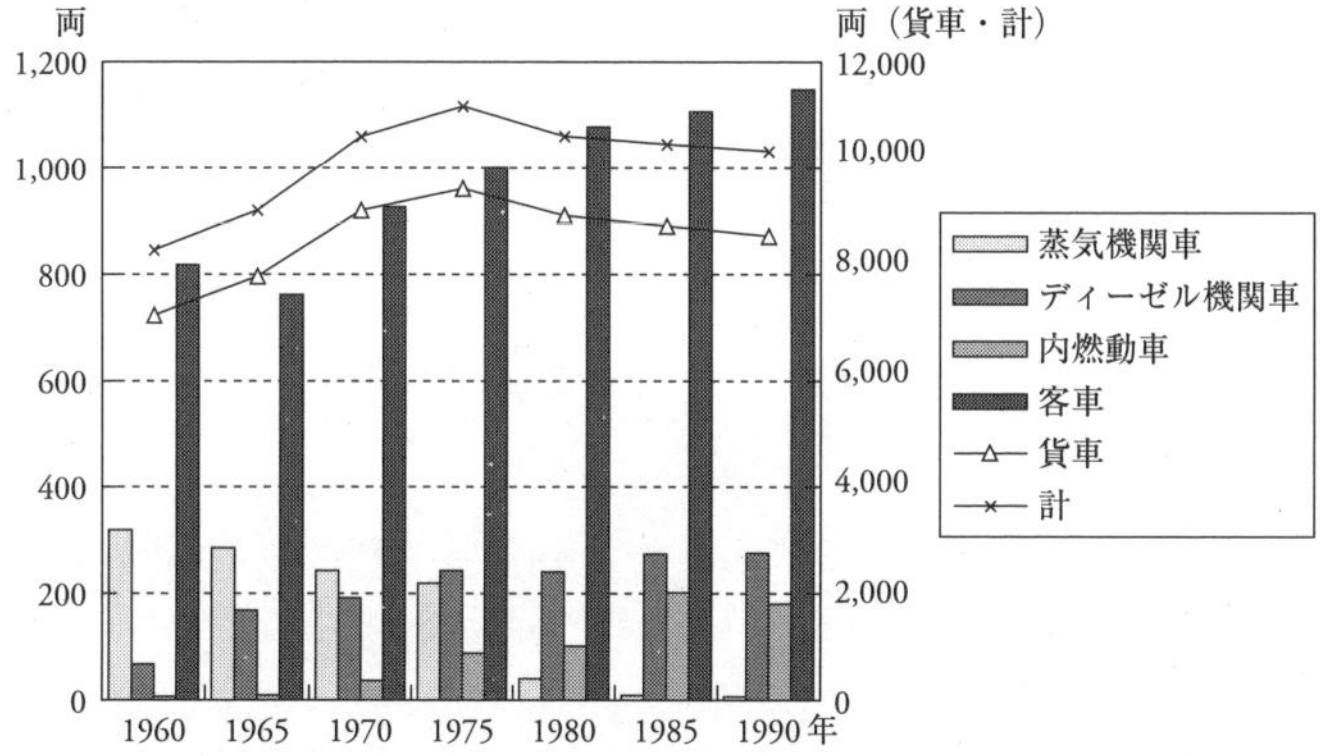

注：メークローン線の車両数は含まない。
出所：柿崎［2009a］、RRFより筆者作成。

この時には新たに液体式ディーゼル機関車を購入することになり、電気式四〇両、液体式二〇両で入札を行った結果、前者をアメリカのGEが、後者を西ドイツのヘンシェル社が納入することに決まりました。前者はアメリカの無償援助分一〇両を合わせた計五〇両が、後者はケンコーイ～ブアヤイ線用として西ドイツ政府の借款による七両が加えられ、計二七両が納入されました。

次の一九六七年からの第三次機関車七八両調達計画では、世界銀行と西ドイツ政府の借款を落札者によって使い分ける方法を採用しました。前回に次いで液体式機関車三〇両の入札を行なった結果、西ドイツのクルップ社が落札したことから、こちらは西ドイツ政府の借款を利用することになりました。残る四八両については、この三〇両の使用状況を見て仕様を決めることになっていましたが、実際には液体式機関車の問題

●GE 製機関車（左）とヘンシェル製機関車（右）（ノーンプラードゥック・1991 年）

が多かったことから再び電気式へと戻しました。入換用機関車一五両の購入の代わりに六両増やして計五四両分の入札が行われ、フランスのアルストム社が落札しました。このアルストム製の機関車はこの後同型のものが三回に渡って増備され、タイのディーゼル機関車の主役を担うことになりましたが、それまでは毎回納入先が異なっていたことから、多様な機関車が見られました。

ディーゼルカーについては、戦前にも一度導入したことがありましたが、戦後ディーゼルカーの技術革新に伴い本格的に導入することになりました。メークローン線では、先行して一九五九年に六編成の日本製ディーゼルカーを導入しました。本線用としては、一九五九年にディーゼルカー二〇両の入札を行ったのが最初であり、新潟鉄工製の六両を先行導入して試用することにしました。

一九六三年に到着したこのディーゼルカーの使用状況が良かったことから、残る一四両分の入札を行い、今度は東急車輛から納入されることになりました。さらに二〇両と五八両の入札を順次行い、どちらも日本勢が落札したことから、機関車とは異なりディーゼルカーは日本製で占められるようになりました。ディーゼルカーのスピードアップ効果が認識されたことから、一九六〇年代にも長距離の優等列車用のディーゼルカーの導入も計画されました。結局この時には実現しませんでしたが、その後一九八〇年代半ばに二等車用の車両を導入した上で、三等車と組み合わせて北線のピッサヌローク、東北線のコーンケン、スリンへ向けてディーゼル急行が運行されるようになりました。

客車と貨車については、この時代に一部マッカサン工場での製造も行なわれました。タイの鉄道車両は長らく輸入のみに依存しており、車体のみタイで作成したことはありましたが、車台はすべて輸入品でした。しかし、サリットの指示によって一九六一年から貨車と客車の製造が開始され、一時は年一〇〇両程度の車両製造を行なっていました。車両製造とはいえ、車輪や台車は輸入品を使用しており、自動車の組み立てのような形態ではありますが、タイ製の鉄道車両が使用されるようになったという点では画期的でした。ただし、マッカサン工場での小規模な車両製造は割高になることから、一九八四年をもって車両製造は中止され、以後は再び外国からの輸入に依存することになります。

●東北部で活躍する本線用ディーゼルカー（ブアヤイ・2000年）

旅客輸送のスピードアップ

ディーゼル機関車やディーゼルカーの導入は、旅客輸送のスピードアップに貢献することになりました。蒸気機関車の場合は燃料の薪の補給の度に三〇分程度停車する必要がありましたが、ディーゼル機関車の場合は燃料の補給の頻度が大幅に削減され、しかも短時間での補給が可能でした。このため、蒸気機関車の牽引からディーゼル機関車の牽引に代えるだけでも、大幅なスピードアップが可能となりました。さらに、一九五〇年代から続いていたレールの重軌条化もさらなるスピードアップに貢献し、最高速度の引き上げに貢献しました。これらの施策の結果、列車の所要時間は大幅に短縮され、例えばバンコク～ウボン間の急行列車は一九六四年には一四時間を要していまし

図35●列車距離の推移（1955〜1990年）

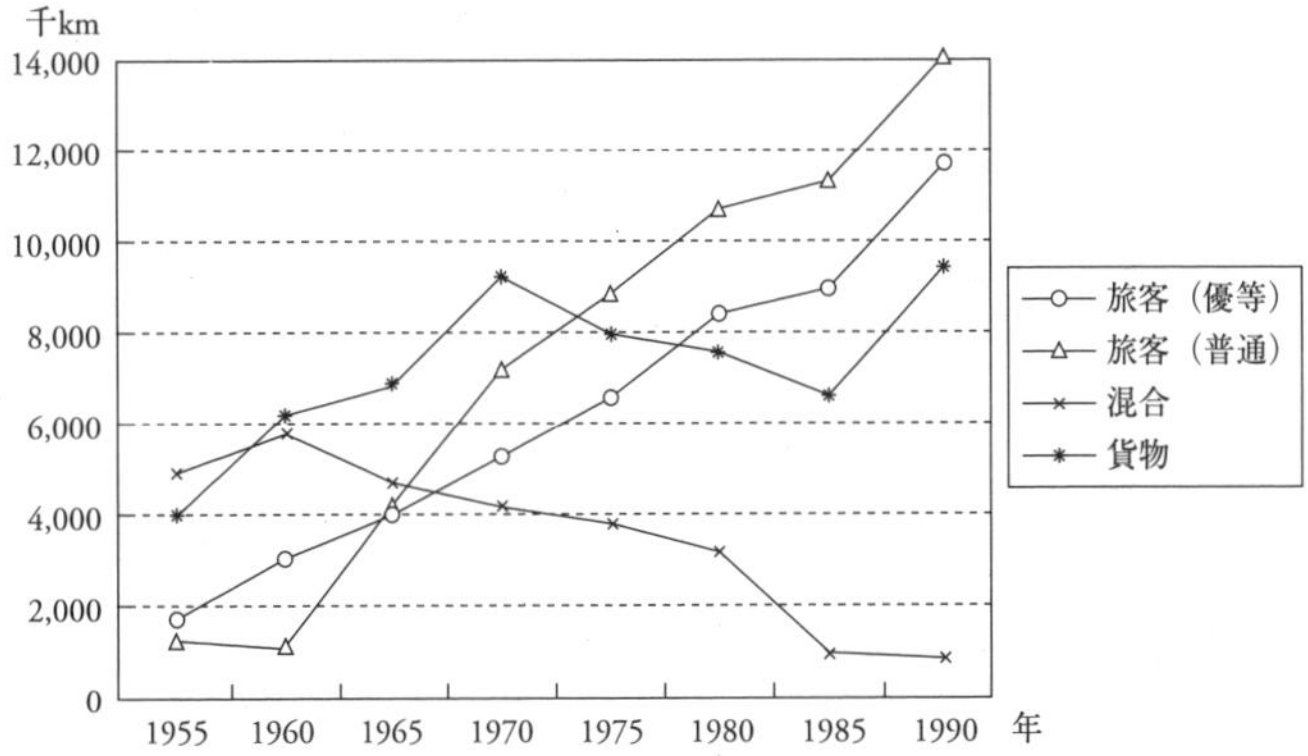

出所：RRFより筆者作成

たが、一九六五年にかけて段階的に二時間短縮され、さらに一九七〇年にも一時間短縮されて一一時間となりました。

ディーゼルカーは加速と減速の性能が機関車よりも優れていたことから、さらなる所要時間の短縮が可能でした。タイが最初に導入したディーゼルカーはすべて三等車だったことから、優等列車としての使用はされなかったものの、バンコクと近郊を結ぶディーゼルカーの列車を順次運行しました。従来の普通列車と同じ運賃ながら所要時間が短縮されたことから、利用者には好評でした。一九七一年にはディーゼルカーの列車本数は一日四六本にまで増えており、普通客車列車の一日六〇本と比べてもかなりの本数となっていました。

旅客輸送のスピードアップは、混合列車から普通列車への列車種別の変更によっても実現していきました。図35は列車距離の推移を示したもので、ディーゼルカー使用の列車は普通列車に含まれています。一九六〇年の時点では普通列車の運行距離が年一〇九万キロメートルだったのに対し、混合列車は五七八万キロメートルと大きな差がありました。ところが、その後普通列車の列車距離が急増するのに対し、混合列車は減少していったことから、一九六五年にはその差はほとんどなくなり、一九七〇年には普通列車が混合列車を上回るようになりました。このように、一九六〇年代には旅客輸送の主役が従来の混合列車から普通列車へと代わったのです。

タイの旅客輸送の主役は長らく混合列車であり、それは戦前の主要な旅客だった短距離の「担ぎ屋」にとっては好都合でした。つまり、旅客輸送は荷物輸送も兼ねたものであり、連結された荷物車や貨車は客車内に積みきれない荷物の収用場所でした。しかし、混合列車は貨車も連結していたので、各駅で貨車の切り離しや連結を行なうために停車時間が長くかかりました。それがなくても「担ぎ屋」の荷物の積み降ろしに時間がかかったことから、長距離の利用者にとっては不要に所要時間を引き延ばされることになりました。これまではこのような混合列車が一日一〜二往復運行されている区間が大半であり、自動車との競合もほとんどなかったことから、旅客輸送の一般的なスタイルでした。

ところが、フレンドシップ・ハイウェーの開通によって自動車輸送の輸送時間が著しく短縮されると、ただでさえ遅い混合列車は自動車輸送との競合に太刀打ちできなくなりました。このため、混合列車のスピードアップを図るべく、混合列車から貨車を切り離し、普通列車へと変えていったのです。たとえ同じ車両を用いたとしても、各駅での貨車の切り離しや連結がなくなった分だけ所要時間は短縮されました。さらに、従来の混合列車の代替のために、新たに貨物主体の混合列車を新設し、各駅への貨物輸送に供することになりました。その結果、混合列車の本数は減少したものの、普通列車の増加分を相殺するほどの減少とはなっておらず、全体としては旅客列車本数の増加となっていました。

旅客列車本数の増加は、図36を見れば明らかです。一九五三年の時点では列車本数は少なく、図17（一二四ページ）の一九三〇年代とほぼ同じ程度でしかありませんでしたが、一九七三年の運行本数は大幅に増加し、急行や快速などの優等列車のみならず、普通列車も大幅に増加していることがわかります。普通列車の増加については、混合列車を普通列車と貨物主体の混合列車に分けたことによる増加分も含んでいましたが、バンコク近郊についてはは主にディーゼルカーを使用した純然たる増発分でした。

長距離夜行列車の強化

それまでタイの長距離列車は急行列車に限られており、運行本数も非常に少なくなっていました。例えば戦前のバンコク～チエンマイ間、バンコク～プライ間の急行はいずれも当初週二往復で設定されており、一九三八年から東北線で運行された急行は週一往復でした。図36の一九五三年時点の急行列車も、いずれも毎日運行ではありませんでした。戦後は車両数の増加に伴い急行の毎日運転が徐々に実現することとなり、東北線の急行は一九五八年に従来の週三往復が週六往復に増やされ、さらに

図36●旅客列車運転区間（1953年）

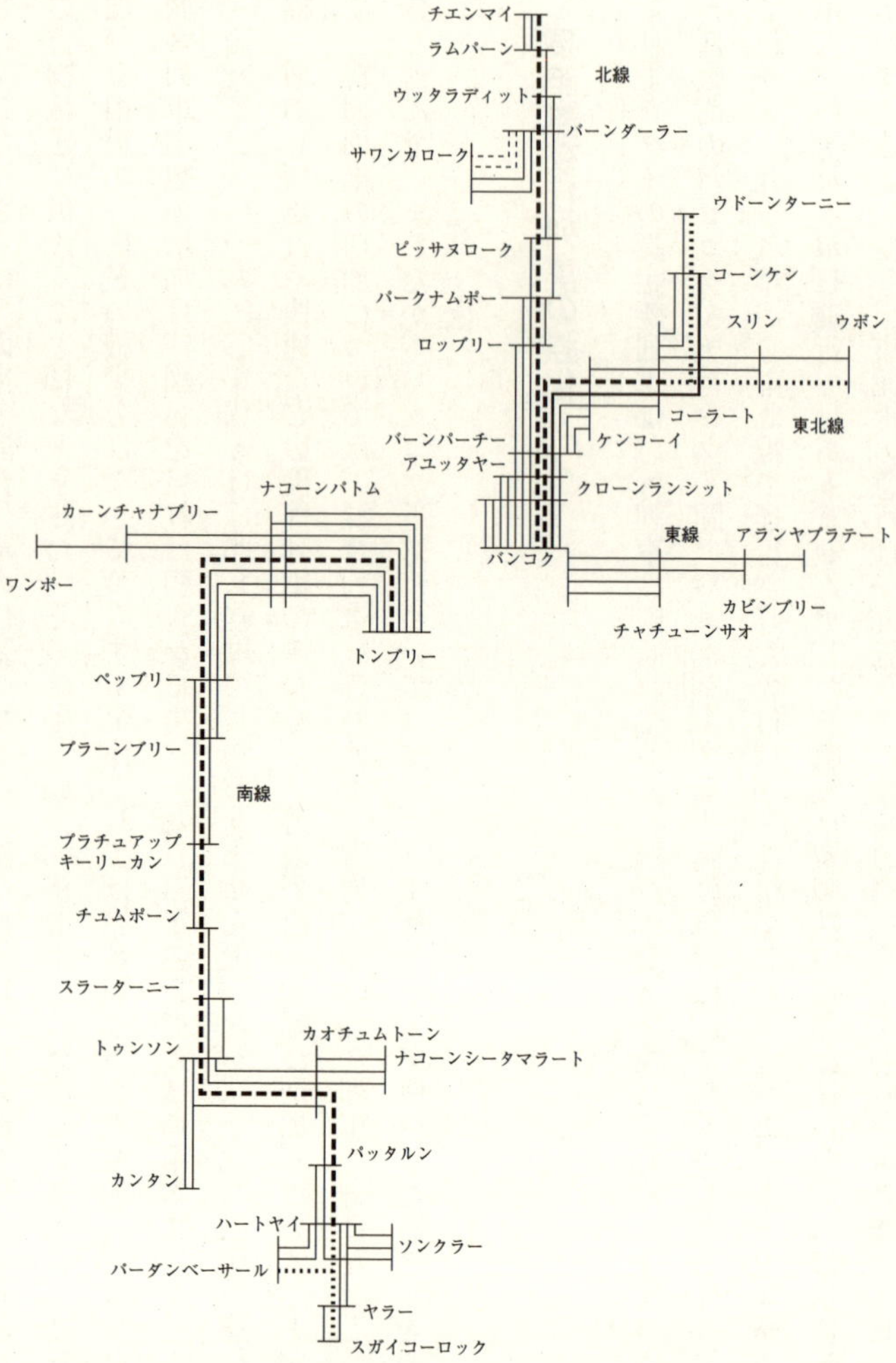

注：実線は1日1往復の列車を示す。
出所：RRFより筆者作成

(1973年)

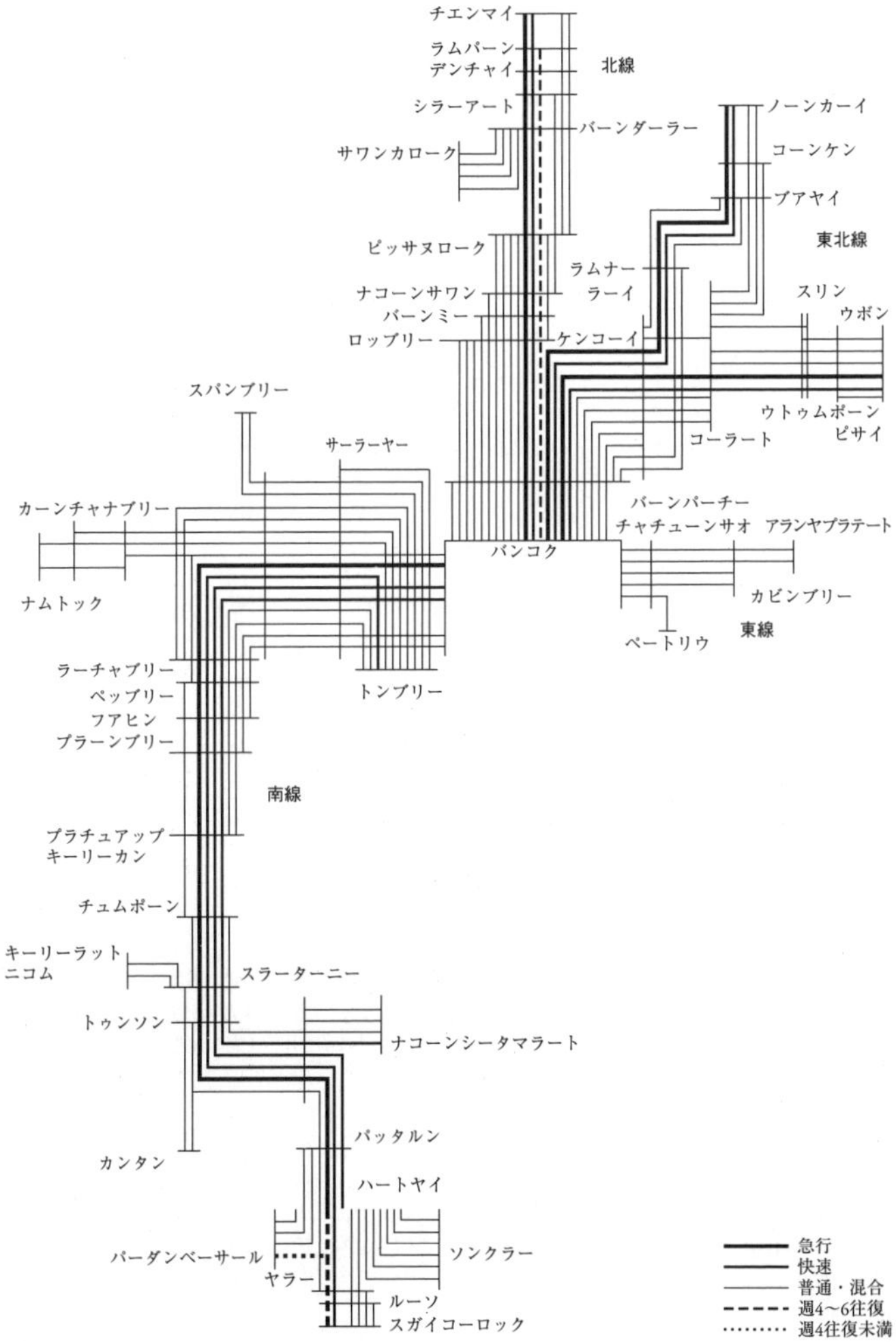

チエンマイ
ラムパーン
デンチャイ
北線
シラーアート
バーンダーラー
サワンカローク
ノーンカーイ
コーンケン
ブアヤイ
東北線
ピッサヌローク
ラムナー
ラーイ
ナコーンサワン
バーンミー
ロッブリー
ケンコーイ
スリン
ウボン
ウトゥムポーン
ピサイ
コーラート
スパンブリー
サーラーヤー
カーンチャナブリー
バーンパーチー
チャチューンサオ
アランヤプラテート
バンコク
ナムトック
カビンブリー
東線
ペートリウ
ラーチャブリー
ペッブリー
フアヒン
プラーンブリー
トンブリー
南線
プラチュアップキーリーカン
チュムポーン
キーリーラットニコム
スラーターニー
トゥンソン
ナコーンシータマラート
パッタルン
カンタン
ハートヤイ
ソンクラー
パーダンベーサール
ヤラー
ルーソ
スガイコーロック
急行
快速
普通・混合
週4～6往復
週4往復未満

翌年には毎日運行とされました。この段階ではコーラートでウボン行とノーンカーイ行に分割されていましたが、後述するケンコーイ～ブアヤイ線の開通に伴い、一九六八年からは分離されてウボン行、ノーンカーイ行それぞれ独立した急行となりました。

急行列車は一・二等車しか連結していなかったことから、庶民の旅行には縁遠いものでしたが、一九五〇年代から設定された快速列車は、三等車も連結していたことから庶民の長距離の移動に重要な役割を果たすことになりました。戦前にも一部小さな駅を通過する普通列車を快速と称していましたが、戦後は快速料金を徴収する、より長距離の列車となりました。一九五〇年代に入って東北線のバンコク～コーンケン間で運行が始まったのを皮切りに、南線のチュムポーン、北線のウッタラディットまでの快速が相次いで設定され、さらに南線ではチュムポーン～ハートヤイ間にも快速が新設されました。その後、スピードアップと共にこれらの列車の終着駅もさらに伸び、東北線はウボン、ノーンカーイまで、北線はデンチャイまで、南線はスラーターニーまで延長されました。しかし、快速列車は昼間の運行を原則としたため、これ以上の延伸はできませんでした。

しかし、さらなる利用者の増加に対応するために、快速列車も夜行運転を行なうことになりました。一九六五年には、トンブリー～スラーターニー間、スラーターニー～スガイコロック間の快速を統合する形でトンブリー～スガイコーロック間の快速が夜行運転を開始し、翌年には北線の快速も夜行運転を行なってチエンマイまで到達するようになりました。やがて東北線でも夜行の快速列車が運行されるようになり、バンコクと地方の間の庶民の移動の便が大幅に向上することになりました。急行と快速の増発や毎日運転化の成果は、先の図35（二三三ページ）の優等列車の列車距離の増加に現れています。優等列車の列車距離は一九五五年の一六八万キロメートルから一貫して増加傾向にあり、一九九〇年には一一六四万キロメートルにまでに増えていました。快速列車の三等車は昔の日本の三等車と同じようなボックスシートの車両を用い、夜行での旅行は決して快適とは言えないものでしたが、日中の暑い道中に比べて比較的涼しく移動できることから利用者には好評であり、以後タイの長距離列車は基本的に夜行が主流となっていきました。

さらに、普通列車の夜行列車も出現することになりました。開業以来タイの鉄道では急行列車以外は夜行列車がなかったことから、普通列車は区間運行のみとなっており、全区間普通列車で移動する場合は途中駅で夜を明かす必要がありました。唯一の夜行列車だった急行には三等車が連結されなかったことから、庶民の長距離の移動の際には二〜三日かかるのが一般的でした。快速列車の運行はそのような苦労を軽減させることとなりましたが、同じ時期に出現した夜行の普通列車も、さらに庶民の移動の便を向上させることになったのです。

最初の夜行普通通列車は、一九六一年に運行が始まったバンコク〜ピッサヌローク間の列車でしたが、この列車が好評だったことから一九六五年にはバンコク〜タパーンヒン間にも夜行普通列車が追加されました。さらに一九六六年からは東北線のコーラート〜ウボン間でも夜行普通列車を運行し、車両の一部はバンコク〜コーラート間列車に連結してバンコク〜ウボン間を直通させたことから、ウボンまで乗り換えなしで普通列車にて到達できるようになりました。このような夜行普通列車によって、快速料金を支払わずとも三等運賃で乗り換えなしの長距離旅行ができるようになり、タイの鉄道における長距離旅客輸送の利便が大幅に向上することになったのです。

貨物輸送の競争力拡大

貨物輸送のサービス向上については、スピードアップもさることながら、運賃の引き下げが重要でした。旅客輸送と同様の施策によってもある程度の所要時間の短縮は可能でしたが、時速一〇〇キロメートルで走行可能な自動車輸送より所要時間を短縮することは困難でした。このため、輸送時間の速さよりも輸送費用の安さを重視するような貨物を対象として、自動車との競合が見られる品目について賃率を引き下げる形で対応することになりました。

フレンドシップ・ハイウェーの開通後、バンコク発の工業製品や雑貨などの輸送が激減しましたが、これらの品目は車扱い貨物としてはもっとも高い第二種、第三種の賃率を適用されていました。しかし、高規格道路がまだ到達していない地域でもこれらの賃率を適用された貨物の輸送が減ってきたことから、国鉄ではバンコクから地方へ送られる貨物の賃率の引き下げを行うことにしました。一九六二年にバンコクから北部方面へ発送される第二種、第三種の適用品目について、より安い第四種の賃率を適用することにしたところ、顧客の流出に歯止めがかかりました。このため、さらに中部や東北線方面にも同様の施策を行ったほか、フレンドシップ・ハイウェーの延伸区間と並行し、かつ比較的バンコクから近いコーラート〜バーンパイ間については第五種の賃率まで引き下げました。かつて水運との競合のために特定区間において特定品目の賃率を引き下げた例はありましたが、自動車との競合のために賃率を引き下げたのはこれが初めてでした。

また、車扱い貨物については、規定重量未満の場合の運賃の引き下げも認めることにしました。通常二軸車の場合の最大積載量は一〇トンですが、これまでは実際の積荷の重さが最大積載量に満たなくても一〇トン分の運賃を支払わなければなりませんでした。このため、容積が嵩む割に軽量の貨物を運ぶ場合は不利となり、自動車への転移が進む要因となっていました。国鉄では一九五八年から区間を限定した上で、一〇トン積み貨車の場合に六トン分での運賃計算を認めることにしました。これによって事実上四〇％の割引となり、綿花などの軽量品の輸送が自動車から鉄道に転移する事例も出現しました。

車両の増備も、貨物輸送のサービス向上にとって重要でした。貨車不足は戦時中から発生していましたが、戦後復興期にはさらに深刻となりました。貨車を申請してから実際に配車されるまで長い間待たされ、鉄道による貨物輸送の所要時間を増加させていました。さらに、貨車の申請をめぐる不正も横行したことから、迅速な貨車の配車のためには賄賂を払って配車の優先権を持つ者に依頼する必要が生じたため、間接的に輸送費用を高めることとなっていました。この問題を解決するためには、貨車の増備がもっとも効果的でした。先の図34（二二九ページ）のように、貨車数も一九七五年までは一貫して増えていったことから、この問題も年々緩和されていきました。しかし、依然として主要な輸送品目である農産物は特定の時期に輸送需要が集中するため、繁忙期には貨車不足が発生していました。

鉄道による貨物輸送の不利な点は、駅での貨物の積み降ろしでした。自動車では戸口から戸口まで積み替えなしの一環輸送が可能でしたが、鉄道の場合は発駅での貨物積み込みと、着駅での荷降ろしの二回の積み替え作業が必要であり、さらに発地と着地において駅と戸口の間の配送が必要でした。高規格道路の整備によって自動車輸送の輸送費が下がっても、実際には鉄道運賃のほうが安い場合もありました。例えば、東北部のブアヤイからバンコクまで精米を輸送する場合、鉄道の運賃が一袋あたり六・四八バーツだったのに対し、自動車の場合は八〜一〇バーツとなっていました。しかし、鉄道の場合は他に積み降ろしに一バーツかかり、さらに駅から精米所までの輸送費が三バーツ強かかることから、これらを合わせると結局自動車よりも高くなっていたのです。

専用車両による輸送の奨励

このような積み降ろしの費用を削減するためには、専用車両の採用が効果的でした。専用車両とは、石油輸送のためのタンク車やセメント輸送のためのホッパー車など、特定の積荷を対象とした貨車であり、貨物の積み降ろしを機械的に行うことで積み降ろしの人件費の削減と所要時間の短縮を実現することができました。他方で専用車両の調達には費用がかかるほか、積み込みや荷降ろしのための特別な設備も必要でした。このようなコストがかかることから、専用車両による輸送の際には発駅と着駅の間に相当量の貨物の流動が必要となりますが、その条件を満たす場合にはメリットは大きいものでした。この時期に専用車両による輸送が開始されたのは、タイの鉄道の新たな主要輸送品目となっていった石油製品とセメントでした。

タイにおける石油製品の輸送は、それまでは石油缶を有蓋車に積み込んで行われていました。有蓋車による輸送の場合は、事実上どの駅まででも輸送が可能であるので着駅の限定がないというメリットはありましたが、石油缶の積み込みと荷降ろしに労力が必要となる上、時間もかかりました。さらに、石油缶での輸送の場合は空き缶の返送も必要となり、空き缶の返送が滞ると石油製品の発送も滞るという悪循環に陥ることになりました。このため、一九六〇年代に入ると石油製品輸送にはタンク車が用いられるようになり、有蓋車による輸送を代替していきました。一九五九年にアメリカがラオス向け石油輸送用に支援した貨車もすべてタンク車となり、国鉄が調達した車台に各石油会社が調達したタンクを載せる形でもタンク車は増備されていきました。一九五一年には石油輸送用のタンク車は三両しかありませんでしたが、一九六六年には計五一一両のタンク車が石油製品輸送に従事するまでに至りました。

タンク車による輸送の際には、着駅に石油取り扱い設備を設置する必要があることから、各石油会社が拠点駅を選んで石油基地を設けました。これによって有蓋車での輸送のようにすべての駅へ発送することはできなくなりましたが、拠点駅までタンク車で輸送した上で石油タンクに貯蔵しておき、そこからタンクローリーなどで各所へ配送する形が一般的となったのです。この石油製品のタンク車によるバラ積輸送は輸送費用面でも競争力が高く、自動車輸送への転移はほとんど発生しませんでした。一九七〇年代半ばの時点で、バンコクから地方へ発送される石油製品の五五%が鉄道によって輸送されており、自動車の二八%をはるかに凌駕していました。

専用車両によるセメント輸送は、石油製品よりもやや遅れて始まりました。セメントの輸送も長くセメント袋を有蓋車に積む形で行われており、着駅の限定はないもののやはり積み降ろしが必要でした。当初セメント工場はバンコクのみに立地していましたが、やがて原料立地型の工場が中部に出現していくと、工場から最大消費地バンコクへの輸送が主要な輸送ルートとなりました。このように特定の発地と着地の間で大量の輸送が見込まれると、専用車両による輸送のメリットが生かされることになります。このため、一九七六年から東北線のケンコーイ付近のサイアムセメント社の工場からバンコク市内の二ヶ所のセメントサイロへ向けて、専用車両によるバラ積み輸送が開始されました。

セメントの専用車両による輸送には、粉のままセメントを輸送するためのホッパー車が必要となり、発駅の工場にはセメントの積み込み装置が、着駅にはセメントの抜き取り装置と保管用のサイロを用意しなければなりませんでした。このため、当初はバンコク向けの輸送に限ってバラ積輸送が行われ、地方への輸送は従来通り袋詰めで行われていましたが、やがて地方にも拠点駅を絞ってセメントサイロを設置し、地方向けの輸送にも利用されるようになりました。石油製品の場合と同じく、セメントの専用車両による輸送も鉄道の競争力を高めることとなり、鉄道によるセメント輸送の大半が専用車両で行われるようになりました。一九七〇年代半ばの時点では、全国レベルではセメント輸送の鉄道のシェアは二八％と自動車の五九％の半分でしかありませんでしたが、専用車両による輸送が始まっていたバンコク向けの輸送では四七％と自動車を上回っていました。

この後原油と液化ガスがバラ積輸送に加わり、一九九〇年代以降急増するコンテナ輸送を除けば鉄道輸送の中心は専用車両による輸送となっていきました。専用車両による輸送は特定の区間に大量の輸送が存在する場合に限って出現することから、大量輸送を得意とする鉄道輸送の競争力がもっとも高くなる輸送でした。これに対し、伝統的な農産物輸送の場合は専用車両による輸送が難しく、精米所や市場への引込線の建設やコンテナ化によって駅での積み降ろしを省略することは可能だったものの、そのような施策は行われませんでした。このため、農産物輸送は徐々に自動車輸送へと転移し、代わって専用車両による輸送が可能な品目が鉄道輸送の主流となっていくのです。

3 停滞する新線建設

量的拡大から質的向上へ

「開発」の時代の道路優先政策は、鉄道網の拡張に対しても大きな影響を与えることになりました。それまでの鉄道と道路の併用時代には、芳しい進展は見られなかったものの新線の建設は続いており、鉄道網は依然として拡張傾向にありました。しかし、一九六〇年代に入ると鉄道建設の抜本的な見直しがなされることになりました。高規格道路の急増の中で、存在意義が認められるような路線のみが建設の続行や新規着工を認められ、そうでない路線は建設や計画が中止されることになったのです。鉄道側にしても、高規格道路の整備に伴う自動車輸送との競合が急速に激化したことから、新線建設はおろか既存の鉄道網における顧客の維持がより重要な課題となり、既存の鉄道網の質的向上が優先されました。

図37は、一九六〇年から一九九〇年までの東南アジア各国の鉄道総延長の推移を示したものです。これを見ると全体的に各国の鉄道総延長の変化は少なく、大半の国で路線長は変わっていないことがわかります。その中でタイは一九六〇年の三五六五キロメートルから一九九〇年の三九二七キロメー

図37●東南アジア各国の鉄道総延長の推移（1960～1990年）

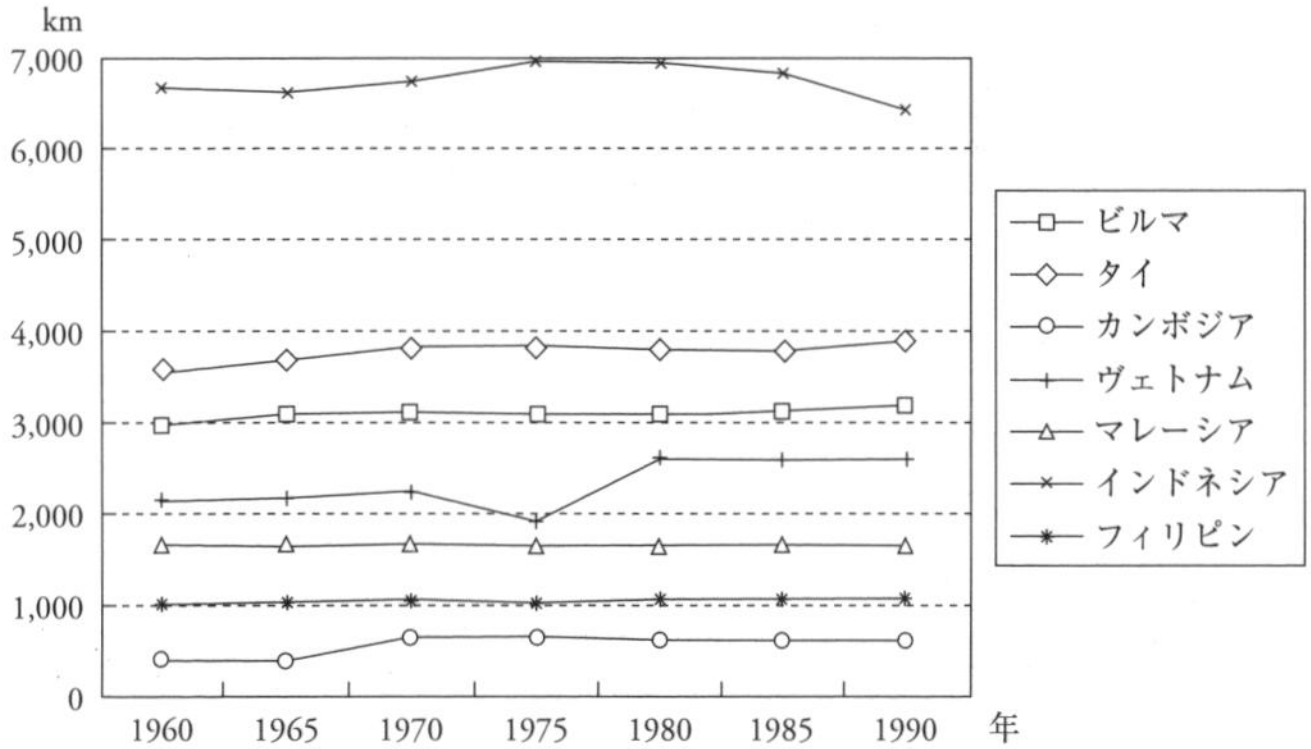

注1：マレーシアはマレーシア国鉄（マレー半島）、フィリピンはフィリピン国鉄（ルソン島）の数値である。
注2：1975年のヴェトナムは1976年の数値である。
出所：ビルマ：SAM、SYM、タイ：柿崎［2009a］、RRF、カンボジア：ASRC、SBC、BSC、ヴェトナム：JWR、VSY、VSD、マレーシア：ASBM、JWR、YSM、インドネシア：JWR、SPI、フィリピン：JWRより筆者作成

トルへと三六〇キロメートルほど増加しており、ヴェトナムに次いで増えています。インドネシアも若干の増加を見せていましたが一九八〇年代に入り減少傾向にあり、カンボジアも一九六〇年代に増加後、若干の減少を見せています。全体的に戦前に比べて路線長の増加傾向は鈍くなり、一部においては漸減傾向にあることがわかります。

この時期の新線の開通は非常に限定され、むしろ廃止される路線のほうが目立つようになってきました。図38は一九七〇年の東南アジア各国の鉄道網を示しており、これを見ると一九四一年以降に開通した区間は非常に限定されていることがわかります。タイには比較的開通区間が多く、一九五〇年代に開通したウドーンターニー～ノーン

図38●東南アジアの鉄道網（1970 年）

出所：筆者作成

カーイ間、スラーターニー〜ターヌン線の一部、旧泰緬鉄道の区間や、一九六〇年代に全通したケンコーイ〜ブアヤイ線とスパンブリー線が該当しています。他にはカンボジアとヴェトナムで新規に開通した区間があるのみであり、逆にカンボジアを除くすべての国において廃止された区間が存在しています。

ビルマでは図37でも若干の路線長の拡大が見られましたが、これは戦争中に日本軍のレール供出などにより休止された区間の復活によるもので、純粋な新線はラングーン郊外の環状線のみでした。ヴェトナムは第二次世界大戦後も第一次インドシナ戦争やその後のヴェトナム戦争の影響で休止された区間が多数発生しており、図37において路線長が増加したのはやはり休止区間の復旧によるものでした。純粋な新線区間は北部のターイグエン付近の路線のみであり、むしろ復旧せずにそのまま廃止された区間も少なくありませんでした。ただし、北ヴェトナムが中国との鉄道の直通を画策したことから、ハノイ付近からドンダンの中越国境までの区間では、中国の車両が直通できるように一九六〇年代に標準軌のレールを敷いてメートル軌との三レール区間に改築されていました。

カンボジアでも二つの新線区間があり、うち一つは戦時中に日本軍が完成させたタイとの連絡鉄道でした。もう一つはプノンペンからシアヌークヴィルに至るもので、戦後独立したカンボジアがプノンペンの河川港を代替する新たな外港として建設したシアヌークヴィル港との連絡のために、一九六〇年代に建設した路線です。島嶼部のマレーシア、インドネシア、フィリピンにおいては新規開通区

●シアヌークヴィル線の貨物列車（フォーク・2004年）

間が存在せず、逆に廃止された区間が各地にありました。これらの国でも戦争によって休止され、そのまま廃止になった路線もありましたが、他方で道路網の整備による自動車輸送との競合が激しくなって廃止された区間も多数ありました。フィリピンのルソン島やインドネシアのジャワ島の支線網の廃止は、主に自動車との競合によるものでした。

このように、東南アジアの各地で新たに開通した鉄道が少なく、逆に少なからぬ路線が廃止されるという状況でしたが、タイにおいてはそれなりの距離の新線が出現していました。このため、相対的にタイの鉄道網の拡張は進展したと言えなくもないのですが、実際には一九六〇年代に開通した路線はわずか二線しかありませんでした。

新線建設の続行

一九五〇年代に着工されていた路線は、ケンコーイ～ブアヤイ線、スパンブリー線、タータコー線、スラーターニー～ターヌン線、バーンスー～クローンタン線の五つの路線でしたが、予算不足でピブーン政権末期にはいずれも建設が中断されました。このため、サッリト時代に入るとこれらの鉄道建設を続行するか中止するかが判断されることになりました。結果として、続行されることになったのはケンコーイ～ブアヤイ線とスパンブリー線のみであり、残りはいずれも中止されました。

ケンコーイ～ブアヤイ線は、東北部へのバイパス線として一九五〇年代から最重要路線として認識されていた路線でした。一九五六年にケンコーイ～スラナーラーイ間六一キロメートルが開通し、その先のラムナーラーイ（チャイバーダーン）まで二三キロメートルの区間も工事が進展していました。ドンパヤーイェン越えの隘路も、自動連結器の導入によって列車の分割が不要となったことから以前ほど問題ではなくなった上に、フレンドシップ・ハイウェーの開通で峠越えの貨物輸送が自動車に転移する状況だったことから、このバイパス線の必要性は以前より低くなっていました。しかし、サリットが地域ごとに策定させた地域開発計画のうち、東北部開発計画にこのバイパス線の建設が盛り込まれたことから、建設は続行されることになりました。ラムナーラーイまでは完成間近であり、国家予算を投入して一九六一年には開通させせました。

図39●新線建設の状況（1960～1995 年）

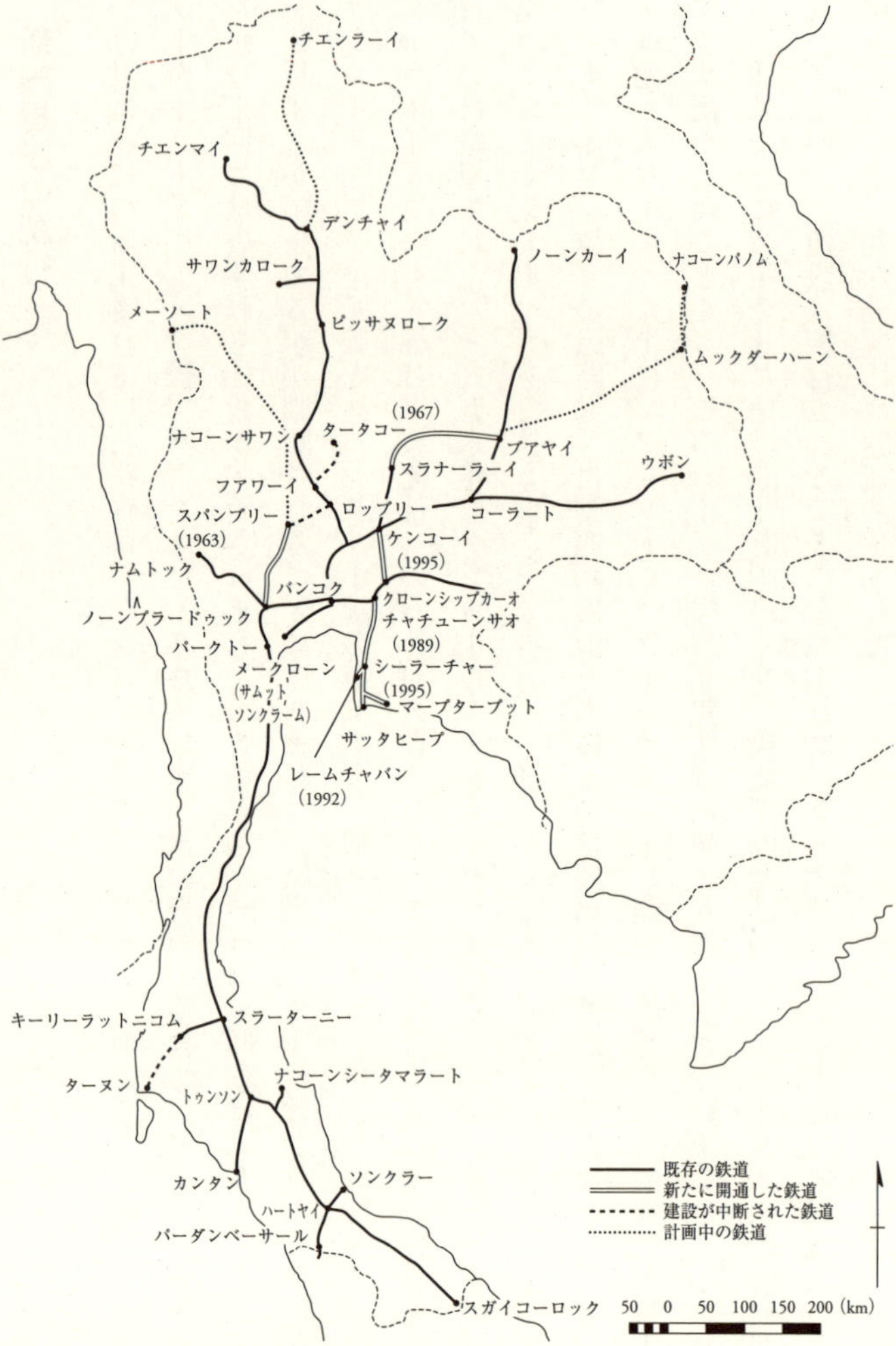

注：カッコ内の数値は開通年である
出所：柿崎［2009a］：136 に加筆修正

その先の区間は未着工でしたが、新線建設への借款に消極的な世界銀行はやはり難色を示したことから、代わりに西ドイツ政府の借款を利用して建設することになりました。借款はドンパヤーイェン山脈を越えるチョン・サムラーン峠を挟む区間のみに用いられることとなり、残りの区間は国家予算での建設となりました。西ドイツ政府の借款による建設だったので、山越え区間の建設は西ドイツ企業が受注するはずでしたが、応札価格が高すぎるとのことで国際入札に切り替え、その結果日本の間組が落札しました。日本企業が請け負った最初の鉄道建設となったケンコーイ～ブアヤイ線は一九六七年に完成し、開通後はノーンカーイ方面の長距離列車が旧線からこちらへ移されました。他方で、このバイパス線の建設に合わせて行なう予定だったバーンパーチー～ケンコーイ間の複線化は、当時の列車本数では単線でも十分賄えるとして結局中止されました。

●ケンコーイ～ブアヤイ線の建設工事（カオパンフーイ付近）

スパンブリー線については、サリットの一声で建設が続行されることになりました。この線は本来ノーンプラードゥック～ロッブリー間の路線の一部であり、北線と南線を結ぶための軍事鉄道として計画されたものでした。ピブーン時代に、途中のシーサムラーンまでの五〇キロメートルの区間の建設がほぼ終了していました。このため、国鉄ではこの間を先行開業させることも検討しましたが、営業運行のために必要な整備にさらなる費用がかかる一方で、需要は見込まれないとして結局整備を見合わせることにしました。さらに、スパンブリーまで完成させても赤字が見込まれることが判明したことから、開発計画を策定する国家経済開発庁（ＮＥＤＢ、現国家経済社会開発庁ＮＥＳＤＢ）も、建設を中止して道路に転用することを勧めました。

しかし、あと二〇キロメートル程建設すればスパンブリーまで到達することをサリットが知ったことから、これまで建設した分が無駄になるとして建設の続行を閣議で決めました。彼は高規格道路を「開発」の象徴と絶賛したのに対し、鉄道に対しては非常に冷淡な態度を取り、バンコク市内の鉄道を軒並み撤去しようと画策したのですが、なぜかこのスパンブリー線については完成にこだわりを見せたのです。この結果、建設工事は再開されて、一九六三年にスパンブリーまでの七八キロメートルが全線開業するに至りました。スパンブリーから先の建設については、ＮＥＤＢや世界銀行の反対もあって結局実現せず、スパンブリーまでの中途半端な支線はそのまま現在に至っています。

スパンブリーはチャオプラヤー・デルタ西端の米どころでしたが、バンコク方面への米輸送は水運が担っていたことから、鉄道での輸送は期待できませんでした。道路もすでに到達しており、トンブリーとの間に列車が運行されたものの、自動車輸送に太刀打ちできませんでした。この路線で唯一ともいえる輸送需要は南部方面への米輸送であり、一九九〇年代まではそれなりの量の米の発送が見られました。

新線建設の中止

ケンコーイ～ブアヤイ線、スパンブリー線の建設が続行された一方で、それ以外の三線は結局建設が頓挫してしまいました。タータコー線はかつての薪輸送の軽便鉄道を改軌し、合わせてタータコーまで延伸する計画でしたが、一九五五年から建設が中断されていました。それでも、完成した区間での非公式の列車の運行は行なわれており、米やメイズの発送が増加していました。国鉄でも需要が見込まれるとしてこの路線の優先順位を高く設定していましたが、政府は建設の中断を決めました。

国鉄ではこの路線の建設を続行するか否かを決断することになりましたが、部内で意見が分かれました。建設部は沿線の開拓が進んでおり、年間五〇〇〇両分の米やメイズの発送が期待できるとして建設の続行を主張しました。これに対し、列車運行部は沿線の森林も衰退していることから薪の輸送も期待できず、タータコーも県都ナコーンサワンと道路で結ばれていることから需要は見込まれず、廃止すべきであるという結論に達しました。このため、再度検討の結果、後者の意見が採用されてこの建設は中止することとし、一九六四年限りで列車の運行が中止されました。タータコー線は、すでに建設工事がある程度進展していたにもかかわらず建設が中断された唯一の路線であり、敷設された線路はすべて撤去された上で、跡地の大半は道路に転用されました。

スラーターニー～ターヌン線もケンコーイ～ブアヤイ線と同じく途中のキーリーラットニコムまで

の区間が一九五六年に開通しており、その先の区間の扱いが焦点となっていました。工事自体はその先一五キロメートル程度までは進んでいましたが、一九五七年から建設は止まっていました。タータコー線のような局地的な路線ではなく、この路線は南部西海岸への幹線として機能しうる路線であり、終点のターヌンからプーケット島へ延伸されればプーケットに新設された錫精錬工場への錫鉱石輸送や、海浜リゾートとして脚光を浴びつつあったプーケットへの観光客輸送にも利用可能でした。しかし、NEDBが南部の開発は道路整備にて行なうとしたことから、この鉄道の延伸は見合わせることになりました。

これに対し、国鉄ではキーリーラットニコムまでの運行を続けても赤字となることから、開通区間の廃止も検討しました。しかし、運輸大臣が将来の延伸もありうるとしたことから、当面現状維持のまま推移させることにしました。この線もスパンブリー線と同じく中途半端な路線となってしまいましたが、並行道路がかなり離れていたことから一九八〇年代までは木材の発送が見られ、当時キーリーラットニコムは南部でもっとも木材発送量が多い駅となっていました。その後西海岸のクラビーへの深水港計画が浮上すると、港へのアクセス鉄道としてクラビー方面への延長も計画されましたが、結局実現しないまま現在に至っています。

バーンスー～クローンタン線は、バンコクの市街地の北側を廻るバイパス線でしたが、バーンスー～クローンタン線建設費の名目で計上された予算も、実際にはバーンスー操車場の改良に用いられており、全区間の鉄道用地は確保されたものの建設は完全に止まっていました。サリットがファアラムポーンの移設を決めた際には、移設の条件の一つとしてこの鉄道の建設が再浮上しましたが、結局移設計画が頓挫したことから、この線の建設も不要となりました。その後、バンコクの新都市計画によってこの鉄道にほぼ並行して環状道路が建設されることとなり、一九七〇年代末から鉄道用地を半分用いてラッチャダーピセーク通りの建設が開始されました。この道路沿線はその後バンコクの副都心の一つとして繁栄していくことになり、国鉄は鉄道用地を賃貸して収入を得ることになるのです。

このように、タータコー線やターヌン線のようないわゆる「地方開拓」型の鉄道は、高規格道路が全国に整備される時代においてはもはや成立しえなくなりました。これまでのタイの鉄道建設は基本的にはバンコクと地方の間の輸送条件の改善が主要な目的であり、間接的に沿線の森林伐採や開田を促進するという「地方開拓」型の鉄道でした。しかし、道路優先政策の下では高規格道路を建設するほうが有利となったことから、鉄道建設の必然性は主張できなくなったのです。ケンコーイ～ブアヤイ線は旧線のバイパス線だったことから建設が続行されたのであり、スパンブリー線は軍事鉄道として着工され、実際には単なる「地方開拓」型の側面が強かったものの、たまたまサリットが建設続行を支持したために実現したものでした。「地方開拓」型の鉄道建設が難しくなったことは、これまでのような鉄道網の拡張が難しくなったことを意味しました。

新たな「地方開拓」鉄道計画

他方で、新たな「地方開拓」型の鉄道計画も出現していました。それらはデンチャイ〜チエンラーイ間、ブアヤイ〜ナコーンパノム間、スパンブリー〜メーソート間の鉄道でした（二五二ページ図39参照）。デンチャイ〜チエンラーイ間の鉄道は一九四一年の全国鉄道建設計画には含まれていましたが、戦後復興期には当面の鉄道建設計画から外されていました。しかし、この間の鉄道建設の必要性を指摘する意見が出たことから、一九六四年にこの線の建設について検討するよう国鉄に指示がありました。一九四一年の計画ではデンチャイからプレー、ナーン、チエンカムを経由してチエンラーイに至るルートでしたが、国鉄の検討の結果、チエンラーイへの所要距離が最短となるプレーからガーオ、パヤオを経由するルートのほうが相応しいとされました。一九六九年に調査が行われましたが、その後の進展は見られませんでした。

ブアヤイ〜ナコーンパノム線も、一部は旧計画に含まれていました。全国鉄道建設計画ではクムパワーピー〜ナコーンパノム間とブアヤイ〜ムックダーハーン間の二線が含まれており、戦後もこの二線の建設は計画に含まれていました。「開発」の時代に入ると前者は消え、後者のみが生き残ることになりました。ケンコーイ〜ブアヤイ線の延伸線ともいえる路線だったことから、同様に東北部開発計画に盛り込まれれば早期に建設される可能性もありました。しかし、高規格道路の整備が目白押しだったことから、結局ケンコーイ〜ブアヤイ線の完成後に再度検討することが盛り込まれただけに留められました。その後、一九六九年にナコーンパノム選出の議員がムックダーハーンからナコーンパノムまで延伸するよう主張したことから、国鉄ではこの間の延伸についても検討を行い、建設可能との結論を得ていました。こちらについても、その後具体的な動きは見られませんでした。

スパンブリー〜メーソート間については、ビルマとの間の国際鉄道の一環としても建設が検討されたものでした。このルートは一九五〇年代にもビルマへの国際鉄道のルートとして浮上したことがありましたが、一九六四年に運輸大臣がこの路線の建設に関心を示したことから、国鉄ではメーソートへの鉄道としてスパンブリーからの延伸線と、ナコーンサワン、ピッサヌロークからの延伸案を合わせて比較検討を行いました。他方でタイ〜ビルマ間の国際鉄道計画は国連アジア極東経済委員会（ECAFE）のアジア縦貫鉄道構想にも含まれており、これら三つのルートのうちの何れかのルートを建設することになっていました。この線は国際鉄道としての機能を有することから、実現するためにはビルマ側の対応も重要でしたが、ECAFEが一九七五年までに完成させる予定としたものの、結局実現には至りませんでした。

このように、新たに浮上した「地方開拓」型の鉄道も、調査までは行われたものの、やはり高規格道路を整備する以上の必要性がないとされ、その先の建設まで漕ぎ着けたものはありませんでした。実際には、当時のバンコクと地方の間の商品流通の急増を見る限り、これらの「地方開拓」型鉄道が実現したとしても、それなりの旅客・貨物面の需要は見込まれたはずです。タイの鉄道網は各地方に最低一線ずつ路線が到達したに過ぎず、鉄道が到達していない県も少なからず存在していました。図39（二五二ページ）からもわかるように、新たに計画された「地方開拓」型の路線や、中止されたスラーターニー～ターヌン線はいずれも鉄道空白地帯へと延びるものであり、バンコクからの所要距離もそれなりに長いことから、少なくとも既存線と同じ程度の鉄道輸送の需要は期待できたはずです。

「開発」の時代までは、鉄道の到達していない地域とバンコクとの間の輸送は、最寄り駅まで鉄道フィーダー道路での自動車輸送を用い、そこから鉄道輸送を用いる形で行われてきました。しかし、高規格道路の整備が始まるとバンコクまでの一環輸送のほうが好まれるようになり、自動車と鉄道の連絡輸送は激減しました。この結果、必要以上に道路輸送への依存が進むこととなり、現在まで続く自動車輸送へ依存しすぎた社会の構築へと進んでいった面は否定できません。この時代にもう少し鉄道網の拡張がなされていれば、現在よりも鉄道の存在感はより高くなっていたはずなのです。

工業開発のための鉄道

「地方開拓」型鉄道の実現性が低くなった中で、唯一残った新線建設の可能性は、工業開発のための鉄道でした。一九六七年にケンコーイ～ブアヤイ線が開通した後、タイにおける新線建設はしばらく停滞しますが、一九八〇年代末から一九九〇年代半ばにかけて約二五〇キロメートルの新線が開通しています。これらはいずれも工業開発のための路線であり、東部臨海工業地域関連の鉄道でした（図39参照）。

最初に開通したのは、チャチューンサオ〜サッタヒープ間の路線でした。この線は一九四一年の全国鉄道建設計画に含まれたチャチューンサオ〜チャンタブリー線の一部であり、戦後も建設計画に含まれていました。サリットの時代に、バンコク港の代替として新たな深水港をタイ湾東岸のシーラーチャー付近に建設する計画が浮上すると、この港とバンコクを結ぶ鉄道としてチャチューンサオ〜シーラーチャー間の鉄道建設も検討されるようになりました。その後、ヴェトナム戦争の激化と共に、米軍の拠点があったサッタヒープと東北部各地の軍事基地との間の物資輸送の必要性が生じたことから、国鉄ではこの鉄道計画をサッタヒープまで延伸した上で、アメリカに建設の支援を求めることにしました。

米軍は鉄道でなく道路建設にてこの問題に対処したことから、アメリカの援助による建設の見込みはなくなったのですが、一九七二年に入ると米軍からこの鉄道建設のためのレール三〇〇キロメートル分を入手することができました。しかし、肝心の建設費がなかったことから着工することはできず、レールは他線の古レールの交換に用いられてしまいました。その後、深水港計画の進展に伴い、一九八一年にようやく着工されましたが、ヴェトナム戦争が終わったにもかかわらずサッタヒープまで建設されたのは、深水港が完成するまでサッタヒープの軍港を暫定的に利用して、サッタヒープからバンコクまでの海上コンテナ輸送に対応するためでした。一九八八年からサッタヒープからのコンテナ輸送は暫定的に開始され、翌年正式に開通しました。その後一九九一年には深水港レームチャバンが開港し、翌年にはシーラーチャーからレームチャバンへの五キロメートルの支線が開通したことから、コンテナ輸送はレームチャバン発着に変わりました。

一方、クローンシップカーオ～ケンコーイ間の路線も、シーラーチャーの深水港計画の一環として浮上したもので、北部や東北部からの輸出品をバンコクを経由せずに港へ輸送することを目的としました。当初は東線のヨーターカー～ケンコーイ間のルートが選ばれましたが、後にクローンシップカーオ～バーンパーチー間に変わり、最終的にクローンシップカーオ～ケンコーイ間に落ち着きました。サッタヒープ線と同様に一時計画は停滞しましたが、深水港計画の進展と共に一九九一年に着工されて一九九五年に開通しました。この路線の開通によって東部臨海工業地域と北部や東北部を結ぶ列車はバンコクを経由する必要がなくなり、バンコク市内の踏切遮断による混雑緩和にある程度貢献することになりました。

最後のマープタープットへの路線は、サッタヒープ線のカオチーチャンから分岐してマープタープットへ至るものでした。マープタープットは東部臨海工業地帯計画の一環で工業港が整備され、重化学工業地帯として機能させることになったことから、鉄道の延伸も盛り込まれたのです。この線もクローンシップカーオ～ケンコーイ線とほぼ同時に着工され、同じく一九九五年に開通しました。なお、

●開業直後のサッタヒープ線の日本製ディーゼルカー（バーンプルータールアン・1990年）

サッタヒープ線以外の三線の建設にはいずれも日本の円借款が用いられており、いずれも純然たる貨物専用線です。サッタヒープ線にしても、ごくわずかの旅客列車が走る以外は貨物列車の独壇場と化しています。

このように、「地方開拓」型の鉄道建設が難しくなった後に開通した鉄道は、いずれも工業開発のための鉄道であり、貨物輸送を目的とした鉄道でした。そして、バンコクの都市鉄道を除けば、一九九五年に開通したクローンシップカーオ〜ケンコーイ線とマープタープット線が、現状では最新の路線となっているのです。

図40●東南アジア各国の旅客輸送量の推移（1960～1990年）

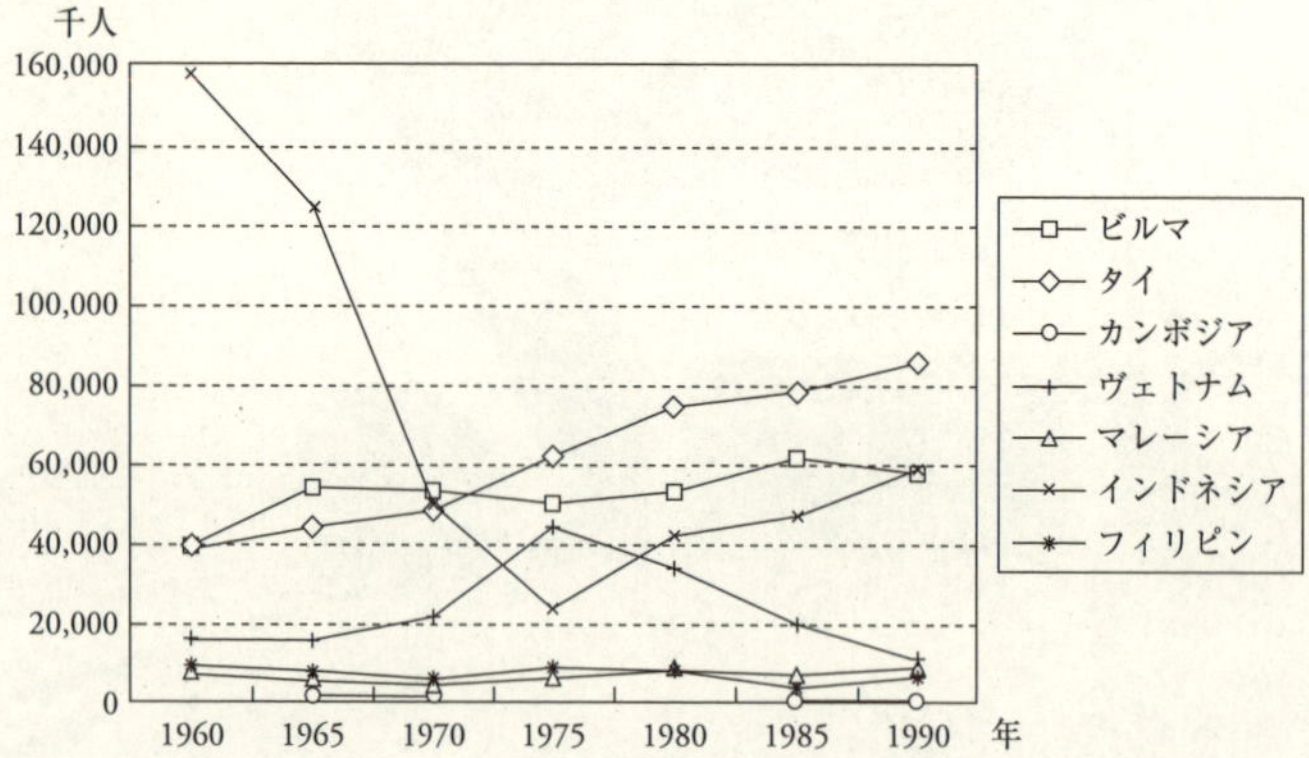

注1：マレーシアはマレーシア国鉄（マレー半島）、フィリピンはフィリピン国鉄（ルソン島）の数値である。

注2：1970年のカンボジアは1969年の数値、1975年のヴェトナムは1976年の数値である。

出所：ビルマ：SAM、SYM、タイ：柿崎［2009a］、RRF、カンボジア：ASRC、SBC、BSC、ヴェトナム：SYV、VSY、VSD、マレーシア：ASBM、YSM、インドネシア：SPI、SYI、フィリピン：PSYより筆者作成

4 鉄道輸送の変化

増加する輸送量

「開発」の時代に始まった道路優先政策の下で、高規格道路が全国に急速に広がっていったことによって、自動車輸送との競合も全国レベルで発生することになりました。フレンドシップ・ハイウェイの開通に典型的なように、鉄道による豚の輸送が消滅したり、バンコクから東北部への工業製品や雑貨の輸送が激減するなど、鉄道輸送は大きな打撃を被りました。しかしながら、鉄道側はそのような現実を冷静に受け止め、可能な限りサ

ービス向上を図って顧客の流出と新規獲得を目指そうと尽力しました。その結果、鉄道輸送は質的にも量的にも大きく変化し、総輸送量はむしろ増加傾向にありました。

図40は、東南アジア各国の旅客輸送量の推移を示したものです。タイの旅客輸送量は一九六〇年の三九九五万人から順調に増加し、一九九〇年には八五三〇万人に達しています。他国を見ると、一九六〇年の時点で一億五八〇〇万人に達して最大の輸送量を誇っていたインドネシアの輸送量は、その後急落して一九七五年に二二五二万人まで落ち込んだ後に、一九九〇年には五八二一万人まで回復しており、変動が極めて激しくなっています。ビルマは一九六〇年の時点でタイとほぼ同じレベルでしたが、その後伸び悩んでいます。ヴェトナムはヴェトナム戦争が終わった一九七六年に過去最高の四四四〇万人を記録した後、一九九〇年には戦時中よりも低い一〇四〇万人まで減少しています。マレーシアも一九八五年まで減少傾向にあり、フィリピンも年による変動はありますが全体としては減少傾向にあります。このため、この時期に一貫して輸送量を増加させたのは、タイのみだったことになり、一九九〇年の時点ではタイの鉄道が最大の輸送量を誇っていました。

貨物についても、タイの輸送量の増加はやはり相対的に大きなものでした。図41は、貨物輸送量の推移を示したものです。タイの数値は一九六〇年の三六八万トンから一九九〇年の約七九六万トンまで二倍以上に増加しており、一九八五年に若干の減少を見せたものの、全体としては順調に増加してきたことがわかります。インドネシアは旅客と同じく一九六〇年の時点では約六五六万トンと最大の

図41●東南アジア各国の貨物輸送量の推移（1960〜1990年）

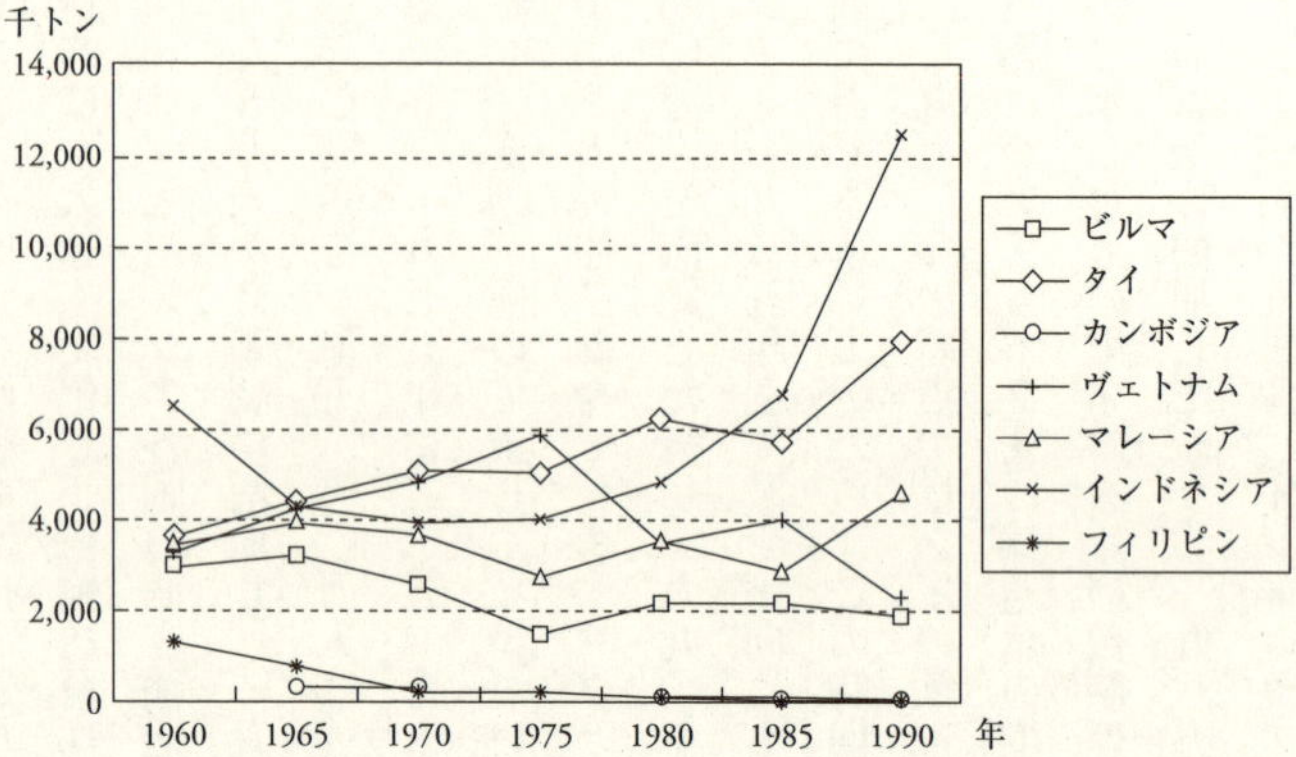

注１：マレーシアはマレーシア国鉄（マレー半島）、フィリピンはフィリピン国鉄（ルソン島）の数値である。

注２：1970年のカンボジアは1969年の数値、1975年のヴェトナムは1976年の数値である。

出所：ビルマ：SAM、SYM、タイ：柿崎［2009a］、RRF、カンボジア：ASRC、SBC、BSC、ヴェトナム：SYV、VSY、VSD、マレーシア：ASBM、YSM、インドネシア：SPI、SYI、フィリピン：PSYより筆者作成

輸送量を誇っていましたが、その後一九七〇年には三九六万トンまで下落し、一九八〇年代に入ってから再び増加して、一九九〇年には一二五四万トンに達しています。一九六〇年の時点でタイとほぼ同じ輸送量となっていたヴェトナムとマレーシアのうち、前者は旅客と同じくヴェトナム戦争の終戦時に最大となり、その後減少して一九九〇年には二〇〇万トン台にまで落ち込みました。後者も一九八五年までは漸減傾向を示し、一九九〇年にようやく増加傾向を見せています。

他方で明らかに減少傾向を示している国もあり、ビルマは一九六〇年の三〇四万トンから一九九〇年には一九五万トンまで減少しています。カンボジアは紛争

前には四〇万トン台の輸送量がありましたが、紛争後は一〇万トン台に減少しています。最大の落ち込みを見せたのはフィリピンであり、一九六〇年には一三四万トン程度あった輸送量が一九七〇年には二八万トンまで減少し、一九九〇年にはわずか一万トンと貨物輸送がほぼ消滅したことがわかります。この時期には国によって政治・経済的状況が大きく異なっていたので単純な比較は難しいのですが、少なくともタイと同様に西側陣営に属してそれなりの経済発展を遂げ、同じように急速なモータリゼーションを経験したインドネシア、マレーシア、フィリピンと比較する限り、タイのモータリゼーションの速度がもっとも早かったにもかかわらず、鉄道輸送の伸びもまたもっとも高かったと言えるでしょう。

伝統的な「旅客」輸送の終焉

自動車との競合にもかかわらず、タイの旅客輸送量は大幅に増加していましたが、質的には大きな変化が見られました。つまり、利用者の中心が従来の荷物輸送を兼ねた短距離の「担ぎ屋」から長距離客へと変化したのです。表4は、東南アジア各国の旅客輸送の状況を比較したものです。一九六〇年の平均輸送距離を見ると、各国とも一〇〇キロメートル以下となっていることがわかります。タイは五九キロメートルと全体的には長い方ですが、一九四一年の時点でも五五キロメートルだったことから、この間にほとんど変化がなかったことになります。ところが、一九九〇年になるとタイの平均

表4●東南アジア各国の旅客輸送（1960・90年）

1960年

	ビルマ	タイ	カンボジア	ヴェトナム	マレーシア	インドネシア	フィリピン
輸送量(千人)	39, 669	39, 946	1, 722	16, 413	7, 743	158, 000	9, 547
輸送密度(千人キロ)	1, 528, 795	2, 352, 847	106, 920	1, 164, 636	380, 325	7, 254, 000	N. A.
平均輸送距離(km)	39	59	62	71	49	46	N. A.
路線長1kmあたり輸送量(千人)	13. 34	11. 21	4. 47	7. 66	4. 71	23. 80	9. 42

1990年

	ビルマ	タイ	カンボジア	ヴェトナム	マレーシア	インドネシア	フィリピン
輸送量(千人)	56, 811	85, 303	473	10, 400	5, 144	58, 212	6, 489
輸送密度(千人キロ)	4, 345, 714	11, 611, 631	34, 359	1, 913, 000	1, 269, 617	9, 290, 000	N. A.
平均輸送距離(km)	76	136	73	184	247	160	N. A.
路線長1kmあたり輸送量(千人)	17. 73	21. 72	0. 79	4. 00	3. 14	9. 01	6. 13

注１：マレーシアはマレーシア国鉄（マレー半島）、フィリピンはフィリピン国鉄（ルソン島）の数値である。

注２：1960年のカンボジアは1965年、1990年のマレーシアは1995年の数値である。

出所：図40に同じ

輸送距離は一三六キロメートルと倍以上に増えており、マレーシアのように二〇〇キロメートルを越えたような国もあります。

この平均輸送距離の変化は、短距離離客の減少と、長距離離客の増加という二つの要因から生じたものです。短距離離客の典型は荷物輸送の「担ぎ屋」だったことから、「担ぎ屋」の減少が短距離離客の比重の低下の主要な要因でした。そもそも彼らの任務は農村と最寄りの町の間の荷物輸送であり、農村から最寄りの町へ農産物を運び、町で仕入れた雑貨や工業製品を農村に持ち帰って販売していました。このため、彼らは人海戦術で多数の荷物を輸送することになり、その際には荷物車や貨車を連結していた混合列車が好都合だったのです。タイの旅客列車が従来ほとんど混合列車だったのは、主要な顧客が荷物をたくさん持った「担ぎ屋」だったためでした。

しかし、このような荷物輸送の必然性は、自動車の普及によって徐々に薄れていきました。自動車があれば農村から町まで直接モノを運ぶことができ、人手も少なくて済みました。また、鉄道輸送では多くの場合一日一～二往復しかない列車に依存せねばならないのですが、自動車があれば好きな時に輸送することが可能でした。このような農村と町を結ぶ自動車はトラックの荷台にロングシートを配置したソーンテオと呼ばれるトラックバスであり、荷台や屋根上に荷物を載せながら、座席や時には荷物の上に乗客を載せて運んでいました。全国規模での道路網の急速な整備と、それに伴う自動車の普及は、このような農村と町を結ぶトラックを増加させていきました。

このように「担ぎ屋」が鉄道から自動車へと転移していったことが、短距離客の比率の減少を引き起こしたのです。しかし、鉄道側にとっては、彼らの減少は新たに増加していった長距離客へのサービス向上のためには好都合でした。「担ぎ屋」の乗車する混合列車は、各駅での貨車の連結や切り離しに時間がかかるばかりでなく、荷物の積み降ろしにも時間を費やしていました。長距離旅客にとっては目的まで短時間で旅行できるほうが望ましく、自動車との競合の点からもスピードアップは重要でした。このため、混合列車から普通列車への列車種別の変更はスピードアップが主目的だったものの、その背景には「担ぎ屋」の減少もありました。わずかに残った「担ぎ屋」は新設された貨物主体の混合列車を使用することになりましたが、やがて利用者の減少により一九八〇年代半ばまでにこのような混合列車も消えていきました。

タイでは「担ぎ屋」による荷物輸送はほぼ消滅しましたが、自動車輸送が不便で代替できないような国においては、依然として彼らが主要な利用者である場合もあります。表4において一九九〇年の時点でも平均輸送距離が一〇〇キロメートルに満たないビルマやカンボジアがその典型であり、一日一～二往復の列車がヒトとモノの局地的な輸送に重要な役割を果たしています。かつての北ボルネオの鉄道を継承したマレーシアのサバ州鉄道も、並行道路がまったくない区間のおかげで鉄道の存在意義が成立している状態です。道路整備が進んで自動車輸送が可能になれば、やがてこのような輸送は消滅していくでしょうが、逆に言えばこのような地域においては鉄道の存在意義は相対的に高くなり、沿線の人々の生活を支える「生命線」としての機能を依然として担っているものと言えるでしょう。

長距離旅客の出現

短距離の「担ぎ屋」の減少と反比例するかのように、長距離客が増加していくことになりました。長距離客は主としてバンコクと地方の間を往来するものであり、「開発」の時代以降急速に増加していくバンコクへの出稼ぎ労働者の往来がその主流だったものと考えられます。そもそも、タイの鉄道における長距離客を対象とした列車は急行列車しか存在せず、運賃の割高な一等、二等車しか連結していなかったことから、庶民の移動の足ではありませんでした。庶民が利用する三等車は普通列車か混合列車にしか連結されておらず、バンコク発の列車で見ると北線では約四〇〇キロメートルのピッサヌロークまで、東北線、南線ではそれぞれ約二五〇キロメートルのコーラート、プラーンブリーまでしか運行されていませんでした。このため、それより先に行くためには終着駅で夜を明かして翌朝の列車に乗り換える必要がありましたが、そのように何日もかけて長距離を移動する庶民は少なかったものと思われます。つまり、長距離客の主体は用務のある商人、公務出張の官僚などの富裕層が多く、庶民の長距離の旅行は珍しかったのです。

ところが、「開発」の時代に入ると、タイは積極的な工業化を進めることとなり、バンコク近郊に新たな工場が立地し、労働市場が形成されていきました。さらに途上国の大都市でよく見られたように、いわゆるインフォーマル経済と呼ばれる様々なサービス業がバンコクにも集積し、労働市場が急速に拡大していきました。他方で農村では未開拓地の消滅によって従来のように人口増加を新たな開墾によって吸収することが難しくなり、農村部の余剰人口が問題となっていきました。このため、農村から都市への労働力の移動が発生することになり、都市と農村の間の庶民の流動が増加したのです。

このような庶民の長距離移動の増加に、鉄道側も積極的に対応しました。おりしも従来からの最大の顧客だった「担ぎ屋」が自動車へ転移していくことで、鉄道は新たな顧客を獲得しなければならなかったことから、長距離客の増加は好都合でした。しかし、高規格道路の整備によって従来は長距離輸送への参入が難しかった自動車も長距離客の獲得を目指していたことから、鉄道側もスピードアップによる便宜を図らなければなりませんでした。一九五〇年代から運行が始まった快速列車は、三等利用の長距離旅客を対象としたものであり、一九六〇年代に入って夜行運転を行なうことで運行区間はさらに拡大し、タイ全土へ乗り換えなしで三等客が旅行できるようになりました。さらに、普通列車でも夜行列車の運行が始まり、これらの施策によって庶民の長距離旅行の便は大幅に向上し、鉄道も「担ぎ屋」に代表される短距離客の減少分をはるかに上回る長距離客の獲得に成功したのでした。

旅客輸送でも貨物輸送でも、自動車との競合という点においては鉄道の優位性は長距離輸送において高くなることから、平均輸送距離が長くなるほど、自動車との競合が進んで、短距離客の流出が激しかったことを意味します。タイは一九九〇年の時点において平均輸送距離が一三六キロメートルであり、短距離客が依然主要な顧客だったビルマやカンボジアに次いで低くなっています。インドネシアやマレーシアでは、タイよりもこの距離が長くなっていたことから、短距離客の減少がより顕著だったことを示しています。なかでもマレーシアは二四七キロメートルとかなり長くなっており、短距離輸送が大幅に減少したことを示していますが、インドネシアも一九六〇年の四六キロメートルから一九九〇年の一六〇キロメートルと三倍以上の伸びを示していました。この間に旅客輸送量自体が三分の一近くまで減少していることから、従来主要な顧客だった短距離客の大量流出が、大幅な輸送量の減少をもたらしたことがわかります。タイの場合は短距離客の減少を上回る長距離客の増加があったので、結果として旅客輸送量は増加したものの、インドネシアやマレーシアにおいては相殺されるほど長距離客が増加しなかったことから、輸送量の減少を経験したのです。

タイの「成功」は、路線長一キロメートルあたりの輸送量からも見ることができます。先の表4（二六八ページ）のように、一九六〇年の時点ではタイの数値は約一・一万人と全体の中では中位であり、インドネシアの二・四万人の半分以下でしかありませんでしたが、一九九〇年には二・二万人と最大の数値となっていることがわかります。この間に数値を伸ばしているのはビルマでだけであり、タイの伸びが突出しています。ビルマではモータリゼーションの進展は遅く、タイに比べれば鉄道の独占度ははるかに高かったはずですが、タイの鉄道は東南アジアでもっとも急速なモータリゼーションの中でも、極めて順調に旅客輸送を拡大させることができたのです。

貨物輸送品目の変化

旅客輸送のみならず、貨物輸送の面においても大きな変化が見られました。図42は、一九六〇年から一九九〇年までの主要貨物輸送品目の推移を示しています。これを見ると、この間の主役の交代がはっきりと確認できます。一九六〇年の時点でもっとも輸送量が多かった品目は米と小荷物であり、それぞれ約六〇万トンの輸送がありました。しかし、その後両者とも輸送量は減少傾向を示し、一九九〇年にはそれぞれ二八万トンと二・五万トンにまで減少したのです。小荷物の落ち込みが激しい理由は、小荷物輸送の賃率が貨物輸送の中ではもっとも高かったことから、自動車への転移が急速に進んだためでした。戦前の三大輸送品目の中では唯一戦後に輸送量を増加させた木材輸送も、一九六〇年には二五万トン程度の輸送がありましたが、その後木材資源の枯渇や自動車への転移によって一九九〇年には一一万トンまで減少しました。

反対に、この間輸送量を増大させたのは石油とセメントでした。一九六〇年にはそれぞれ三六万トンと一六万トンの輸送量がありましたが、一九九〇年には三〇二万トンと二五二万トンに達し、最大の輸送品目へと成長しました。一九九〇年に四八万トンに達したコンテナは海上コンテナの輸送であり、一九七九年から輸送が開始されて一九八〇年代後半に輸送量が急増していきました。戦前から輸送が存在した天然ゴムは、一九六〇年の五万トンから一九八五年には一六万トンまで増加し、「開発」

図42●主要貨物輸送品目の推移（1960〜1990 年）

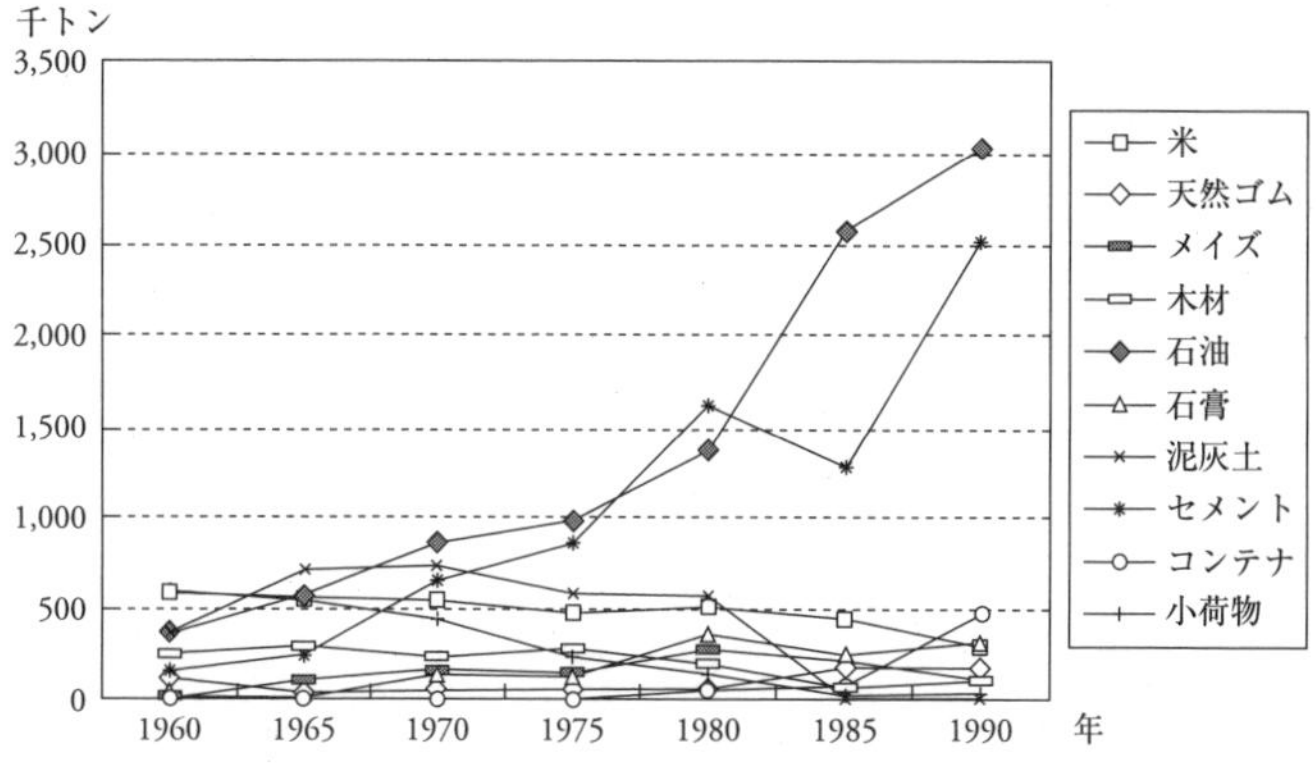

出所：柿崎［2009a］、RRF、SYT より筆者作成

の時代に新たな商品作物として生産が急増したメイズも、一九八〇年には輸送量が二七万トンに到達していました。セメントの原料だった石膏輸送は、一九六〇年の時点ではわずか七〇〇〇トンしかなかったものが一九八〇年には三五万トンまで増加したのに対し、以前から大量の輸送が見られた泥灰土の輸送は、バーンスー工場でのセメント製造の中止に伴い、一九八五年までにほぼ消滅しました。全体としては米に代表されるように農産物の比率の低下が顕著であり、石油とセメントに代表される工業製品や資源の輸送が大きく増加し、タイの鉄道の主要な輸送品目が農産物から工業製品・資源へと変化したことがわかります。

　これらの品目の輸送は、「開発」と連動していました。石油の輸送は、地方での石油需要の拡大に対応するものであり、その大半は自動車の燃料用でした。一九六〇年代にはヴェトナム戦争特需もあって、米軍向けの石油輸送も活況を呈したほか、アメリカによるラオス支援のための石油輸送も依然として活発でした。このヴェトナム戦争とラオス向けの輸送は、いずれも目的地が東北部となったことから、かつて農産物の発送に活躍したものの、高規格道路の整備でその役割を自動車に譲った東北線にとっては新たな顧客となりました。ヴェトナム戦争が終わった一九七〇年代半ばの時点でも、東北線向けの輸送が石油輸送全体の半分程度を占めていました。戦争特需やラオス向け輸送が消えた一九七五年以降も石油輸送量の減少は見られず、さらなる増加を見せていました。

そして、一九八〇年代に入ると、新たに原油輸送が出現しました。これまでの石油輸送はガソリンやディーゼル油などの石油製品輸送のみでしたが、中部のカムペーンペットでシリキット油田が開発され、一九八三年より鉄道による原油輸送が開始されたことから、石油輸送はさらなる拡大を見せたのです。一九九〇年の段階では総輸送量三〇二万トンのうち、原油輸送は一三六万トンを占めており、全体の半分弱が原油の輸送だったことになります。これにより、従来バンコクから地方への輸送が中心だった石油輸送に、新たに地方からバンコクへの輸送が加わったのです。

セメント輸送の拡大も、「開発」と連動していました。セメントの需要はかつて都市に集中し、主に建築材料として用いられてきましたが、「開発」の時代に地方でのインフラ整備が進むと、地方におけるセメントの需要も拡大しました。しかし、依然として最大の消費地はバンコクであり、主にバンコク北方の中部に位置するセメント工場からバンコクへの輸送が鉄道輸送の中心を占めました。一

●シリキット油田からの原油輸送（チャチューンサオ・1998年）

九七〇年代半ばには総輸送量の七割強がバンコク着の輸送であり、地方向けの輸送はそれほど多くはありませんでしたが、この頃から始まったセメントのバラ積輸送の成果で、その輸送量はさらに増加していきました。

貨物輸送の長距離化

セメント輸送は例外的に比較的短距離の輸送でしたが、旅客輸送の場合と同じく、貨物輸送の平均輸送距離もさらに延びていきました。表5を見ると、一九六〇年の時点のタイの平均輸送距離は三一一キロメートルでしたが、一九九〇年には四二〇キロメートルまで増加していることがわかります。一九四一年の時点では二八五キロメートルだったので、旅客と同じく一九六〇年の数値はそれほど変化がなかったことになりますが、その後

表5●東南アジア各国の貨物輸送（1960・90年）

1960年

	ビルマ	タイ	カンボジア	ヴェトナム	マレーシア	インドネシア	フィリピン
輸送量(千トン)	3,053	3,684	434	3,339	3,559	6,564	1,337
輸送密度(千トンキロ)	760,414	1,146,935	96,002	845,780	431,945	1,159,000	N. A.
平均輸送距離(km)	249	311	221	253	121	177	N. A.
路線長1kmあたり輸送量(千トン)	1.03	1.03	1.13	1.56	2.16	0.99	1.32

1990年

	ビルマ	タイ	カンボジア	ヴェトナム	マレーシア	インドネシア	フィリピン
輸送量(千トン)	1,945	7,964	116	2,341	5,248	12,537	12
輸送密度(千トンキロ)	514,077	3,347,095	24,057	847,000	1,416,201	3,190,000	N. A.
平均輸送距離(km)	264	420	207	362	270	254	N. A.
路線長1kmあたり輸送量(千トン)	0.61	2.03	0.19	0.90	3.20	1.94	0.01

注1：マレーシアはマレーシア国鉄（マレー半島）、フィリピンはフィリピン国鉄（ルソン島）の数値である。
注2：1960年のカンボジアは1965年、1990年のマレーシアは1995年の数値である。
出所：図41に同じ

旅客ほどではないものの、一〇〇〇キロメートル程度距離が延びていることになります。タイの数値は一九六〇年の時点でももっとも多くなっており、一九九〇年においても最大となっていることから、タイの鉄道は相対的に長距離輸送の比率が高いことがわかります。

旅客輸送の場合と同様に、貨物輸送の場合も短距離の輸送ほど自動車のほうが有利でした。一九六〇年代の時点でも、三〇〇キロメートル以下の距離の場合は自動車輸送に太刀打ちできないものの、五〇〇キロメートル以上の場合は鉄道輸送のほうが有利であると認識されていました。セメントの事例のように特定の区間に大量の輸送があり、バラ積輸送でコストを削減できる場合は三〇〇キロメートル未満の距離でも鉄道輸送が有利になる場合もありましたが、一般の車扱い輸送の場合はやはり長距離でないと鉄道の優位性は発揮できませんでした。しかも、タイの場合は道路水準が極めて高くなったことから、実際には自動車輸送の競争力がより高くなり、鉄道輸送の優位性が発揮されるのは一〇〇〇キロメートルを超えるような超長距離輸送となっていました。その典型例は、米の輸送でした。

タイにおける米輸送は、基本的にはバンコクからの輸出米の輸送が中心だったことから、北部や東北部などの内陸部からの米はバンコクへ向けて運ばれていました。ところが、高規格道路の整備が進み、自動車輸送との競合が発生すると、北部や東北部からバンコクへの米輸送は自動車へと転移するようになりました。このバンコクへの米輸送に代わって登場したのが、南部への輸送でした。南部は元来米生産がそれほど多くなかったのですが、人口の増加に伴い一九六〇年頃から恒常的な米不足地域となっていきました。このため、他地域から南部へ米を輸送する必要性が生じたのですが、輸送が長距離となることから、自動車よりも鉄道の優位性が高かったのです。

このため、一九七〇年代半ばまでに、タイの鉄道の主要な任務はバンコクへの米輸送よりも、むしろ南部への米輸送へと変化していました。一九七〇年代半ばには年平均約四〇万トンの米が輸送されていましたが、うち二四万トンが南部着の輸送であり、バンコク着の一三万トンを上回っていました。南部へ輸送される米の発地はバンコクとチャオプラヤー・デルタが中心でしたが、北部や東北部からも南部向けの米輸送が行われており、南部着の米輸送量の約半分が北線や東北線から発送されたものでした。バンコクまでの輸送では自動車輸送のほうが有利となっても、南部までの一〇〇〇キロメートルを超えるような超長距離輸送の場合は、鉄道のほうが依然として有利だったのです。

同様な事例として、メイズも挙げられます。フレンドシップ・ハイウェーによる「開発」の賜物と称されたメイズでしたが、実際には一九七〇年代後半までは東北部よりも中部が産地の中心であり、しかも鉄道も少なからずメイズ輸送に貢献していました。当初は米と同じくバンコク向けの輸送が中心でしたが、やがて南部やマレーシア国境向けの輸送が増加し、一九七〇年代半ばには年平均一七万トンの輸送のうち、半分以上の約九万トンが南部やマレーシア国境着の輸送となっていました。米と同じく北線や東北線から発送された分も多くなっており、やはり鉄道輸送の優位性は超長距離で発揮されたのです。

このように、貨物輸送におけるタイの平均輸送距離は東南アジアの他国よりも長くなっていました。セメントのように短距離の区間で大量の輸送需要がある事例が少ないことも平均輸送距離を長くする要因でしたが、米やメイズのように超長距離の輸送でないと鉄道輸送の優位性が発揮されないこと、言い換えれば自動車輸送の競争力が非常に高いことが、結果としてタイの鉄道の平均輸送距離を延ばしていたと言えるでしょう。その結果、たとえ短距離や中距離の貨物輸送が自動車輸送へ転移しても、長距離輸送の拡大によってその減少分は補われており、さらなる輸送量の増加も実現できたのです。

旅客輸送と同じく、貨物輸送面でもタイの鉄道の「成功」は路線長あたりの輸送量に現れています。一九六〇年の時点では一〇三〇トンと最低のレベルでしたが、一九九〇年には二〇三〇トンとマレーシアに次いで上位につけていることがわかります。旅客、貨物とも、鉄道側の施策の成果のみならず、順調な経済発展に伴うヒトやモノの流動の増加という側面も無視できないものの、急速な自動車輸送の中でタイの鉄道がこれだけの成績を残したことは、やはり鉄道側の積極的な施策の賜物でした。その結果、自動車への依存度の高い社会になったとはいえ、カンボジアやフィリピンのように鉄道輸送がほぼ壊滅状態とはならず、それなりに存在感を発揮できているのです。

column

コラム04

乗りにくいローカル線

●スパンブリー線の混合列車（スパンブリー・1990年）

タイの鉄道は四〇〇〇キロメートル程度しかありませんので、すべての路線に乗ることはそれほど難しくはありません。その際に問題になるのは、一日一往復しか列車が運行されていない超ローカル線です。このような区間は、北線から分岐するサワンカローク線、東線から分岐するサッタヒープ線、南線から分岐するスパンブリー線、キーリーラットニコム線、カンタン線のトラン〜カンタン間の五区間となります。このうち、サワンカローク、サッタヒープ、カンタンの三線はバンコクから直通列車があり、しかも終点に着くとすぐに折り返すダイヤですので、その列車に乗って往復すれば簡単に乗ることができます。しかし、スパンブリーとキーリーラットニコムへの支線では、一日一往復の列車はそれぞれ終点で夜を明かして翌朝戻ってくるので、乗るとなると終点で宿泊する必要が出てきます。

スパンブリーは県庁所在地ですので、宿を探すのはそう難しくはありません。バンコクを一六時四〇分に出た列車は、三時間かかって一九時四〇分にスパンブリーに到着します。駅は市街地から離れた寂しい場所にありますが、駅の北の国道と接する場所まで列車が送ってくれますので、ここで降りれば市内へ入る手段が見つかるでしょう。翌朝の上り列車は四時五〇分にスパンブリーを出ますので、早起きが必要です。以前はもっと乗りやすいダイヤだったのですが、現在は夜遅く着いて早朝に出るので、全線を明るいうちに乗ることはできません。

さらに乗りにくいのは、キーリーラットニコムへの支線です。この線はスラータニー〜ターヌン線の一部区間で、キーリーラットニコムはスラータニー県の郡庁所在地です。南線のスラータニーを一六時五五分に出た列車は、一八時にキーリーラットニコムに到着すると、翌朝六時に発車するまでここに止まっています。この点はスパンブリーと一緒なのですが、問題は小さな町のため泊まる場所がないことです。キーリーラットニコムに着いてから少し離れた国道に出てスラータニーへ戻るバスをつかまえたり、スラータニーからタクシーを雇ってキーリーラットニコムに先回りさせたりするなど、この線に乗ったことのある方は皆さん苦労されたようです。私も一回しか乗ったことはないのですが、図々しくも駅に泊めてくださいとお願いして、列車の乗務員の宿舎で一晩お世話になりました。大学生の頃の話ですが、今となっては良き思い出です。

図43●鉄道網の発展と道路（2009 年）

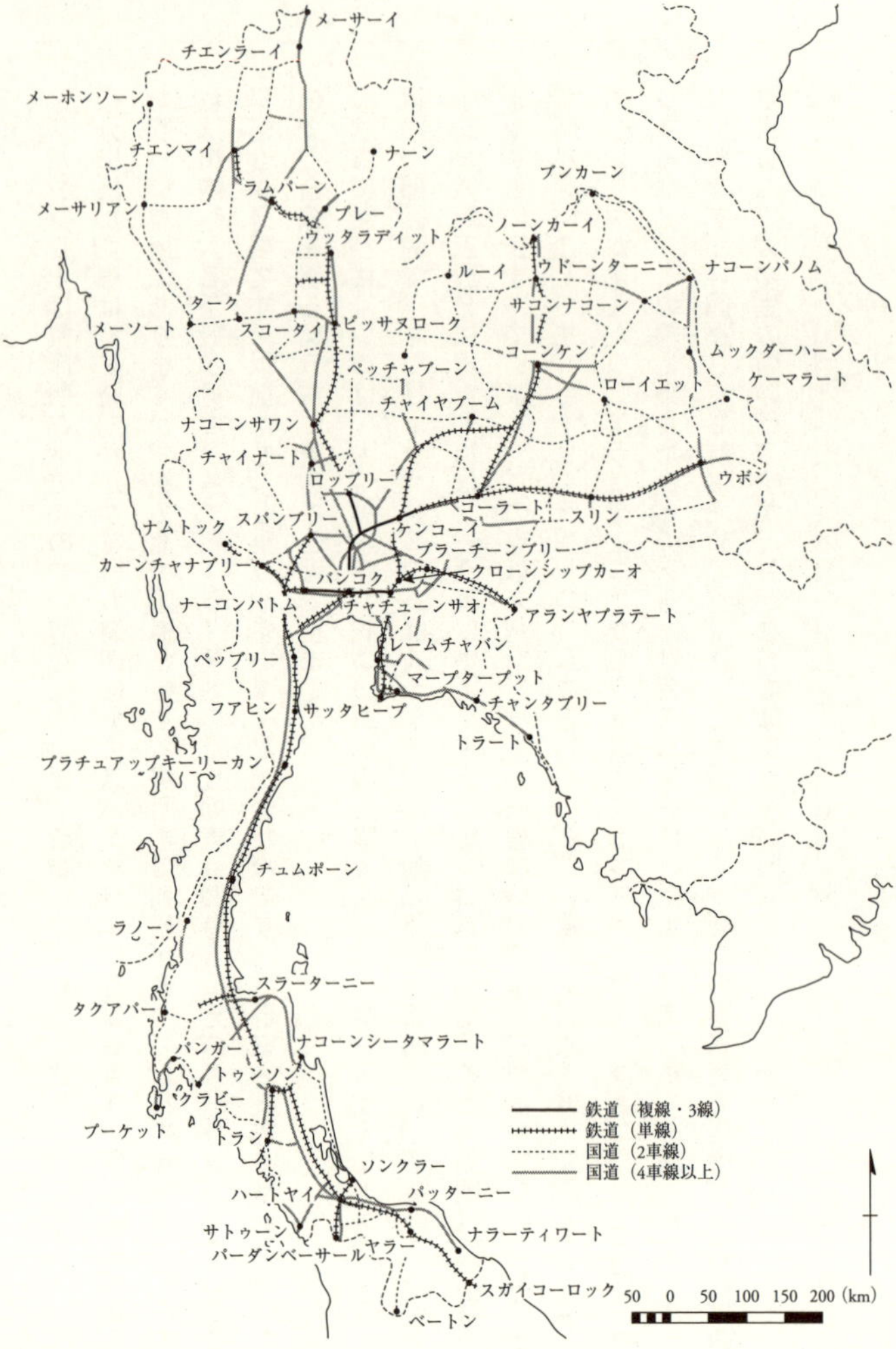
メーサーイ
チエンラーイ
メーホンソーン
チエンマイ
ナーン
ランパーン
プレー
メーサリアン
プンカーン
ノーンカーイ
ウッタラディット
ルーイ
ウドーンターニー
ナコーンパノム
サコンナコーン
ターク
メーソート
スコータイ
ピッサヌローク
コーンケン
ムックダーハーン
ペッチャブーン
ローイエット
ケーマラート
チャイヤプーム
ナコーンサワン
チャイナート
ロッブリー
ウボン
コーラート
スリン
スパンブリー
ケンコーイ
ナムトック
プラーチーンブリー
カーンチャナブリー
クローンシップカーオ
バンコク
ナーコンパトム
チャチューンサオ
アランヤプラテート
レームチャバン
ペッブリー
マープタープット
チャンタブリー
フアヒン
サッタヒープ
トラート
プラチュアップキーリーカン
チュムポーン
ラノーン
スラーターニー
タクアパー
ナコーンシータマラート
パンガー
トゥンソン
クラビー
プーケット
トラン
ソンクラー
ハートヤイ
パッターニー
サトゥーン
ナラーティワート
パーダンベーサール
ヤラー
スガイコーロック
ベートン
鉄道（複線・3線）
鉄道（単線）
国道（2車線）
国道（4車線以上）
50 0 50 100 150 200（km）

出所：筆者作成

第5章　鉄道の復権――新たな役割を担って　一九九〇年代〜

1　在来線の状況

苦戦する旅客輸送

「開発」の時代以降の高規格道路の急増に伴う自動車輸送との競合の激化にもかかわらず、タイの鉄道は旅客、貨物とも順調に輸送量を拡大させてきましたが、一九九〇年代以降は旅客面では輸送量の減少に見舞われることになりました。図44は、一九九〇年以降の東南アジア各国の旅客輸送量の推

図44●東南アジア各国の旅客輸送量の推移（1990〜2007年）

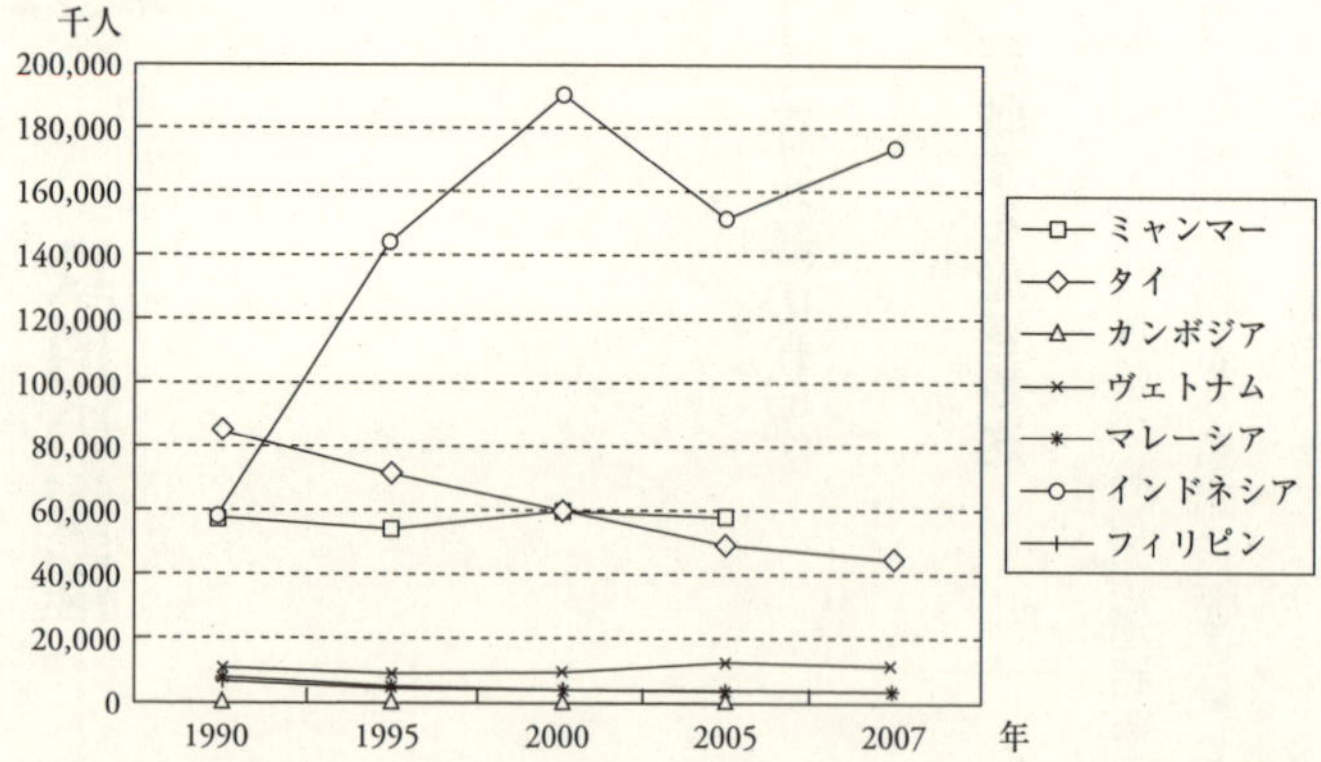

注1：マレーシアはマレーシア鉄道（マレー半島）の数値であり、近郊電車（KTM Komuter）は含まない。

注2：2005年のミャンマーは2004年の数値である。

出所：ミャンマー：SAM、SYM、タイ：RRF、SYT、カンボジア：CSY、ヴェトナム：SYV、SHV、マレーシア：YSM、KTMホームページ、インドネシア：SYI、BPSホームページ、フィリピン：PSYより筆者作成

移を示しています。これを見るとタイの輸送量は一九九〇年以降一貫して減少傾向にあることがわかります。一九九〇年の時点で年間八五三〇万人あった旅客数は二〇〇七年には四五〇五万人まで減少し、この間にほぼ半減していることになります。他国を見ると、インドネシアは一九九〇年以降再び急増し、二〇〇〇年には一億九一九〇万人まで達しています。このインドネシアの急激な輸送量の増加は短距離客の増加に起因するもので、平均輸送距離も一九九〇年の一六〇キロメートルから二〇〇五年には九二キロメートルと大幅に短縮しており、後で述べるジャカルタ近郊の通勤・通学輸送の増加によるものと思われます。ミャンマー（ビルマ）は六〇〇〇万人程度でほぼ

図45●自動車登録台数と国道・県道総延長の推移（1990〜2005 年）

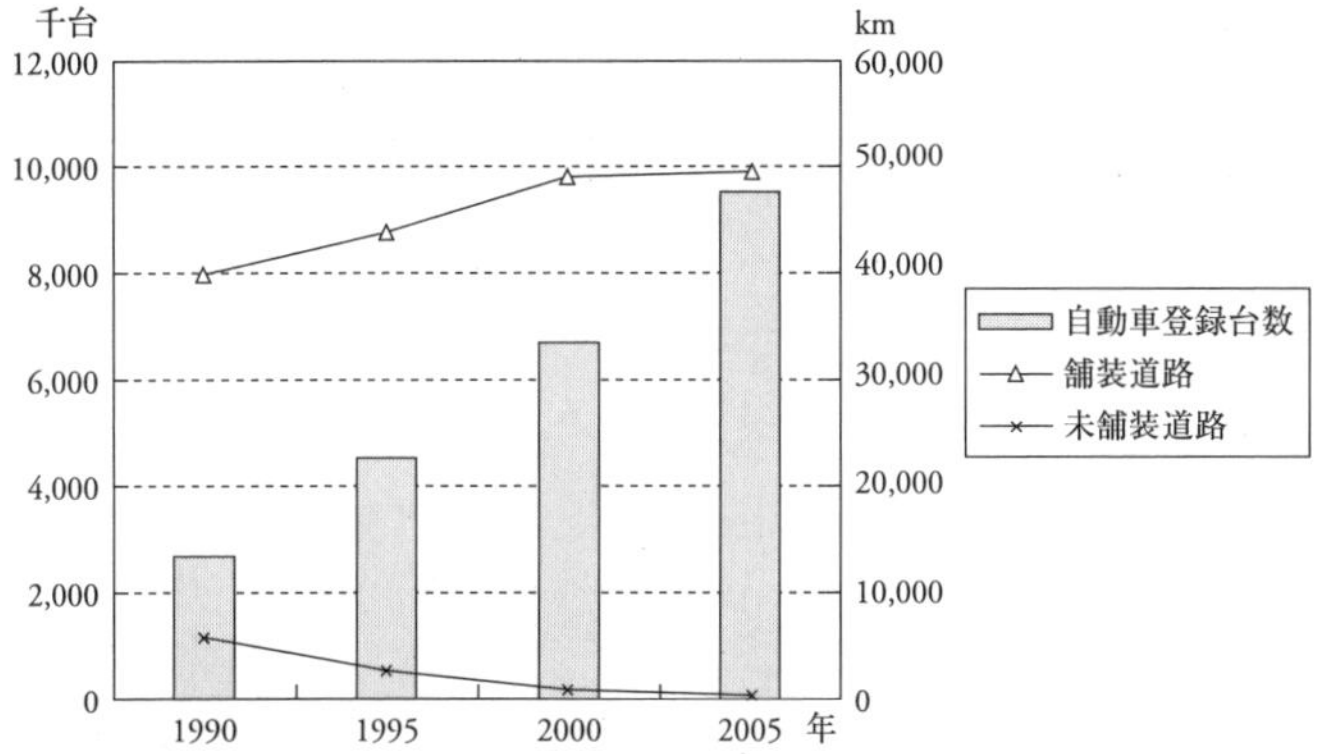

出所：自動車登録台数：SYT、道路距離：RTL より筆者作成

横ばいとなっており、二〇〇五年にはタイを上回っています。ヴェトナムは二〇〇〇年代に入り若干持ち直して二〇〇五年には一二八〇万人に回復しましたが、マレーシア、フィリピン、カンボジアでは軒並み輸送量が減っています。とくにカンボジアでは二〇〇五年の輸送量は五万人を切り、ほぼ壊滅状態となりました。

タイにおける旅客輸送の減少は、自動車輸送との競合の激化によるものでした。図45のように舗装道路の総延長は一九九〇年以降も増加し、二〇〇五年には全国の国道と県道はほぼ全区間舗装化されました。この図に含まれない村道の整備も急速に進み、今や農村部でも舗装道路がごく普通に見られるようになっています。さらに、一九九三年からバンコクと地方を結ぶ幹線道路の四車線化（上下車線分離化）が開始され、従来の対面通行に比べてさらなる所要時間の短縮が可能となりました。現在では四車線化された区間は約一万キロメートルにも及び、とくに交通量の多い区間では側道も設けられて、本道は事実上高速道路と変わらないような状況も出現しています（二八四ページ図43参照）。この四車線化はバンコクと地方の間の自動車輸送の所要時間の削減に大きく貢献し、自家用車やバスの利用者を増加させたものと思われます。

さらに、道路整備の速度を上回る速さで自動車登録台数の増加も進みました。図45のように、一九九〇年には乗用車とバス・トラック合わせて二六〇万台だった自動車登録台数は、二〇〇五年には合わせて九五六万台に達し、この間に四倍近くも増加しています。乗用車よりもバス・トラックの増加率のほうが高いことから、バンコクよりも地方での自動車の増加が顕著だったことになります。また、航空輸送の競争力も増加し、とくに航空自由化の影響で二〇〇四年から格安航空がタイでも就航を始めたことから、長距離の一等、二等旅客の減少も顕在化していったはずです。このような競合の結果、鉄道の旅客数は一九九三年の八七七八万人を頂点として、以後減少していきました。

タイにおける旅客輸送量の減少は、短距離客のさらなる減少によるものでした。一九九〇年の時点で一三六キロメートルだった平均輸送距離は、二〇〇五年には一八二キロメートルまで増加し、長距離客の比率がさらに高まっていました。これまでは短距離客の減少分を長距離客の増加が補っていましたが、もはや長距離客のさらなる増加も期待できなくなったのです。一九八〇年代までは一貫して旅客輸送量を増加させてきたタイの鉄道でしたが、一九九〇年代に入り自動車輸送との競合がさらに過酷なものとなると、かつてインドネシアやマレーシア、あるいはフィリピンが経験したような旅客

図46●東南アジア各国の貨物輸送量の推移（1990～2007 年）

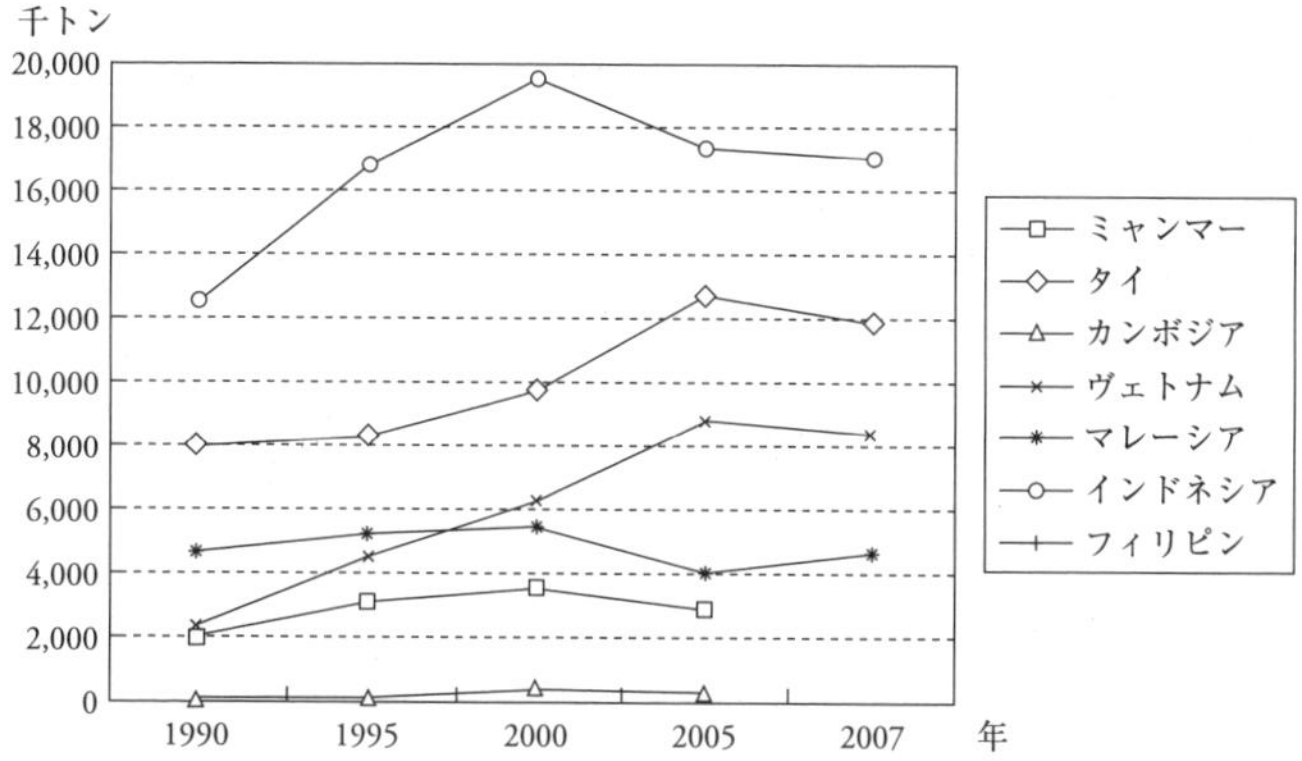

注１：マレーシアはマレーシア鉄道（マレー半島）の数値である。
注２：2005 年のミャンマーは 2004 年の数値である。
出所：ミャンマー：SAM、SYM、タイ：RRF、SYT、カンボジア：CSY、ヴェトナム：SYV、SHV、マレーシア：YSM、KTM ホームページ、インドネシア：SYI、BPS ホームページ、フィリピン：PSY より筆者作成

輸送量の減少を経験することになったのです。

好調な貨物輸送

旅客輸送が低調となっていったのに対し、貨物輸送量はさらなる増加を見せていました。図46のように、タイの貨物輸送量は一九九〇年の七九六万トンから二〇〇五年には一二八二万トンまで順調に増加していきました。他国を見ても、旅客輸送と同様にやはりインドネシアの輸送量が急速に回復し、二〇〇〇年には二〇〇〇万トンに近づいています。インドネシアの貨物輸送の主役はスマトラ南部の石炭輸送であり、二〇〇八年には総輸送量一九四四万トンのうち一五四八万トンがスマトラでの輸送量でした。右肩上がりで上昇を続けてきたのはヴェトナムであり、急速な経済

図47●主要貨物輸送品目の推移（1990～2007年）

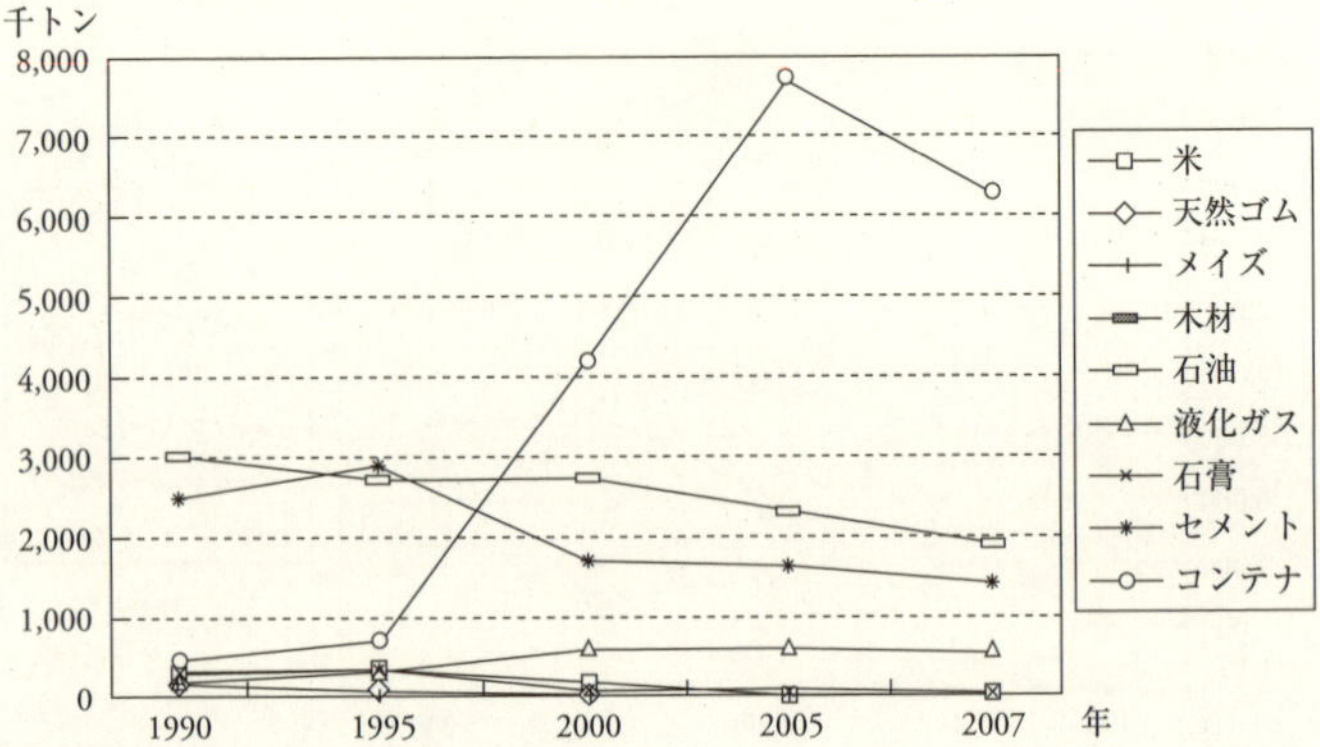

出所：RRF、SYTより筆者作成

発展の成果もあって輸送量は一九九〇年の二三四万トンから二〇〇五年には八八四万トンと四倍近く増加しています。ミャンマーとマレーシアは二〇〇〇年までは若干増加したもののその後減少に転じ、フィリピンは一九九四年をもって統計上から貨物輸送が消滅しています。

タイの貨物輸送の順調な増加は、ひとえにコンテナ輸送の増加に起因していました。図47を見ると、一九九五年以降コンテナ輸送量が急増しており、二〇〇五年には七七五万トンまで増加していることがわかります。この年の総輸送量が一二八二万トンだったことから、コンテナ輸送のみで全体の約六割を占めており、わずか一〇年間でタイの貨物輸送の最大の顧客となったことになります。二〇〇七年にはこのコンテナ輸送量が六三〇万トンまで下がったことから、総輸送量自体も減少に転じていました。他方で、一九九〇年の時点で三〇二万トンと最大の輸送量を誇っていた石油の輸送量は二〇〇七年には

●海上コンテナ輸送列車（チャチューンサオ・2006 年）

一九〇万トンまで減少し、セメントも同様に二五二万トンから一四二万トンまで減っています。

コンテナ輸送の拡大は、レームチャバンの深水港とバンコクの郊外に作られたラートクラバン内陸コンテナ・デポの間の海上コンテナ輸送の隆盛によるものでした。バンコクの新たな外港として一九九一年に開港したレームチャバン港はバンコクから一〇〇キロメートル程度離れていることから、自動車による輸送のみでは道路混雑が深刻となるとして、新たに鉄道を建設してコンテナ輸送を開始しました。このコンテナ輸送の拡大によって、タイの鉄道は他品目の輸送量の減少分を上回る輸送量を確保することに成功したのです。二〇〇五年にはコンテナ輸送のうち、レームチャバンとラートクラバン内陸コンテナ・デポの間の輸送量が占める割合は八割以上に達し、この間の輸送のみでタイの貨物輸送量の半分を占めていることになります。ただし、この間の輸送距離は短いことから、平均輸送距離は一九九〇年の四二〇キロメートルから二〇〇五年には二八四キロメートルとかなり短縮されています。

石油とセメント輸送についても、変化が現れました。石油輸送は一九九〇年の時点ではタイの鉄道の最大の輸送品目でしたが、バンコク市内の踏切の混雑緩和のためにバンコクとシーラーチャーの製油所からパイプラインを敷設し、バンコクの北方の二ヶ所でタンク車に詰め替えて、そこから鉄道輸送を行うことになりました。このため、鉄道輸送の距離が短くなり、短距離や中距離の輸送は自動車輸送へと転移したのです。セメントについては一九九七年のアジア通貨危機に端を発した経済危機によるセメント需要の落ち込みが一九九五年から二〇〇〇年にかけての輸送量の減少に現れており、その後も自動車輸送への転移などで輸送量は回復していません。ただし、一九九〇年代以降地方にもセメントサイロの建設が見られるようになったことから、セメント輸送は有蓋車による袋詰めセメントの輸送よりもホッパー車によるバラ積み輸送のほうが主流となり、一九九〇年には九四万トンあった袋詰セメントの輸送量は二〇〇五年には一一万トンにまで減っています。

石油とセメントに次いで、液化ガス（LPG）が新たな輸送品目として出現しました。一九八六年から始まったこの液化ガス輸送は、プロパンガスに使用するためのガスの輸送であり、サッタヒープへの新線のバーンラムンに設置されたガス充填施設から北線のナコーンサワン、ラムパーンと東北線のサムラーン（コーンケン）の三ヶ所に向けて輸送され、二〇〇〇年に六〇万トン程度の輸送量に達し、その後ほぼ同じレベルで推移しています。石油輸送と同じく拠点間の輸送であることから鉄道の優位性が高く、鉄道の新たな輸送品目として完全に定着しました。

その一方で、伝統的な農産物の輸送は、二〇〇〇年代に入ってほぼ消滅しました。かつての最重要品目だった米は、一九九〇年の時点では二八万トンの輸送量を維持していたものの、二〇〇〇年までにほぼ半減して一六万トンとなり、二〇〇五年にはわずか一万トンにまで激減しました。これは二〇〇三年に貨物の賃率を引き上げたことによる競争力の低下が要因であり、鉄道開通以来タイの鉄道の最大の任務だった米輸送が、ついにほぼ消滅したのです。一九六〇年代から始まったメイズ輸送も二〇〇〇年代に入り消滅し、タイの鉄道から農産物輸送は統計上消えたことになります。実際には地方からバンコクのラートクラバン内陸コンテナ・デポやレームチャバンに輸送される海上コンテナの積荷としてこれらの農産物が積載されている可能性はありますが、鉄道側の統計からは判別できません。

コンテナ輸送の隆盛によってタイの貨物輸送は増加したものの、トンキロ・ベースで見た国内の手段別の貨物輸送のシェアは減少傾向にありました。表6のように、コンテナ輸送の急増による平均輸送距離の減少は、一九九〇年以降のトンキロ・ベースの輸送量を減少させており、鉄道のシェアは一九九一年の四・三％から二〇〇五年には二・六％へと減少しました。自動車輸送はほぼ九〇％で推移しており、沿岸水運が若干の増加傾向を示しています。顕著な減少傾向ではないものの、鉄道輸送の

表6●手段別貨物輸送シェアの推移（1991～2005年）（単位：百万トンキロ）

	自動車		鉄道		水運（河川）		水運（沿岸）		航空	
		（%）		（%）		（%）		（%）		（%）
1991	69,711	91.1	3,259	4.3	1,627	2.1	1,848	2.4	43	0.1
1995	65,345	89.9	2,962	4.1	1,369	1.9	2,986	4.1	42	0.1
2000	91,756	90.4	2,904	2.9	2,847	2.8	3,933	3.9	35	0.0
2005	104,164	91.1	3,002	2.6	2,323	2.0	4,772	4.2	34	0.0

出所：TSより筆者作成

重要性は漸減傾向にあり、輸送量の増加とは裏腹に厳しい状況は続いているのです。

進まぬ新線建設

鉄道網の拡張も、一九八〇年代末から一九九〇年代半ばにかけての工業開発のための東部臨海工業地域関係の路線が開通したのを最後に止まり、バンコク市内の都市鉄道を除いて新線建設は再び頓挫しました。実際には新線建設へ向けた動きがまったく存在しなかったわけではなく、デンチャイ～チエンラーイ線やスラーターニー～ターヌン線については、二〇〇一年に鉄道用地の土地収用政令も出されました。しかし、土地収用費が計上されなかったことから、まったく進展していません。次に述べる国際鉄道網の構築に関係する路線の建設についても各界からの要求が出ていますが、実際に着工される段階までは達していないのが現状です。

新線建設が進まない一方で、既存の鉄道網の質的向上である複線化については、一九九〇年代以降ある程度進展してきました。タイの鉄道の複線区間は、長らくバンコクから北線と東北線の分岐点となるバーンパーチーまでの九〇キロメートルの区間のみであり、戦後バーンパーチーから東北線のケンコーイまでの複線化工事も始まりましたが、「開発」の時代に中止されたままになっていました。その後、一九八〇年代後半からのタイの急激な経済発展の中で、幹線鉄道網の複線化が計画されることになりました。一九九三年には、バンコクを起点に北線、東北線、東線、南線の計二七四四キロメートルを複線化するという壮大な計画が立てられ、第一段階としてバンコクの近郊区間二三四キロメートルの複線化（一部三線化）が決められました。対象区間は北線のクローンランシット～ロッブリー間一〇四キロメートル（バーンパーチーまでは三線化）、東北線のバーンパーチー～マープカバオ間四四キロメートル、東線のファマーク～チャチューンサオ間四五キロメートル、南線のバーンスー～ナコーンパトム間四一キロメートルでした。

一九九四年から順次着工された建設工事は二〇〇四年までにすべて完了し、これまで九〇キロメートルしかなかった複線区間が一七三キロメートルに拡大したのみならず、別に一〇七キロメートルの三線区間も出現しました（二八四ページ図43参照）。三線区間は当初クローンランシット～バーンパーチー間のみでしたが、複線化として計画された東線のファマーク～チャチューンサオ間も三線化されたことで、三線区間は予定よりも拡大しました。計画ではこれらの複線化や三線化が完了した区間においては近郊列車を頻繁に運行して、バンコクの都市交通としての機能を高めることになっていました。しかし、次に述べるバンコク市内の高架計画であるホープウェル計画が失敗したため、バンコク

図48●東南アジア各国の鉄道総延長の推移（1990〜2005年）

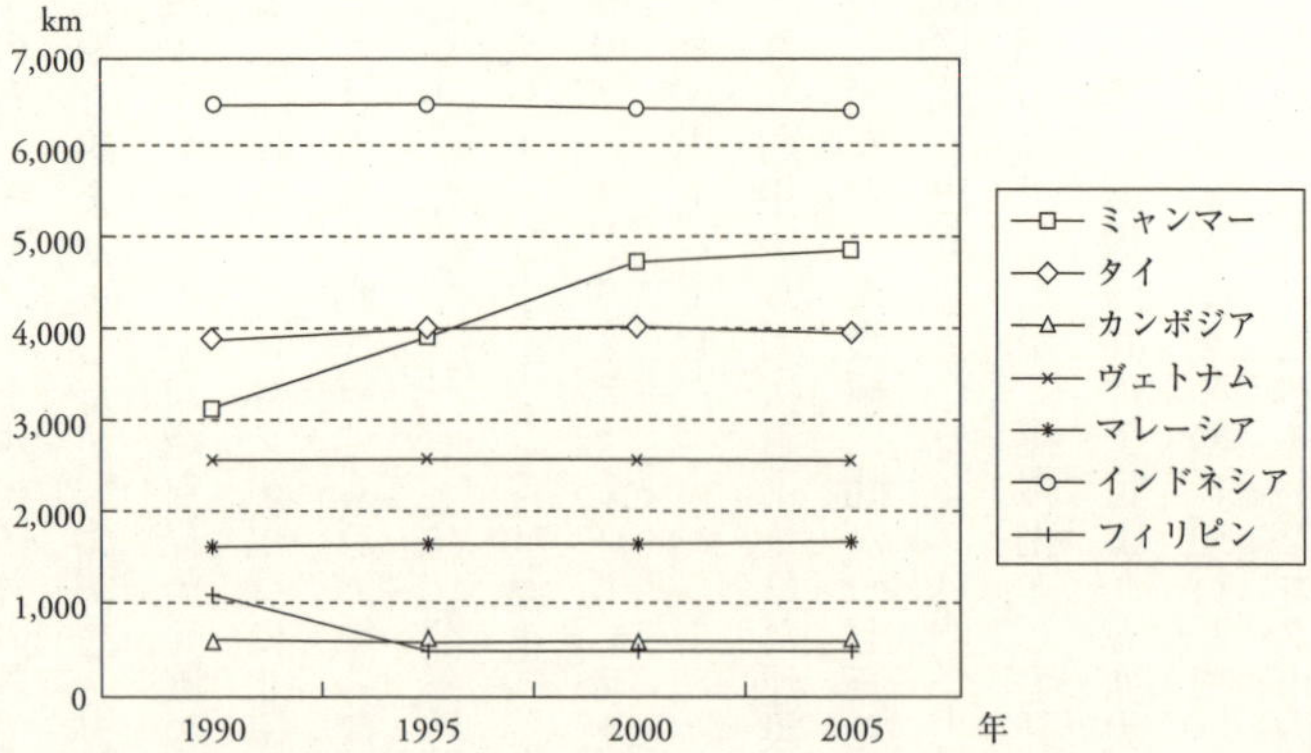

注1：マレーシアはマレーシア鉄道（マレー半島）の数値である。
注2：2005年のミャンマーは2004年の数値である。
出所：ミャンマー：SYM、タイ：RRF、カンボジア：CSY、ヴェトナム：JWR、マレーシア：JWR、YSM、インドネシア：JWR、フィリピン：JWRより筆者作成

市内区間の改良はなされず、列車本数の増加は難しくなりました。結局、これらの複線化や三線化は列車の行き違いの解消による若干のスピードアップには意味がありましたが、近郊列車の運行拡大という旅客サービスの向上は実現しませんでした。なお、現在複線化計画の第二段階として東部臨海工業地域関連のチャチューンサオ〜シーラーチャー〜レームチャバン間の複線化工事が開始され、チャチューンサオ〜クローンシップカーオ〜ケンコーイ間も建設への準備が進んでおり、いずれも貨物輸送の輸送力増強を主眼とした計画となっています。

タイに限らず、東南アジア各国の鉄道網の拡張は都市鉄道を除き限定されていました。図48は一九九〇年以降の鉄道総延長の推移を

示しており、ミャンマーを除いて鉄道網の顕著な拡張は見られないことがわかります。ミャンマーは一九九〇年の三二〇五キロメートルから二〇〇四年には四八六七キロメートルまで大幅に鉄道網を拡張させており、タイを抜いて東南アジア第二位の路線網を有する状況となっています。マレーシアは南端のジョホールバル付近の新港計画による貨物線の建設によって六〇キロメートルほど路線長が伸びましたが、インドネシア、ヴェトナム、カンボジアは変化がなく、フィリピンは一九九一年のピナトゥボ火山の噴火によってマニラから北方へ延びる路線網が休止され、路線長も半減しました。その後二〇〇六年の水害でレガスピへの路線も大半が休止となり、現在はマニラ近郊の約三〇キロメートルの区間で細々と列車が運行されているに過ぎません。

図49は、一九七〇年以降の東南アジア各国の鉄道網の変遷の状況を示しいます。、これを見ると、新線の開通区間の大半がミャンマーにあり、タイには東部臨海工業地帯関係の新規開通区間がありますが、後はヴェトナム北部とマレーシアにごくわずかな新線があるに過ぎません。反対に島嶼部を中心に廃止または休止された区間が数多くあり、フィリピンではパナイ島の鉄道が消えたのみならず、ルソン島でもほぼ路線網が壊滅し、インドネシアでも支線を中心に多くの路線が廃止または休止されていることがわかります。スマトラの旧アチェ軌道など軌間六〇〇ミリメートルや七五〇ミリメートルの特殊狭軌の軽便鉄道も、この時期にすべて消え去りました。インドネシアやフィリピンでは統計上は営業区間とされていても、列車の運行が行なわれていない区間が数多くあることから、総延長の

図49●東南アジアの鉄道網（2009 年）

出所：筆者作成

変化はなくとも実際には廃止や休止された区間が少なからずありました。タイでは自動車との競合で利用者が激減したハートヤイ〜ソンクラー間が一九七九年に廃止された以外に廃止区間はないことから、全体としては路線網の拡張傾向が続いていたのです。

悪化する経営状況

他の多くの国と同じく、タイの鉄道事業も慢性的な赤字が問題となっています。タイの鉄道事業は従来の政府直営から一九五一年に独立事業体の国鉄へと改組されたことで支出が大幅に増加したものの、事業収支は一貫して黒字を維持しており、自動車輸送との競合が顕在化した「開発」の時代にもそれは変わりませんでした。ところが、オイルショック後の一九七四年に経営収支が初めて赤字となってから、国鉄の収支状況は急激に悪化していきました。国鉄の経営収支を示した図50を見ると、一九七〇年代半ばから経営収支が赤字に転落していることがわかります。年によって鉄道事業収支は黒字に回復している場合もあるのですが、経営収支は一九七四年以降一貫して赤字となっており、二〇〇五年度の経営赤字は六三億八七五〇万バーツ、同年度末の累積赤字は計三六一億四七八万バーツにも達しています。バンコク市内のバス運行を担当するバンコク大量輸送公団と並び、国鉄の赤字体質は数ある公企業の中でももっとも深刻なものの一つとなっているのです。

国鉄の赤字の要因は多岐に及びますが、もっとも大きな問題は運賃水準の低さです。一九五一年に

図50●タイ国鉄の経営収支の推移（1955～2005年）

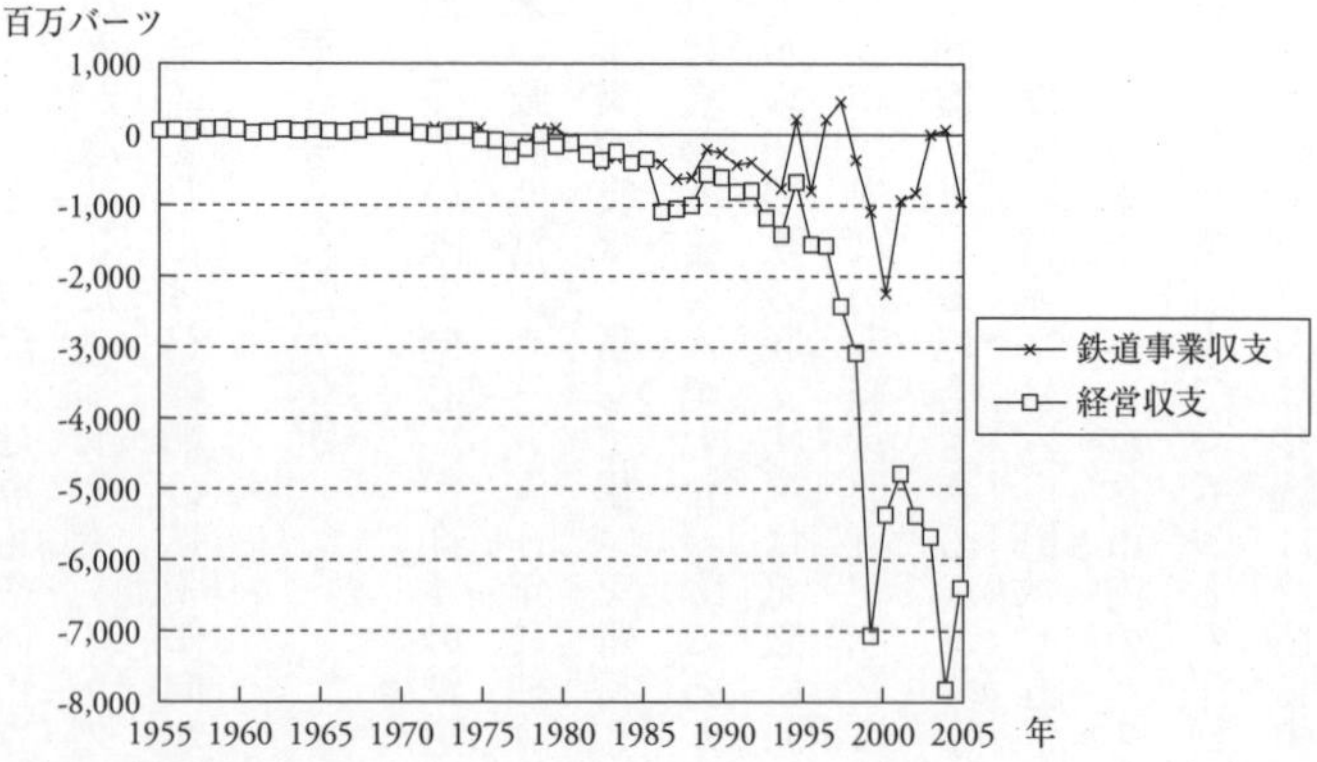

出所：RRFより筆者作成

従来の鉄道局が国鉄に改組された要因の一つに、鉄道事業の独自性を強めて適正な運賃水準を維持するために鉄道事業を独立させるよう世界銀行が主張したことがありましたが、実際には国鉄への改組後も政府による圧力から運賃値上げは難しい状況でした。このため、一九五五年に運賃値上げを行ってから長らく運賃水準は据え置かれ、国鉄の赤字転落に伴って一九七五年に運賃改定をしてからも、現在に至るまで二回しか運賃値上げは実現しませんでした。これは、運賃引き上げによる国民の反発を恐れる歴代の政府の躊躇によるもので、現在でも一九八五年以来の三等の初乗り（二〇キロメートルまで）二バーツ（約六円）という非常に安い運賃水準に据え置かれており、バンコク大量輸送公団とともに多額の累積赤字を抱える一つの要因となっています。三等運賃の安さは運賃収入中に占める比率の低さからも明らかであり、二〇〇五年の旅客輸送に占める三等旅客の割合は八二％

だったにもかかわらず、三等運賃収入は国鉄の事業収入の中でわずか一三％でしかなく、一九七五年の三八％と比べても大幅に低下しています。

運賃値上げが実現しない中で、国鉄では収入増のために三等以外の運賃や料金の値上げを行なって対応してきました。政府は運賃値上げを認めない代わりに、若干の補助金を支給してきましたが、さらに旅客輸送については社会サービスと商業サービスに分け、社会サービスに該当する普通列車については赤字分を一部補填する代わりに、商業サービスに該当する優等列車や貨物輸送については原則的に国鉄が自由に運賃や料金設定を行なえるようにしました。このため、国鉄では一等や二等の運賃体系を引き上げたほか、急行料金などの運賃以外の料金も軒並み引き上げて、商業サービスからの収入増を目論みました。例えば、バンコク〜ウボン間の一等運賃は一九九〇年の四一六バーツから二〇〇九年には四六〇バーツへと若干上がり、快速料金は同じ期間に二〇バーツから五〇〜一一〇バーツへ、急行料金は三〇バーツから一五〇バーツへと大幅に値上げされました。

さらに、料金収入を増やすための列車種別の変更も積極的に行い、長距離の普通列車を中心に快速列車への格上げを行ないました。この結果、図51のように現在では普通列車の走行距離は大幅に減少し、優等列車の半分以下となっています。とくに変更が顕著だったのは東北線で、一九九〇年の時点ではバンコク〜ウボン間に普通列車が三往復運行されていましたが、二〇〇九年までに一往復が廃止され、残る二往復も快速へと格上げされました。また、図には表れていませんが、快速列車を急行列

図51●列車距離の推移（1990～2005 年）

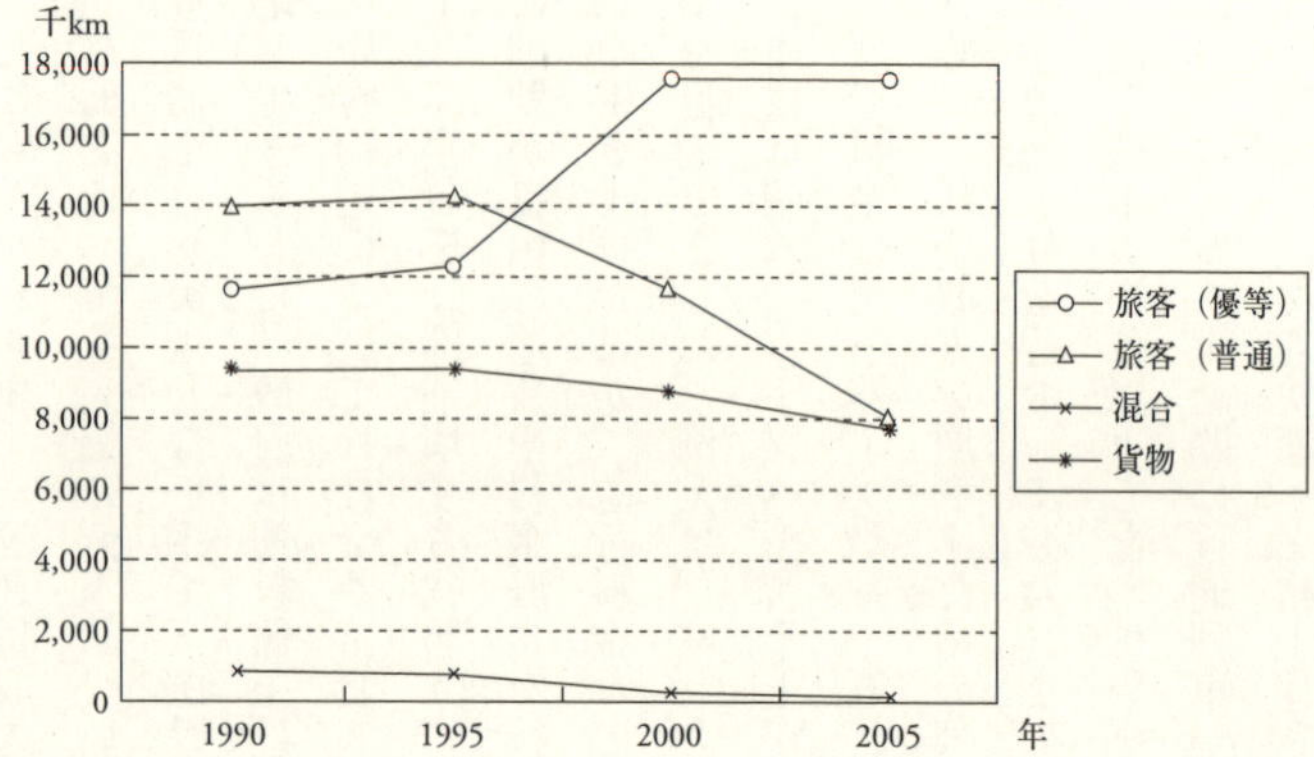

出所：RRF より筆者作成

車へ、急行列車を新たに設置した特急列車へといった格上げも積極的に行っています。優等運賃や料金収入は国鉄の貴重な収入源となり、二〇〇五年の一・二等運賃収入と料金収入の比率はそれぞれ全体の一二%、二一%となっています。他方で経費削減のために利用者の少ない列車の廃止も進んでおり、普通列車や混合列車の走行距離の減少分には、格上げではなく列車の廃止による減少分も含まれています。とくに、二〇〇〇年代に入ってから踏切の渋滞緩和策としてバンコク近郊の通勤・通学列車が多数廃止され、残る列車の起点をファラムポーンからバーンスーなどへ移すような施策もなされました。

それでも、国鉄の経営状況は好転せず、政府は経営再建のための抜本的な改革を検討しています。タイでは一九八〇年代後半から国営・公企業の民営化が画策され始め、二〇〇〇年代にタックシン政権が出現するとその動きが加速しました。国鉄については、一元的な民営化ではなく、小会社の設置により一部事業を民営化する形を採用することになっています。さしあたり、次に述べるエアポート・レールリンクの運行のための子会社を設立し、列車運行、資産管理、保守部門の三事業体を設置する計画となっていますが、労働組合の反発により計画はなかなか進展せず、鉄道事業の経営再建への道程は長いものとなりそうです。

中古車両の導入

国鉄の経営状況の悪化に伴い、鉄道車両の新規調達も難しくなりました。図52のように、車両数全体は一九九五年以降減少傾向にあり、その主因は貨車数の減少によるものです。新規投入がないことから、ディーゼル機関車も内燃動車も二〇〇〇年以降減少に転じており、この中には在籍しているものの稼動できない車両も少なからず含まれています。ディーゼル機関車については、一九九〇年代に入って日本の借款で日立製二二両、アメリカのGE製三八両が一九九三年から一九九五年にかけて投入されましたが、その後は新車の導入は止まっています。内燃動車も、同じく一九九〇年代にイギリスからディーゼル急行用の「スプリンター」二〇両が、韓国からディーゼル特急用車両四〇両が納入されましたが、その後の増備はなされていません。

このため、国鉄では新車ではなく中古車を導入して、車両不足を緩和しようと試みました。一九九五年にはオーストラリアのクイーンズランド州の地下鉄の中古電車二一両を購入し、客車に改造の上

図52●車両数の推移（1990～2005 年）

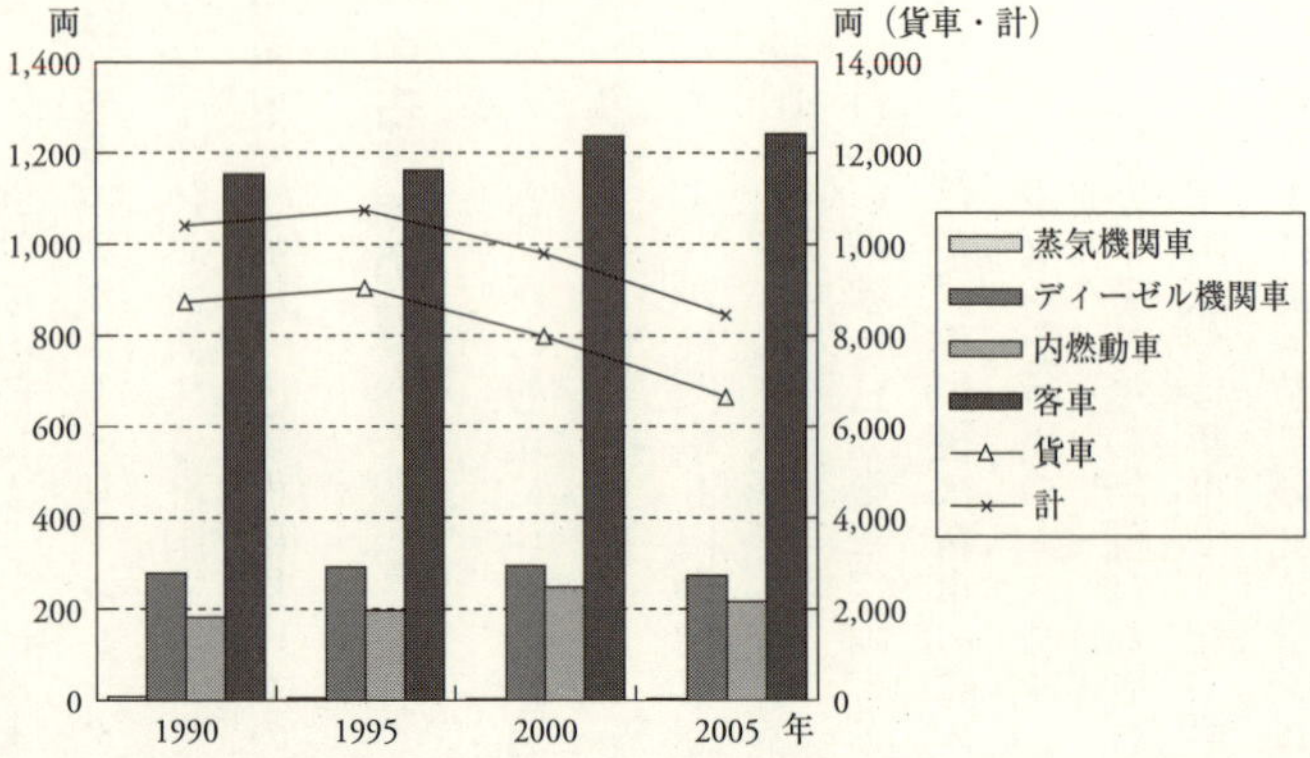

出所：RRF より筆者作成

でバンコク近郊の普通列車用として使用を始めました。その後、一九九七年には日本のＪＲ西日本から中古客車二八両とディーゼルカー二六両を譲受し、改造の上で使用を開始しました。ディーゼルカーは一九九八年のアジア大会の際の観客輸送から使用され、その後バンコク近郊の複線化の完成の暁には近郊列車に使用する予定でしたが、エンジンに問題があったので二〇〇二年には客車に改造され、現在はもはや使われていないようです。さらに、二〇〇四年には同じくＪＲ西日本から余剰となった客車八両と寝台車一二両を譲受し、外装も日本時代のままで運行を開始しています。これまでタイの鉄道にはごく一部の例外を除いて中古車の導入は見られなかったのですが、一九九〇年代以降はその数が着実に増加してきました。

タイに限らず、東南アジアの各地で中古車両の導入が増加しており、中でも顕著なのは日本からの中古車両です。もっとも多いのはインドネシアのジャカルタ近郊の電車であり、二〇〇〇年に都営地下鉄三田線の電車が導入されたのを皮切りに、JR東日本や東急などから来た通勤電車が約二〇〇両ジャカルタで活躍しています。インドネシアの場合は軌間も日本と同じ一〇六七ミリメートルで、電化方式も直流一五〇〇Vと同じことから、日本の電車はそれほど大きな改造も必要とせずに使用できます。在来車が非冷房なのに対して、日本からの中古車両は冷房車であることから、大半が運賃体系も高く停車駅も少ない急行電車として運行されています。ミャンマーも二〇〇三年以降日本の中古車両を積極的に購入しており、その大半はJRや第三セクター鉄道で廃車となったディーゼルカーで、ヤンゴン近郊を中心に現在七〇両ほどが活躍しています。フィリピンでも日本の中古客車を購入し、長距離列車とマニラ近郊列車の双方に用いてきました。現在は長距離列車が休止されて近郊列車のみに使われていますが、老朽化が激しい状況です。

このように、各国の鉄道でも財政難から新車の購入が難しくなり、日本からの車両を中心に中古車が増える傾向にあります。東南アジアの鉄道はメートル軌か日本の在来線と同じ軌間一〇六七ミリメートルの鉄道がほとんどであることから、日本の中古車両の導入は比較的容易であり、しかも大半の国で日本製の車両が以前から使用されていました。中古車の導入は比較的安価に輸送力の増強を行なえるというメリットはありますが、中古車のために期待通りの成果を発揮しない場合もあります。タイのように、ディーゼルカーを導入しながらも結局客車に変えてしまったり、冷房付き車両であっても、冷房が故障して非冷房車として利用せざるを得ないような例もあります。日本の中古車が各国で再活用されていることについては、評価される側面もあるのですが、実際には中古車に依存せざるを得ない各国の鉄道が置かれた厳しい状況を示しているのです。

2 都市鉄道の登場

在来線の都市鉄道化

タイに限らず東南アジアの鉄道を取り巻く環境は厳しくなっていますが、他方で鉄道の重要性が再認識される分野がいくつか出てきました。その中でもっとも重要な機能が、都市における旅客輸送、つまり都市鉄道として機能です。大都市の旅客輸送を担う都市鉄道は、いわゆる先進国においては一九世紀後半から出現していましたが、東南アジアにおいてはほとんど存在しませんでした。都市鉄道の導入についても、在来の鉄道の輸送力を増強して都市鉄道化を図る場合と、地下鉄など新たに専用の鉄道を建設する場合とがありますが、一九八〇年代以降東南アジアで出現してきた都市鉄道は、後者が主流でした。

タイにおいては、戦前のパークナーム鉄道とメークローン鉄道が都市鉄道化を模索した時期がありました。官営鉄道のほうは当初はまったく都市鉄道としての機能を想定していませんでしたが、一九六〇年代以降の列車本数の増加の過程で、通勤・通学輸送に利用可能な朝早くバンコクに到着し、夕方バンコクを発つような近郊列車が設定されていきました。一九九〇年代には北線のバンコク～ドーンムアン間や東線のバンコク～ファマーク間では朝方に最大一〇～一五分間隔で上り通勤列車が運行され、少なからぬ数の通勤・通学客が利用していました。しかし、バンコク市内の踏切における渋滞解消のために二〇〇〇年代に入ると区間列車は廃止され、近郊輸送の機能は低下しました。現在唯一近郊輸送の機能を維持しているのはメークローン線のウォンウィアンヤイ～マハーチャイ間であり、途中まで三〇分間隔で区間運行を行なっていた時代ほどの頻度ではありませんが、三〇～九〇分間隔で一日一七往復の列車が運行されています。

他国においても、在来線の都市鉄道化はほとんど進みませんでした。唯一戦前から都市内輸送に参入していたのはインドネシアであり、一九二五年にジャカルタ近郊で始まった電化によって電車の運行が開始されていました。電化区間は長らくジャカルタ～ボゴール間に限られていましたが、近年ジャカルタ首都圏（JABOTABEK）の電化区間の拡張が進められ、二〇〇五年には電化区間は一三八キロメートルまで拡大しました。ジャカルタを中心に、南はボゴール、東はブカシ、西はタングラン、南西はスルポンまでの区間で電車が運行されています。ジャカルタでもバンコクと同じく鉄道と道路

●日本からの中古電車（左）も活躍するジャカルタの近郊輸送（ボゴール・2007年）

の平面交差の問題がありましたが、一九九〇年代にジャカルタ～ボゴール間の電車が走る中央線の高架化が実現したことで、電車の頻繁運行も可能となったのです。日本からの中古電車の導入も進み、輸送力は増強されてはいるものの、現在でも格安な各駅停車の電車の混雑はすさまじく、電車にもかかわらず屋根上に乗車する乗客も見られるなど、洗練された都市鉄道のイメージではありません。それでも、インドネシアの鉄道旅客の大半がこのJABOTABEKでの利用者であり、二〇〇八年には一日平均三四万人と旅客輸送全体の約三分の二を占めていました。

一方、マレーシアのクアラルンプールでは、在来線は従来都市鉄道の機能をまったく有しておらず、一九八〇年代には近郊列車としてレールバスが一日数往復するような状況でした。しかし、都市近郊鉄道としての機能を付与するため、政府はクアラルンプール近郊の区間の電化・複線化を進め、一九九五年から三〇分間隔で通勤電車（KTM Komuter）の運行を開始しました。運行区間はクアラルンプールから北のラワン、南のスレンバン、西のペラブハン・クラン、北東のセントゥルまでの計一五〇キロメートルの区間であり、交流二万五〇〇〇Vで電化されました。クアラルンプールではその後新規に高架鉄道やモノレールなどの都市鉄道も導入され、在来線の電車も着実に都市鉄道としての機能を高めています。二〇〇八年には一日一〇万人程度の利用者があり、北のタンジュンマリム、北東のバトゥケーブまでの電車運行区間の延伸が進められています。列車の運行間隔も、一五〜二〇分間隔まで短縮されてきました。

現在のところ在来線の都市鉄道化はあまり一般的ではなく、むしろ新たな都市鉄道の建設のほうが主流です。在来線の活用は既存の線路や施設の使用が可能であることから、より安い費用で輸送力を増強できる点に優位性があります。しかし、バンコクのように道路との平面交差が多いと道路交通の混雑を激化させるという問題があることから、在来線の立体交差化がその前提とならざるを得ない状況です。ジャカルタは一部区間ではありますが市内の高架化を実現できましたし、クアラルンプールでは以前から鉄道と道路の立体交差がなされていたので都市鉄道化が進みましたが、そうでない場合はまず立体交差化から着手せざるを得ません。このため、初めから新たな高架線や地下鉄を建設するのと比べても費用面での差が少なくなり、しかも新規導入の場合は市街化が進んだ主要道路に沿ってルートを設定することができるので、都市鉄道の新規導入に傾く場合が少なくありませんでした。

先行する都市

バンコクにおける都市鉄道の開通は一九九九年末のことであり、在来線の都市鉄道化を行なったジャカルタを除けば、東南アジアではマニラ、シンガポール、クアラルンプールに次いで四例目でした。東南アジアで最初に都市鉄道を新規導入したのは、フィリピンの首都マニラでした。マニラはフィリピン最大の都市であり、在来線が二線ほどあるものの都市交通としての機能はなく、道路交通の飽和状態を緩和するために市内の目抜き通りに新たに都市鉄道を導入することになりました。道路上に高架線を建設して軽量鉄道（LRT）を走らせる計画となり、マニラ市内を南北に伸びる一号線は一九八四年に最初の区間が開通し、翌年一五キロメートルの全区間が開通しました。次いで、エドサ通り上に旧市街を半環状に囲む延長一七キロメートルの三号線が同じくLRT方式で二〇〇〇年までに全通し、一号線から東方へ伸びる放射状の二号線一四キロメートルが普通鉄道として二〇〇四年に開通しました。現在マニラにはこの三線の都市鉄道があり、二〇〇六年の時点で一日約八〇万人を輸送しています。

シンガポールはイギリスの自由貿易港に端を発する都市国家であり、市内軌道の廃止後は道路交通のみで都市内輸送を賄っていました。しかし、マニラと同様に都市鉄道の必要性が高まり、一九八〇

●マニラの都市鉄道2号線（サントラン・2009年）

年代から都市鉄道の建設が開始され、一九八七年に最初の区間六キロメートルが開通しました。マニラは二号線に一部地下区間がある以外は全線高架線ですが、シンガポールは中心部を地下鉄、郊外を高架線として島内に都市鉄道網を構築していきました。当初は南北線と東西線の二線のみでしたが、二〇〇三年に普通鉄道としては世界初の自動運転を行う東北線が開通しました。二〇〇八年末の総延長は計一〇九キロメートルとなり、さらに環状線やダウンタウン線の建設が進められています。これらの路線は標準軌の普通鉄道ですが、フィーダー線としての全自動運転のLRTも一九九九年から使用されており、二〇〇八年現在三つの路線があります。都市鉄道をすべて合わせると、二〇〇八年には一日平均約一六五万人の利用者があり、東南ア

●クアラルンプールの空港アクセス鉄道（クアラルンプール国際空港・2009年）

ジアで現在もっとも都市鉄道が発達しています。

クアラルンプールで最初に登場した都市鉄道はKTM Komuterでしたが、その後一九九六年にLRTのSTARが開通し、一九九九年までに二線からなる総延長二六キロメートルの路線網が完成しました。この路線の半分程度は在来線の貨物線の跡地を使用しており、それ以外の区間は主に道路上の高架となっています。次いで一九九八年にPUTRAと称される都市鉄道が建設され、一九九九年までに二九キロメートルの区間が開通しました。この路線は市内の約四キロメートルが地下区間となっており、同じくLRTながらリニアモーター駆動を採用しています。さらに、二〇〇三年には延長九キロメートルのモノレールも開通し、クアラルンプールの都市鉄道はさらに多様化しました。他方で、二〇〇二年には新クアラルンプール国際空港へのアクセス鉄道として延長五七キロメートルのクアラルンプール空港鉄道も開通しました。空港アクセスを主目的とし、最高速度も時速一六〇キロメートルと東南アジアでもっとも速い高速鉄道です。空港連絡の特急列車と共に近郊輸送用の各駅停車の電車も三〇分間隔で運行し、プトラジャヤ・サイバージャヤといったニュータウンへのアクセスを担っています。これらの都市鉄道の利用者は二〇〇八年の時点で一日約四七万人に達しており、KTM Komuter の利用者一〇万人を加えれば、一日六〇万人弱が都市鉄道を利用していることになります。

これらの都市鉄道に共通する点は、モノレールを除いていずれも標準軌を採用しており、運営主体も含め在来の鉄道とはまったく別個のシステムが採用されている点です。運営はフィリピンの三号線、マレーシアの全路線、シンガポールの東北線がBOT（建設・運営・譲渡）方式などの民営でしたが、経営状態が芳しくない場合もあり、マレーシアのSTARとPUTRAは二〇〇四年に政府に買収されました。一元的な運営がなされているシンガポールの南北線と東西線を除いては、路線ごとに独自の運賃が設定され、乗り換えもあまり便利ではないなど、ネットワークの量的な拡大に比べて、質的な向上は立ち遅れているのが現状です。

バンコクの都市鉄道計画の始まり

バンコクの都市鉄道の出現はこれらの都市よりも遅れましたが、計画自体は一九七〇年代からありました。バンコクの交通問題を解消するために、西ドイツ政府の援助によって一九七一年から一九七四年にかけて交通問題に関する調査が行われ、その最終報告書が一九七六年に提出されました。報告書では短期、中期、長期の三段階の計画を提言しており、一九八〇年までの目標とされた中期計画の中に、三線の大量輸送手段の整備が盛り込まれていました。図53の第一期線とされているプラカノーン線プラカノーン〜モーチット間、サートーン線ウォンウィアンヤイ〜ラートプラーオ間、サパーン・プット線ダーオカノーン〜マッカサン間がこれに該当し、総延長は計五九キロメートルに及びました。そして、一九九〇年までに実現させる長期計画として、図中の第二期計画とされた延伸線が含まれていました。これが、バンコクで初めての都市鉄道計画でした。

ただし、実際にはこの大量輸送手段のシステムは初めから鉄道と決められていたわけではなく、バス、LRT、普通鉄道の三つの選択肢がありました。政府は一九七二年に高速道路・大量輸送手段公団（ETA）を設立しており、同じく中期計画に盛り込まれた高速道路計画と大量輸送手段計画を管轄させることにしました。当初はバスで運行を行い、将来需要が拡大した時点でLRTか普通鉄道に変更する計画が有力でしたが、システムについて改めて調査を行なった結果、初めから普通鉄道方式

図53●最初の都市鉄道計画（1970年代）

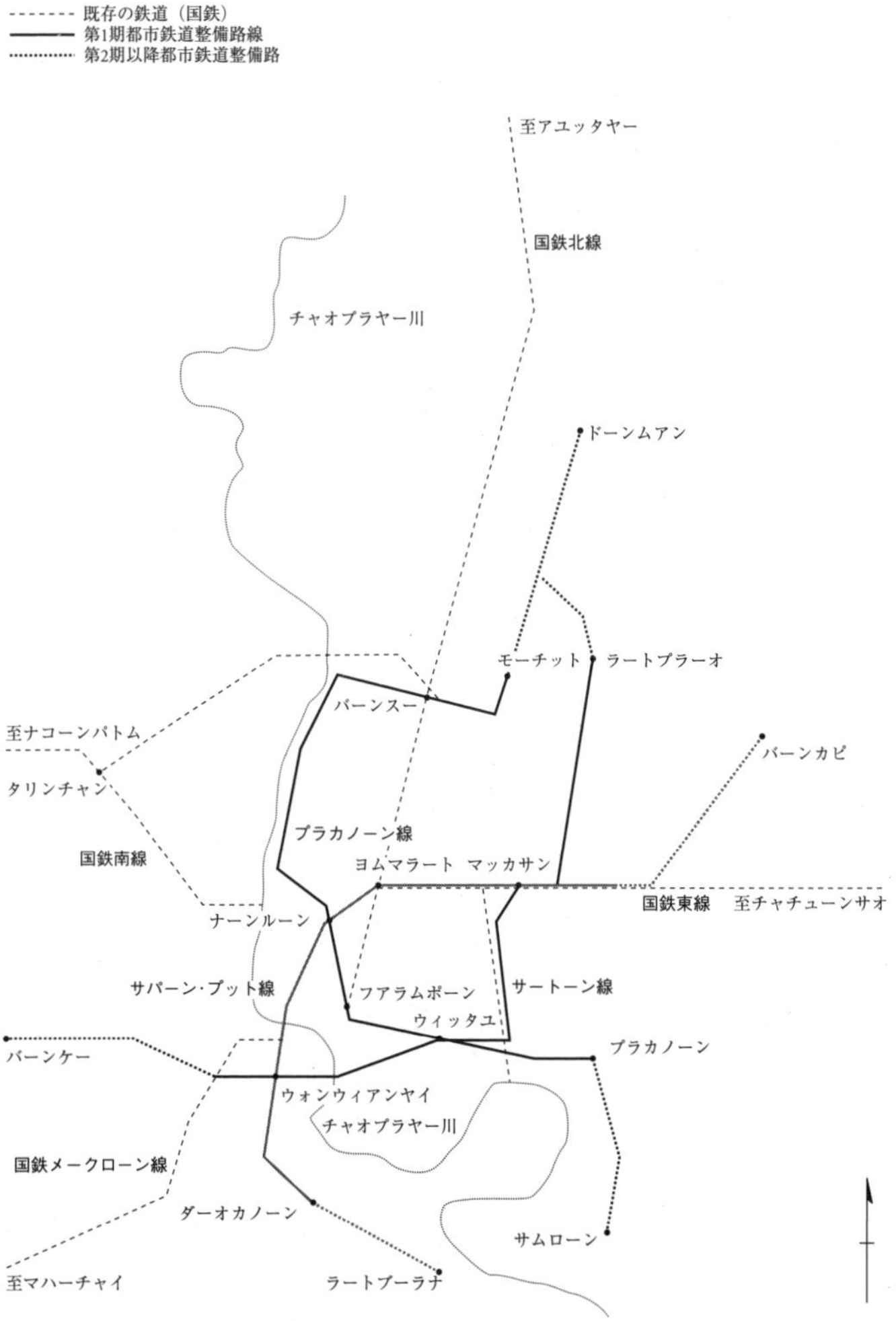

出所：柿崎［2008c］：219

で整備することが一九七九年に決まりました。なお、チャオプラヤー川に架かる二つの橋については、先行して道路橋と同時に建設することになり、サートーン線のタークシン橋の基礎とサパーン・プットト線のプラポッククラオ橋が建設されました。

一方、政府は当初高速道路と同じく借款による建設を考えていましたが、財政状況が悪化したことから民間によるBOT方式による建設へと次第に傾いていきました。一九八二年にようやく免許の公募要領が公表されましたが、条件は免許期間三〇年間のBOT方式であり、先に建設した橋梁二ヶ所と調査・設計費以外は民間がすべて負担しなければなりませんでした。結局、条件をすべて受け入れた会社はなかったことから政府は計画を再検討し、第一期線の規模を縮小して民間の参入を容易にすると共に、政府も二五%を上限に出資することを決めました。これを受けて一九八六年に公表された公募要領では、対象路線はプラカノーン線全線とサートーン線ウィッタユ～ラートプラーオ間の計三四キロメートルに削減され、政府の一部負担も明記されました。

この入札には三社が応札しましたが、前回と同じくタイ側の条件をすべて遵守した会社はなかったので、もっとも条件が良かったドイツ・オーストラリア企業連合のアジアユーロ社と交渉を開始しました。しかし、次位のカナダのラワリン社が巻き返しを図り、一部条件を緩和して交渉を行った結果、最終的に一九九〇年に免許獲得を決めました。ラワリン社の提案はカナダのUTDC方式というLRTであり、通称スカイトレインと呼ばれるものでしたので、以後この計画もスカイトレイン計画と呼ばれることになりました。そして、一九九二年二月に免許が交付され、ようやくバンコク初の都市鉄道が実現するかに思われました。

しかし、その直後に暴虐の五月と呼ばれる市民と軍の衝突事件が発生し、タイの政治情勢が悪化したことから、UTDC方式の権利者だったボンバルディア社の参加が得られなくなりました。このため、ラワリン社は免許に違反したとされ、一九九二年六月に免許取り消しという事態になってしまいました。これによってETA管轄の都市鉄道整備は、一時頓挫してしまいます。

三つの都市鉄道計画の出現

他方で、一九八〇年代後半からの経済ブームの中で、バンコクの都市鉄道への投資も有望視されるようになり、新たな都市鉄道計画が浮上してきました。それは、国鉄のホープウェル計画と、バンコク都のタナーヨン計画でした。ホープウェル計画は正確にはバンコク高架道路・鉄道建設計画という名称で、香港のホープウェル社がバンコク市内の国鉄の在来線を高架化し、合わせて高速道路と都市鉄道を建設するという壮大な計画をBOT方式で行ないたいとタイ側に打診してきたのが起源でした。この計画では、在来線の鉄道用地を使用して、三線化した在来線と都市鉄道を中層、高速道路を上層とする二重の高架線を建設し、高架下は商店や一般道路に活用する予定でした。対象区間は図54のようにバンコクを東西、南北に貫く計六〇キロメートルとなっており、北線とメークローン線、東線と

図54● 3つの都市鉄道計画（1995 年）

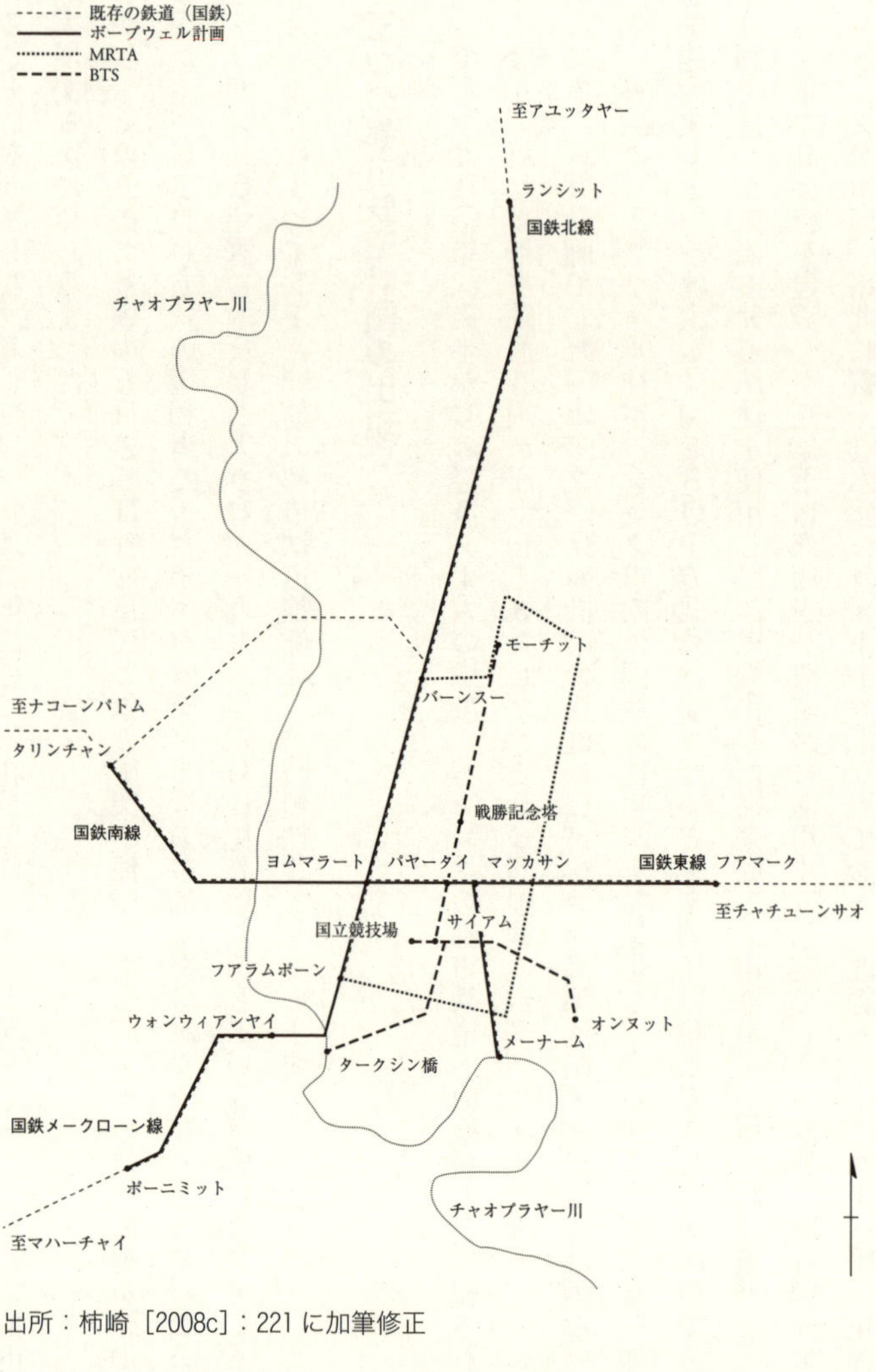

出所：柿崎［2008c］：221 に加筆修正

南線を結ぶ区間は在来線の存在しない区間でした。

長らくバンコク市内の道路との立体交差化が懸案となっていた国鉄にとっては、無償でバンコク市内の高架化を実現できるという都合のよい話だったこともあり、一九九〇年一一月には免許も交付されました。第一期区間として北線と東線に並行するランシット〜ヨムマラート〜フアマーク間が選ばれましたが、免許の段階では詳細は何も決まっておらず、免許後に調査設計を行なった上で一九九三年にようやく着工されるという有様でした。北線と東線沿いに高架橋の橋脚が並び始めたものの建設は大幅に遅れ、さらに一九九七年の経済危機によって、計画は完全に頓挫してしまいました。政府は一九九八年一二月のアジア大会までの完成をデッドラインとしたものの、この時点でも完工率はわずか一九%だったことから、一九九七年九月に免許を取り消しました。残った橋脚は「バンコクのストーンヘンジ」と揶揄されることとなり、今日でも北線沿いにその残骸を晒しています。

一方、タナーヨン計画はバンコク都が打ち出した高架鉄道計画であり、一九九一年に都内の二路線計一四・五キロメートルからなる高架鉄道のBOT方式による建設の公募を行いました。バンコク都が管轄した理由は、都の管理する都道上に建設するためでした。ETAの二回目の公募時よりも景気は良く、しかも短距離の路線だったことから、今回は応札も多く、最終的に不動産会社のタナーヨン社の子会社であるバンコク大量輸送システム（BTS）社が免許を獲得しました。ホープウェルと同じく免許段階では詳細は煮詰まっておらず、会社は免許後に調査設計を行ってルムピニー公園東側に

●ホープウェル計画の橋脚の残骸の下を走る東線の混合列車（クローンタン・1998年）

車庫を設置する計画を策定しました。しかし、市民団体がこれに反対したことから他の土地を探さざるを得なくなり、当初の終点の戦勝記念塔からさらに北へと延伸して、モーチットのバスターミナル用地を利用することで決着しました。これによって、路線長は計二三・七キロメートルに増加しました。

こうした紆余曲折の末、一九九四年三月にようやく建設が開始されました。着工間もなく政府が都心二五平方キロメートルの都市鉄道の地下化を決めましたが、この計画はすでに着工されていたことから地下化への変更を免れ、全線高架式のまま建設は進みました。ホープウェル計画が頓挫した経済危機も乗り越え、一九九九年一二月に無事に開業に漕ぎ着けました。これが、バンコクで最初の都市鉄道となったのです。

当初の計画ではLRTでしたが、その後普通鉄道へと変更され、軌間も他都市の都市鉄道と同じく標準軌を採用し、第三軌条による集電となりました。

ETAの計画は、一九九二年に設立された首都電気鉄道公団（MRTA）に継承され、路線をファラムポーン〜バーンスー間二〇キロメートルに変更した上で一九九三年に再入札を行いました。当初は全額政府出資による建設を計画したのですが、ホープウェル、BTSと相次いで全額民間出資のBOT方式の都市鉄道計画が浮上したことから、全額民間出資のBOT方式へと条件を戻しました。この結果、一九九四年二月に不動産会社バンコクランド社が免許を獲得しました。しかし、BTSの着工直後に都心の地下化が決まったことから、この路線も半分程度を地下化せざるを得なくなりました。地下化に伴い建設費が高騰するため、会社側は政府に増額分の負担を求めましたが、政府はこれに応じず、結局一九九五年に再度免許を取り消しました。

その後、この路線は全線地下構造に変更されたことから、政府は上下分離方式での建設に切り替え、土木工事は日本の海外経済協力基金（現JICA）の借款を用いてMRTAが建設し、電車の調達と運営をBOT方式で行なうことにしました。一九九六年に着工されたこの地下鉄は、運行会社のバンコクメトロ社への免許交付が予定よりも遅れ、さらに電車の発注も遅れたことから、予定より一年遅れの二〇〇四年七月にようやく開業に漕ぎ着けました。この鉄道も標準軌で第三軌条集電の普通鉄道であり、BTSと同じくドイツのシーメンス社が車両を納入したこともあり、BTSに酷似した電車が運行されています。

混迷する都市鉄道拡張計画

一九九四年にバンコク初の都市鉄道マスタープランが策定され、計二六一・五キロメートルの都市鉄道網を構築することが決められましたが、BTSとMRTAの開通後も都市鉄道計画は二転三転し、路線網の拡張は遅々として進みませんでした。二〇〇一年に成立したタックシン政権は、当初都市鉄道の拡張に関心を示さず、バンコク都のBTS延伸計画にも冷淡でした。ところが、二〇〇四年に入ると翌年の総選挙を念頭に、低下しつつあるバンコクでの支持拡大を画策することとなり、「バンコク都市鉄道実行計画」を公表しました。この計画は、基本的には一九九四年のマスタープランを見直して二〇〇一年に作られた新マスタープランを踏襲したものでしたが、計七線二九二キロメートルの都市鉄道網を六年間で完成させることを打ち出し、マスタープランよりも計画を大幅に前倒ししました。その後、バンコク都知事の座を野党候補者が仕留めたこともあり、バンコクでの形勢回復のために計画は肥大化し、最終的には計九線三五四キロメートルの規模に膨れ上がりました。運賃も既存の都市鉄道より大幅に低い全線均一の一五バーツに設定するとして、有権者に夢を売る「売夢政策」が顕著となっていきました。

二〇〇五年の総選挙で圧勝したタックシン政権は、公約に基づいて都市鉄道の拡張を始めるかに見えましたが、実際には政策は二転三転して混乱に陥ることになりました。同年八月にはMRTAの地下鉄の北側の延伸区間に当たる紫線バーンスー〜バーンヤイ（クローンバーンパイ）間の入札告示が行われましたが、直後にタックシンは一部の路線は収支が合わないことが判明したとして入札を突如中止し、代わりに急行バス（BRT）方式に変更すると表明しました（図55参照）。その後、都市鉄道計画は朝令暮改状態となり、都民の期待は急速に不信感へと変わりました。最終的にタックシンは都市鉄道計画の進め方を抜本的に改め、同年一二月に「タイ：発展のための協同」計画を披露し、都市鉄道一〇線三六一キロメートルの建設について、世界中から建設プランの公募を行うと発表しました。しかし、直後に発生した反タックシン運動によりこの計画も完全に頓挫し、二〇〇六年九月のクーデタで彼も失脚しました。

他方で、BTSの延伸を希望していたバンコク都は、政府の許可が得られないまま二〇〇三年に延伸線二線の建設のための入札を行ってしまいました。しかし、政府側は都市鉄道の運営を一元化して運賃の引き下げを行おうとしたことから、BTSとバンコクメトロ社の買収を画策し、その問題が解決するまでは延伸を認めないとの態度を取りました。二〇〇四年に都知事の座を野党が確保すると、政府との関係は一掃悪化しましたが、二〇〇五年に入って政府の方針が混乱する中で、都は自らの予算による延伸線の建設を決めてしまいました。政府は反対しましたが、世論の圧倒的な支持の下で、タックシン政権もこれ以上押さえ込めなくなりました。

図55●バンコク都市鉄道網の現状（2010 年 3 月時点）

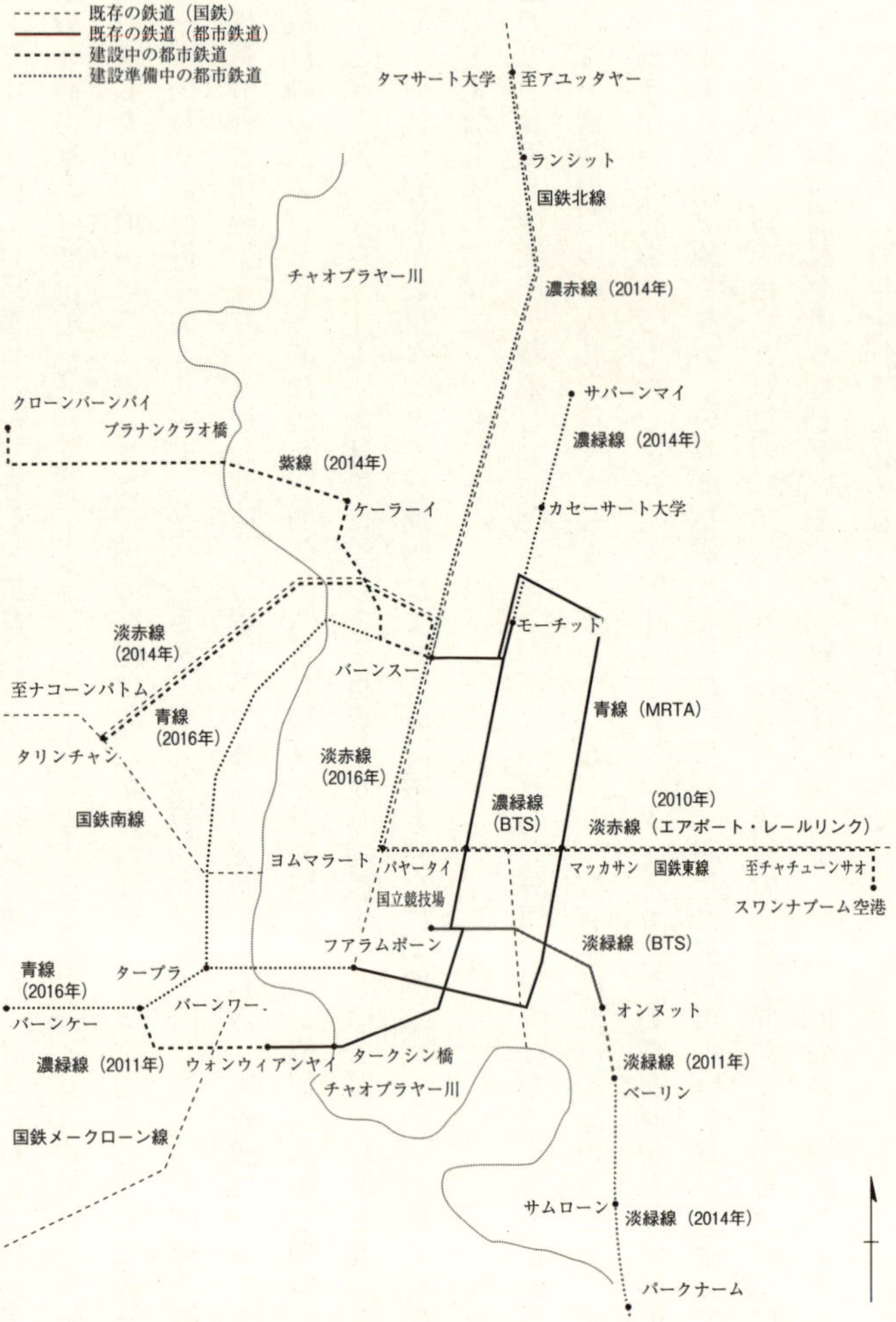

注：カッコ内の数字は開通予定年である。
出所：柿崎［2008c］：229 に加筆修正

この結果、二〇〇五年一二月にタークシン橋～ウォンウィアンヤイ間二・二キロメートルが、二〇〇六年八月にオンヌット～ベーリン間五・二キロメートルがそれぞれ着工され、ようやくBTSの延伸工事が動き出すことになりました。このうち、ウォンウィアンヤイへの路線についてはすでに高架橋は完成しており、駅の建設とレール敷設、信号設備の設置のみを行えばよかったのです。しかし、BTSの信号システムの変更計画もあって予定は大幅に遅れ、二〇〇九年五月にようやく仮開業し、同年八月に本開業となりました。これが、二〇〇四年のMRTAの地下鉄開業後に開通した初の都市鉄道でした。

タックシン政権時代に着工されたもう一つの都市鉄道は、エアポート・レールリンクと呼ばれるスワンナプーム新空港へのアクセス鉄道でした。二〇〇五年末に開港が予定されていた新空港へのアクセス鉄道について、当初タックシンは否定的でしたが、その後他都市のハブ空港の状況をふまえてアクセス鉄道の必要性を認識しました。このため、二〇〇四年に急遽入札を行い、請負業者が資金を調達して建設し、完成後に政府が返済するというターンキー方式で二〇〇五年に着工されました。在来線の東線に沿ってパヤータイから新空港までの二八・七キロメートルを結ぶこの鉄道は、クアラルンプールの空港アクセス鉄道を多分に意識したものです。アクセス特急と各駅停車の電車を運行し、標準軌の架空線方式による交流電化や、最高速度一六〇キロメートルという条件は、クアラルンプールとまったく同じでした。しかし、在来線に沿って密集していたスラムの撤去に時間がかかるなど、予

●エアポート・レールリンク

定より大幅に工期は遅れ、当初予定から二年半遅れの二〇一〇年四月にようやく開業する見込みとなりました。ただし、本来空港アクセス鉄道として建設されていることから、都市鉄道としてどの程度機能するのかは疑問な点もあります。

このように、バンコクの都市鉄道整備は、タックシン政権時代の政策の二転三転の中で、具体的な進展は非常に限られました。問題の根本は、都市鉄道整備がバンコク都民の支持を得るための最大の武器であると認識したタックシンが、受け狙いから短期間での路線網の拡張と低廉な運賃という方針を打ち出したものの、他方で採算性の悪化から民間の参入を期待できなくなったにもかかわらず、莫大な投資に見合うだけの財源が確保できなかった点にありました。このため、計画は肥大化する一方なのに対し、実際に着工された事例はほとんど存在せず、都民の期待はやがて失望へと変わっていったのです。

3 国際鉄道網の構築

東南アジア縦貫鉄道構想の出現

都市鉄道に次いで東南アジアの鉄道への期待感が高まっているのは、東南アジア各国を相互に結びつける国際鉄道としての機能です。そもそも東南アジアに国際鉄道網を構築しようという構想は一九二〇年代に出現しましたが、実現したのは一九四〇年代の第二次世界大戦中でした。しかし、戦後国際鉄道網は寸断され、タイ～マラヤ間を除いて新たに出現した国民国家単位の鉄道網に分割されました。戦後はＥＣＡＦＥによるアジア縦貫鉄道構想が出現し、一九六八年にはルートも決められたものの、その後の政治情勢の変化もあって進展は見られませんでした。

ところが、一九八〇年代後半からタイを初めとする西側諸国の経済成長が進み、カンボジア紛争の終結によってインドシナの戦火がようやく途絶えると、「インドシナを戦場から市場へ」のスローガンの下で急速に関係改善がなされました。一九九二年には、タイ、ミャンマー、ヴェトナム、ラオス、カンボジアの東南アジア大陸部五ヶ国と中国・雲南省からなるメコン圏（GMS）構想が出現しました。この計画は、メコン川流域の五つの国と一つの省が相互に協力して経済発展を志向しようという局地経済圏構想であり、そのための基盤として国際交通網の整備が優先されました。道路と共に鉄道についても国際鉄道を構築するルートが計画に盛り込まれましたが、当初は道路整備が優先されたことから具体的な動きはありませんでした。

これに対し、メコン圏に含まれなかったマレーシアが別個に東南アジア縦貫鉄道（シンガポール～昆明鉄道連絡）構想を提唱し、シンガポールから昆明に至る国際鉄道の構築を主張しました。マレーシアはメコン圏構想に対抗するためにASEAN・メコン流域開発協力（AMBDC）を提唱し、一九九五年にその設置が合意されました。その中心に掲げられたのが、東南アジア縦貫鉄道構想だったのです。マレーシアはクアラルンプール近郊の在来線の複線電化を完了させてKTM Komuterの運行を開始しており、さらに複線電化区間を北に延伸し、ペナン対岸のバッターワースを経てタイ国境のパーダンベーサールまで到達させようと考えていました。タイも当時ようやくバンコク近郊の複線化に着手していましたが、マレーシアの複線電化のほうが先進していたことから、この国際鉄道構想で主導権を握ることを期待したのです。

マレーシアは独自に東南アジア縦貫鉄道のルートを調査し、図56のようにカンボジア・ヴェトナム経由、ラオス経由、ミャンマー経由の三ルートを候補に掲げました。そして、二〇〇〇年のASEA

図56●東南アジア縦貫鉄道構想（2009 年）

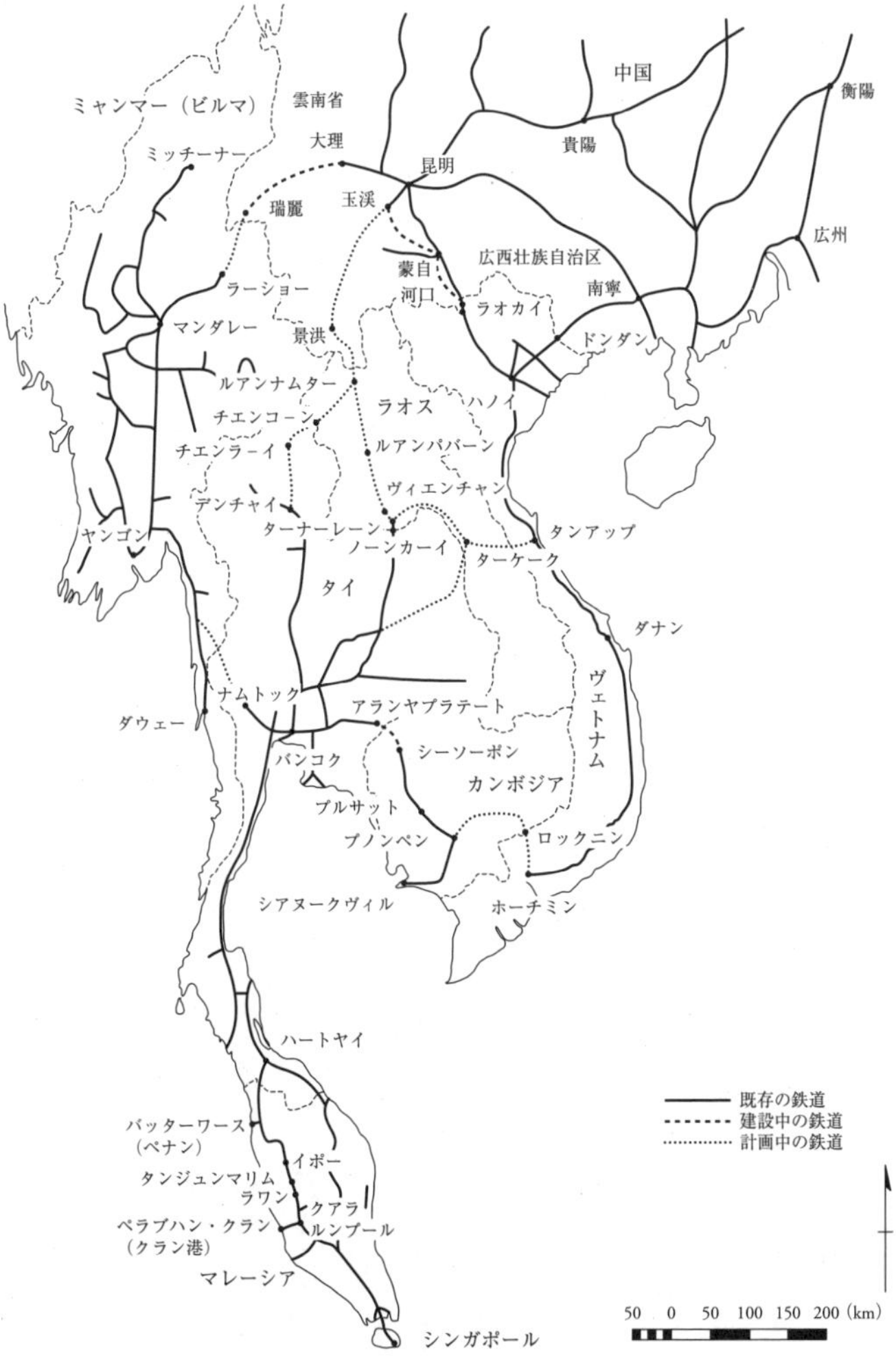

出所：筆者作成

N運輸閣僚会議で、カンボジア・ヴェトナム経由を最優先とすることで合意に漕ぎ着けたのです。いずれのルートもミッシングリンクがありますが、カンボジア・ヴェトナム経由の場合がもっともミッシングリンクが少なかったことから、もっとも現実的な選択肢でした。ただし、海岸線に沿って迂回するルートとなることから、シンガポール〜昆明間の距離は五四四〇キロメートルと三つのルート中ではもっとも長くなります。マレーシアはこのミッシングリンク解消のために、複線電化計画で余剰となった古レールを二〇〇六年末にカンボジアに支援するなど、東南アジア縦貫鉄道の実現へ向けて積極的に対応しています。

なお、マレーシアの野心的な鉄道近代化計画は、通貨危機の影響もあって一時停滞しましたが、二〇〇一年にラワン〜イポー間一七五キロメートルの複線電化計画が再開され、間もなく完成する予定です。この複線電化によってKTM Komuterの運行区間をタンジュンマリムまで延ばすほか、クアラルンプール〜イポー間には最高時速一六〇キロメートルの特急列車を運行する予定で、メートル軌の鉄道としては世界最速となるはずです。二〇〇九年から先行してこの間に一日五往復のディーゼル機関車の牽引する特急列車を運行開始しましたが、それまではクアラルンプール〜バッターワース間の列車が一日数往復するのみで、所要時間面でも運行本数でも鉄道は自動車に圧倒されていました。実現すれば東南アジアで初の本格的な都市間高速鉄道となり、これによって都市鉄道のみならず、都市間輸送の点においても鉄道輸送の復権がなるかどうか、興味深いところです。

●複線電化が完成したラワン〜イポー間（クアラクブバル・2009年）

カンボジアのミッシングリンク

東南アジア縦貫鉄道構想で最優先とされたカンボジア・ヴェトナムルートですが、実際にはカンボジア国内を中心に二ヶ所のミッシングリンクがあるほか、カンボジア国内の在来線についても抜本的な改良が必要な状況です。ミッシングリンクのうち、アランヤプラテート〜シーソーポン間約五〇キロメートルはかつて日本軍がレールを接続させて軍事輸送に用いた区間であり、一時は鉄道が存在した区間でした。戦後アランヤプラテート〜ポイペット（カンボジア側国境）間の運行は停止されましたが、一九五五年に国際列車の運行が再開されたものの、一九六一年の両国の国交断絶で中止されました。その後、カンボジアの政変により一九七〇年から一九七五年までの間は国際列車の運行が復活したものの、ポル・ポト政権の成立とその後の内乱時にシーソーポンから国境までのレールが撤去されてしまい、路盤は地雷原になってしまいました。さらに、ポイペットにはタイからのギャンブラーを目当てにしたカジノが乱立し、元の線路上にカジノが立ちはだかっている状態です。

その先のシーソーポンからプノンペンまでは線路はありますが、並行する道路の急速な整備によって鉄道の存在意義は薄れ、現在旅客列車の運行が止まっています。つい最近までバッタンバン〜プノンペン間で列車が運行されていましたが、その数は末期には週に一往復と大幅に減っており、線路の状態も非常に悪く、自動車がこの間を四〜五時間で結んでいるところを一二時間以上かけて何とか走っている状況です。車両の状態も悪く、客車は座席が崩壊したり床が抜けていたりと、まるで廃車体が走っているようです。このため、カンボジアの鉄道の旅客・貨物輸送ともほぼ壊滅状況となり、本来ならばいつ廃止になってもおかしくない状況でした。しかし、東南アジア縦貫鉄道の構想が出現したことで、その命脈は永らえることになりました。二〇〇七年には、アジア開発銀行からの借款を用いて既存線の修復とポイペット〜シーソーポン間の復活を行なうことで合意し、現在整備が進められています。なお、一九六〇年代末に開通したプノンペンからシアヌークヴィルへ至る路線も現役ですが、道路整備の進展で旅客列車の運行はすでに消えており、わずかに石油や海上コンテナを積んだ貨物列車が通うのみです。

それでも、鉄道が依然として重要な交通路として機能している区間もあります。バッタンバン線の途中のプルサットからプノンペンまでは、並行する道路がないことから鉄道が唯一の交通路であり、沿線の住民には欠かせない交通路となっています。しかし、この間の主役は列車ではなく、住民が自作したスケータです。これはレールの上を走る簡易な木造の台車で、エンジンを搭載して自走できるものもあります。台車上に旅客や貨物を載せて線路上を走行し、列車や他のスケータと交差する際には旅客や貨物を降ろして線路脇に避難させます。東南アジアではフィリピンのスケータが有名ですが、カンボジアでも線路上のタクシーとして日常的に用いられており、列車の利用者よりはるかに多くの人が利用しているはずです。

●枝を満載したカンボジアのスケータ（メアノーク・2004 年）

プノンペン〜ホーチミン（サイゴン）間は真のミッシングリンクであり、フランス時代にインドシナ縦貫鉄道計画に含まれていものの、結局実現しなかった区間です。当時の計画ではプノンペンから東進してホーチミンに至るものでしたが、現在の計画ではかつて存在したホーチミンからロックニンまでのヴェトナム国内の支線を復活させ、ロックニンからプノンペンまで新線を建設する形となっています。この間の新線建設には中国が支援を表明していますが、ヴェトナム側も含め約三八〇キロメートルの新線の建設にはまだ時間がかかるものと思われます。

ホーチミンからハノイを経て、中越国境のラオカイまではヴェトナムの在来線が利用可能です。ヴェトナム戦争によって荒廃したヴェトナムの鉄道でしたが、一九七五年に戦争が終結すると南北に分断されていた鉄道の統一が急ピッチで行われ、翌年にはハノイ～ホーチミン間のレールがつながりました。多くの橋梁が被害を受けていたことから、開通後も橋梁の改修が進められました。現在では、南北統一鉄道の整備もかなり進み、最速列車は約二九時間でホーチミンとハノイの間を結んでいますが、さらなるスピードアップを目指して新線の高速鉄道の建設計画が持ち上がっています。

その先はかつての滇越鉄道であり、現在も昆明まで線路は続いています。中越国境での直通運行は、中越関係の悪化で一九七八年から途絶えていましたが、関係改善に伴い一九九六年から再開されました。しかし、道路整備の進展と滇越鉄道の中国国内区間（昆河線）の老朽化に伴い、ハノイ～昆明間の国際列車と中国国内の旅客列車は二〇〇四年に廃止されており、現在は貨物列車のみが運行しています。

なお、二〇〇五年に中国の広西壮族自治区がメコン圏に入りましたが、ヴェトナムと広西を結ぶ鉄道も北ヴェトナム時代に開通しており、中国からの支援物資の輸送のためにドンダンの国境からハノイ近郊までがメートル軌と標準軌の三レール区間となっています。中越関係の悪化でやはり一時国境が閉鎖されましたが、旧滇越鉄道と共に一九九六年から国際列車の運行が再開され、現在も北京〜ハノイ間や南寧〜ハノイ間に国際旅客列車が運行されています。

ラオス初の鉄道開通

東南アジア唯一の内陸国であるラオスには、長らく鉄道がありませんでした。正確には、前に述べたようにラオス南端のコーン滝を迂回する軽便鉄道が作られて、メコン川水運の中継を行なってきましたが、一九四一年にこの地が「失地」回復によってタイ領となった際に廃止されました。フランスはインドシナ縦貫鉄道とメコン川を結ぶために、ヴェトナムのタンアップからターケークまでの鉄道を計画し、一九三〇年代に着工したものの、結局実現しませんでした。

一九五三年の独立後は、アメリカによって北の中国や北ヴェトナムからの共産化の波を食い止める「砦」の役割を期待され、ラオスの外港であるバンコクとの間の交通路の整備として、ウドーンターニー〜ノーンカーイ間の鉄道延伸とフレンドシップ・ハイウェーの建設が行われました。同じ時期に、メコン川に架橋を行なって鉄道をラオスまで延伸させる案も浮上しましたが、一九五九年に成立したサリット政権がメコン川に架橋することで共産勢力が橋を渡ってタイに流入してくることを警戒したことから、しばらく架橋計画は頓挫してしまいました。サリットの死後、ラオス側の要請を受けて日本の援助で事業化調査を行い、架橋位置をノーンカーイとして鉄道・道路併用橋を建設する計画が策定されました。しかし、その後具体的な進展はなく、一九七五年のラオス共産化によって実現可能性はさらに低くなったのでした。

ところが、一九八〇年代後半からのインドシナ諸国とタイとの間の関係改善の中で、メコン川架橋計画も再浮上し、「インドシナを戦場から市場へ」のスローガンが出された一九八八年に、双方がメコン川架橋に合意しました。オーストラリアの支援で一九九四年に完成したこの橋は、タイ・ラオス友好橋と命名され、タイ〜ラオス間が直接自動車で往来できるようになりました。この橋は中国国内を除きメコン川に架けられた初めての橋で、将来鉄道を通すことを念頭においていました。このため、橋の開通後に連絡鉄道の建設も推進することになり、タイ側は新たに建設した新ノーンカーイ駅から橋の中間地点までの一・四キロメートルの線路の敷設工事を進め、二〇〇〇年までに完成させました。

一方、ラオス側はタイの民間企業と合弁でラオス鉄道輸送社を設立し、一九九七年にこの会社に免許を付与してラオス側の二・一キロメートルの区間の鉄道建設を行なって、一九九九年までに完成させることにしました。しかし、直後に発生した通貨危機の影響で計画は頓挫し、タイ側から橋の中間までレールが完成したものの、そのままの状態が続きました。このため、二〇〇三年にタイ政府が建設資金の三割を無償で、残りを有償で拠出することを表明し、ラオス政府が自ら建設を行うことになりました。請負業者の選定に時間がかかったものの、二〇〇七年初めにようやく工事が始まり、二〇〇九年三月に正式に開業しました。コーンの軽便鉄道を除けば、これがラオス初の鉄道であり、メコン川を越えた初の鉄道でもありました。

現在ノーンカーイとラオス側の唯一の駅ターナーレーンの間に一日二往復の旅客列車が運行されています、ラオス側にはまだまったく車両がないことから、タイ側の車両の乗り入れとなっています。ターナーレーンの駅はメコン川を渡ってすぐのところに位置し、首都ヴィエンチャンから一五キロメートル程度離れていることから、連絡バスに乗り換える必要があります。このため、利用者はまだわずかであり、バンコクへ直通列車を運行させるなどの施策が必要と思われます。また、ターナーレーンの駅には貨物扱い設備がないために現状では貨物輸送は行われていませんが、海上コンテナや石油輸送の需要はあるので、早急に貨物輸送も開始すべきでしょう。

中国との連絡鉄道構想

メコン川を渡ってようやくラオスに鉄道が到達しましたが、東南アジア縦貫鉄道はラオス経由でも実現は可能です。さしあたりターナーレーンからヴィエンチャンまでの九キロメートルの区間の延伸が決まっており、すでに調査設計も行われています。ラオスは全国に鉄道網を構築するという壮大な計画を掲げていますが、東南アジア縦貫鉄道を実現させるためには、中国への鉄道を整備する必要があります。その路線は、ヴィエンチャンから北上してルアンパバーン、ルアンナムターを経由して中国国境に至るものであり、仮に実現すればカンボジア・ヴェトナム経由のルートよりも所要距離は大幅に短縮されます。しかし、問題は未着工区間の多さであり、ヴィエンチャンから雲南省の玉渓までの八〇〇キロメートル程度の新線建設が必要となります。ラオスにとっては首都ヴィエンチャンとかつての王都で世界遺産にも指定された観光都市ルアンパバーンを結ぶ交通路ともなることから、国内輸送面でも国際輸送面でも重要性は高いのですが、急峻な山岳地帯を貫く鉄道建設には多額の費用がかかるものと思われます。

代替ルートとしては、タイの北線のデンチャイから分岐し、チエンラーイを経由してラオスのルアンナムターに至るルートがあり、こちらはメコン圏の南北回廊（昆明〜バンコク間）を結ぶ道路（昆曼公路）のルートにあたります。所要距離はヴィエンチャン経由とさして変わりませんが、このルートではタイのデンチャイ〜チエンラーイ間鉄道を実現させる必要があります。当初は北部への交通路として想定されたこの路線ですが、現在では国際鉄道の一翼を担う路線としての役割が期待されているのです。しかし、ラオスにとっては首都ヴィエンチャンを通らないルートであることから、ヴィエンチャン経由に比べれば重要度は低くなります。

一方、もう一つ実現の可能性が高いルートは、ヴィエンチャンから東に向かいターケークを経てタンアップに至るルートです。これはかつてフランスが計画したタンアップ〜ターケーク間鉄道を実現させるものであり、ラオスにとっても首都と地方を結ぶルートとなります。このルートを推奨しているのはヴェトナムであり、雲南へ向かう鉄道より建設すべき距離も短く、地形面でも問題は少ないです。また、ターケークでメコン川を渡ればタイ側のブアヤイ～ムックダーハーン～ナコーンパノム線に接続することも可能であり、こちらのほうが縦貫鉄道の所要距離は短くなりますが、ラオスにとってはやはりヴィエンチャン経由のほうが望ましいと思われます。ちなみに、二〇〇六年末に開通したムックダーハーンとラオス側のサワンナケートを結ぶ第二タイ・ラオス友好橋は鉄道を通すことを想定しておらず、二〇〇九年に着工されたナコーンパノム～ターケーク間の第三友好橋も同様ですが、二〇一〇年に工事が始まったチエンコーン～ファアイサーイ間の第四友好橋は将来の鉄道建設を念頭において設計されています。その点では、昆曼公路沿いのルートが有利となります。

中国も東南アジア縦貫鉄道の実現には極めて熱心ですが、ラオス経由よりもカンボジア・ヴェトナム経由とミャンマー経由を優先させています。ヴェトナムとの間には旧滇越鉄道の昆河線がありますが、老朽化が著しくしかも中国唯一のメートル軌の鉄道であることから、新たに標準軌の新線を建設しています。昆明の南西の玉渓から蒙自までの玉蒙線の建設はかなり進んでおり、二〇一〇年には完成する予定とされています。その先中越国境の河口までの蒙河線も着工されていますので、近い将来運休中の昆河線の旅客列車に代わって、新線経由で河口まで行けるようになるでしょう。一方ミャンマーへ向けては、昆明から大理まではすでに開通しており、その先の瑞麗までの大瑞線についても、

●大理に到着した快速列車（大理・2009 年）

一部区間で建設が開始されています。この路線をさらにミャンマーのラーショーまで延ばせば、中国とミャンマーの鉄道が結ばれることになります。これは、かつてイギリスが希求していた雲南への連絡鉄道のルートと一部重なっており、一九三〇年代末には援蒋ルートの整備の一環として昆明とラーショーを結ぶ滇緬鉄道が着工されたという経緯もあります。この鉄道も結局実現はしませんでしたが、戦後一部区間を中国が整備の上で利用しました。

ラオスへの鉄道は、玉渓から南下して景洪を経てラオス国境に至るルートとなりますが、現在のところ中国が建設に着手する動きはありません。しかし、このルートに並行する高速道路が二〇〇八年までにほぼ完成したことから、今後鉄道建設に着手する可能性はあります。中国はタイとの間に鉄道を整備することを希望しており、そのためには玉渓から南下する鉄道を建設することになるはずです。タイは鉄道建設にあまり積極的とはいえませんが、中国がラオス国境、あるいはラオス国内まで鉄道を伸ばしてくれれば、デンチャイ〜チエンラーイ線など対応する鉄道の整備に乗り出すはずです。中国が積極的にヴェトナムやミャンマー国境へ向けて鉄道整備を進め、カンボジアとヴェトナムの間のミッシングリンクの整備にも支援を表明しているように、中国の対応が東南アジア縦貫鉄道の成否を握っているといっても過言ではないでしょう。

泰緬鉄道の復活?

中国の大瑞線が開通し、さらにミャンマーのラーショーまで到達すれば、ミャンマー経由での東南アジア縦貫鉄道の実現可能性が高まりますが、その際に問題となるのはタイとミャンマーの間のミッシングリンクです。マレーシアの調査によって決められたタイ〜ミャンマー間のルートは、旧泰緬鉄道のルートを採用しています。戦後のタイ〜ミャンマー間の国際鉄道計画では、基本的にメーソート経由のルートを想定しており、泰緬鉄道のルートは対象外とされてきました。しかし、図56(三二九ページ)からもわかるように、泰緬鉄道経由のルートはシンガポールと昆明を結ぶという点からは、もっとも相応しいことがわかります。

実際には、戦後タイが泰緬鉄道のタイ側の区間を買収した後、独立したばかりのミャンマーに対して泰緬鉄道の復活を打診したこともありましたが、ミャンマー側が関心を示さなかったこともあってこの計画は消えました。廃止されたナムトック以北の線路跡も大半が消失しており、一部はその後作られたワチラーロンコーン・ダムの湖の下に沈んでいます。勾配も急で線路の規格も低かったことから、たとえ路盤が残っていたとしても、結局新線を建設することになったはずです。しかし、ナムトックから泰緬鉄道のルートではなく、西に向かってテナセリム山脈を横断すれば、直線距離にして約八〇キロメートルでダウェー（タヴォイ）に到達できます。ダウェーには近年鉄道が到達したことから、このルートを用いれば新線建設は八〇キロメートル程度に済むことになります。ダウェーには深水港の整備計画があり、実現すればバンコクからもっとも近いインド洋側の港となることから、ダウェーへの交通路の整備を求める動きもあります。二〇〇八年にも当時のサマック首相が、中国からバンコクを経由しダウェーに至る鉄道計画を披露していました。

ダウェーまで鉄道が到達した背景には、近年のミャンマーの非常に熱心な鉄道網の拡張策があります。ミャンマーの鉄道総延長は一九九〇年には約三二〇〇キロメートルであり、戦時中に撤去された路線網の大半をようやく復活させたという状況でした。ところが、その後急速に新線の建設を進め、二〇〇四年には四八七〇キロメートルに達しており、おそらく現在は五〇〇〇キロメートルを越えているはずです。先の図49（二九八ページ）のように、一九七〇年以降開通した鉄道の大半はミャンマーにあり、急激に路線網が拡張したことがわかります。この間にピェーからエーヤーワディー川沿いに北上する路線が建設され、同じく新たに鉄道が到達した遺跡の町バガン（パガン）を経由してマン

●新たに鉄道が到達したバガンの駅（1998 年）

ダレーへ至る新たなルートが形成されたほか、地方への鉄道も積極的に建設しており、カレーミョウ、ナムサン、ロイコー、ダウェーなどに新たに鉄道が到達しています。これらの鉄道はいわゆる「地方開拓」型の鉄道であり、タイなどにおいてはもはや建設不可能な鉄道でした。

ミャンマーの鉄道建設は、おそらく「政治鉄道」の建設であると思われます。独立後のミャンマーは地方の少数民族の居住する州の分離独立要求に悩まされ、その封じ込めのために強固な軍事政権を築いてきました。一九八八年の民主化要求運動後に顕著となった鉄道網の拡張も、中央政府の支配の強化の一環として行なわれたものと考えられ、鉄道の到達を中央政府の支配権の強化と認識した結果であるものと想定されます。つまり、中央の権力強化のための鉄道建設であり、ラーマ五世王期のタイの鉄道建設と同じものなのです。これらの鉄道建設には、住民の強制労働も利用されたとの見方もあり、人海戦術で作られた鉄道は規格も低く、経済的に重要な意味があるとは思われません。多くの路線で開通後一日一〜二往復の列車が走るのみであり、中には他線区と接続しない孤立区間を先に開通させ、車両を運び入れてとりあえずピストン運行する場合もありました。

このような時代錯誤的なミャンマーの鉄道建設によって、ミャンマーの鉄道網はこの二〇年間で二〇〇〇キロメートル近く拡大しました。しかしながら、この鉄道網の拡大は輸送量の増加を伴っておらず、この二〇年間の旅客、貨物輸送量はほとんど変化がありません。中国と共に積極的に鉄道網の拡張を目指しているミャンマーの存在は、ミャンマー経由の東南アジア縦貫鉄道の実現可能性を高めているのかもしれません。ただし、たとえミャンマー経由でシンガポールから昆明まで線路がつながったとしても、それが経済的にどれほどの意味を持つかは別問題です。そもそも東南アジア縦貫鉄道構想自体が「政治鉄道」の意味合いが強く、実際にどれほどの輸送需要が発生するかどうかは二の次になっている感があります。東南アジア縦貫鉄道構想は東南アジアの鉄道に国際輸送という新たな役割を担わせる可能性を秘めていますが、正夢となるのかどうかは未知数なのです。

4 「新たな鉄道」を目指して

都市交通の主役

急速なモータリゼーションの中で、かつての陸上輸送の主役だった鉄道は自動車輸送へとその座を譲り渡し、その存在感を低下させてきましたが、他方で近年鉄道輸送の見直しも進んできています。新たに注目されてきた鉄道の役割として、都市鉄道や国際鉄道が挙げられますが、輸送分野という点から考えると、今後鉄道輸送が優位性を発揮できる分野は、都市内旅客輸送、都市間旅客輸送、そして国際輸送も含む長距離貨物輸送の三分野となるでしょう。

都市内旅客輸送は世界中の大都市において必ず需要が発生するものであり、それを担う鉄道はもはや都市交通の主役としての地位を確実なものとしています。自動車輸送のみに依存した大都市の交通は成立しないことが明らかとなった現在においては、都市交通問題に直面する大都市では例外なく都市鉄道の整備が検討されています。実際には路面を走るＬＲＴでも構わないのですが、何らかの形で自動車交通とは分離された、専用の走行路を持つ大量輸送手段が必要となり、一定以上の輸送需要がある場合は都市鉄道がもっとも適していることになります。この都市内旅客輸送面での鉄道の優位性は、先に挙げた三つの分野の中でもっとも重視されていることが多く、フィリピンのように鉄道による都市間旅客輸送や貨物輸送が消滅しても、都市内旅客輸送のみ存続している国もあります。

首都圏人口が一〇〇〇万人に達しているバンコクでは、都市鉄道網の規模はようやく二システム計四六キロメートルとなり、間もなくエアポート・レールリンクの二九キロメートルが加わりますが、今後の拡張も簡単には行かないようです。二〇〇六年のタックシンの失脚後に成立したスラユット政権は、当面五線一一八キロメートルの建設を推進することにしました。タックシン政権末期に検討されたターンキー方式から詳細設計に基づく入札方式へと変更した上で、資金源は日本のＪＩＣＡなどの借款の利用を念頭に置きました。二〇〇八年に出現した親タックシン派のサマック政権は、以前からの持論だったバンコク環状鉄道計画を盛り込む形で都市鉄道計画の改変を試みましたが、間もなくの失脚と共に環状鉄道計画もあっけなく消えました。突然の計画の改変は相変わらず続いており、そのたびに計画の実現がさらに遅延することになるのです。

先の図55（三二四ページ）のように、さしあたり今後一〇〇キロメートル程度の路線が二〇一六年までに完成する予定です。現在本格的に工事が進められているのは濃緑線のウォンウィアンヤイ～バーンワー間、淡緑線オンヌット～ベーリン間、淡赤線バーンスー～タリンチャン間の計二六キロメートルに過ぎません。このうち、濃緑線と淡緑線はかなり工事が進展しており、二〇一一年中にはどちらも開通する予定です。タックシン政権時代に突如入札が中止された紫線バーンスー～クローンバーンパイ間二三キロメートルは、日本のＪＩＣＡの借款による建設が決まり、ようやく二〇一〇年に着工されたばかりです。次いで、濃赤線バーンスー〜ランシット間二三キロメートルと青線バーンスー〜タープラ間、ファラムポーン〜バーンケー間二七キロメートルが入札準備に入っています。現在新たなマスタープランが策定されており、二〇一〇年から二〇年間で計一二線四九五キロメートルの都市鉄道網を完成させるというさらに壮大な計画が描かれていますが、計画の頻繁な変更のみで実質が伴わないという状況に終止符が打たれるのかどうか注目されています。

バンコクの交通渋滞はかつて世界でも有数の悪名高いものでしたが、都市鉄道の開通後に顕著な渋滞の緩和は見られなかったものの、都市鉄道の利用者は着実に増えています。現在平日にはＢＴＳが約四〇万人、ＭＲＴＡが約二〇万人の利用者があり、一日六〇万人が都市鉄道を利用していることになります。仮にこれらの利用者がすべて自動車に依存することになれば、道路交通のさらなる混雑は避けられません。二〇〇九年に開通したＢＴＳの延伸区間はわずか二キロメートル足らずですが、チャオプラヤー川の西岸トンブリー側に到達した初の都市鉄道であり、すでに一日五万人の利用者という当初目標に達しています。これまで自動車一辺倒だったバンコクでも、着実に都市鉄道を利用する生活スタイルは浸透しつつあり、今後も継続して路線網を拡張することで、自動車への依存度を低下させていく必要があるでしょう。

都市内旅客輸送は、今後も鉄道輸送の主要な任務として、都市化の伸展と共に対象地域を徐々に拡

●延伸区間のチャオプラヤー川橋梁を渡るBTSの電車（タークシン橋・2009年）

大させていくものと思われます。タイにおいては、バンコク以外の都市規模がそれほど大きくないことから、他都市における都市鉄道や軌道系大量輸送手段の導入計画は少なく、チエンマイにおいて若干の検討がなされているに過ぎません。しかし、他国においては新たな都市鉄道の導入が進んでおり、ヴェトナムのハノイとホーチミンが今後都市鉄道を有する大都市の仲間入りを果たすことになります。既存のシンガポール、マニラ、クアラルンプールにおいても路線網の拡張が進んでおり、ジャカルタでも新規の都市鉄道の導入が計画されています。東南アジアにおいても、着実に都市鉄道は成長しているのです。

高速鉄道への期待

都市間旅客輸送については、古くから東南アジ

ア の鉄道の主要な任務でした。鉄道が陸上交通の主役だった時代には、都市間の旅客輸送は鉄道の独壇場でした。貨物の場合は、水運が利用可能な場合において脇役に甘んずることもありましたが、旅客の場合は迅速性が要求されることから、鉄道の優位性は高くなりました。しかし、道路整備が進展して自動車輸送の競争力が増すと、自動車のほうが所要時間や運行頻度の点で有利となり、鉄道輸送は劣勢となっていったのです。タイの場合は、低廉な運賃とある程度の近代化によって都市間旅客輸送も依然として残ってはいますが、フィリピンでは完全に壊滅し、マレーシアでも大幅に縮小しました。さらに、二〇〇〇年代に入って急速に拡大した格安航空との競争も徐々に拡大しており、とくに運賃や料金が割高な一等、二等については格安航空のほうが安くなる場合も出てきました。

このような自動車や航空との競争に打ち勝つためには、高速化が必要です。タイの鉄道も高速化を進めてきており、現在では平坦区間ではディーゼル特急で時速一二〇キロメートル、機関車牽引の列車でも時速九〇キロメートル程度で走行可能です。現状では空港アクセス鉄道を除けば東南アジアでもっとも速く、メートル軌の鉄道ではおそらく世界でもっとも高速での走行を行なっているはずです。それでも、山間部では大幅に速度は落ち、単線区間での列車交換による待ち合わせ時間もあり、自動車輸送には太刀打ちできないのです。

このため、タイにおいても新たな高速鉄道の建設が計画されてきました。最初に浮上したのは、バンコクから東部臨海工業地域のラヨーンまでの一九〇キロメートルの区間に新線を建設する計画でした。これは、最高時速一六〇キロメートルでこの間を九〇分で結ぶ計画で、一九九四年に閣議で計画が了承されました。東部臨海工業地域には工場の集積が著しく、バンコクとの間にはタイ最大の経済回廊が構築されており、旅客需要も高くなっています。さらに、バンコクの東に建設されるスワンナプーム新国際空港を経由することによって、空港アクセス鉄道としても期待できるものでした。基本調査は行われましたが、結局通貨危機の影響もあって立ち消えとなり、実現したのはバンコク市内から空港までの区間のみでした。

他にもバンコクからコーラートまでの高速鉄道計画や、ドーンムアン空港からメークローン線経由でファヒンへの高速鉄道計画が浮上したこともありましたが、いずれもそれ以上の進展はありませんでした。タイの場合はバンコク以外の都市規模が小さいこともあって、都市間の高速鉄道の建設は旅客需要の面からは正当化されにくいのが現状です。コーラートは東北部最大の都市であり、東北部への玄関口とも言える場所に位置しますが、人口規模は統計上で三〇万人しかありません。高速鉄道が出現すれば、バンコク〜コーラート間の旅客のみならず東北部全体とバンコクの間の旅客需要も期待できるでしょうが、この間を往来する旅客の大半は三等車の顧客である出稼ぎ労働者などの低所得者層なので、高速鉄道の顧客にはなりにくいのです。二〇〇九年に浮上した鉄道開発計画には、バンコクからチエンマイ、ノーンカーイ、チャンタブリー、パーダンベーサールの四方へと伸びる高速鉄道を整備するとの長期計画が盛り込まれました。さしあたりチャンタブリーへの路線のラヨーンまでの

●ハノイ〜ホーチミン間の急行列車（ダナン・2004年）

区間、つまり当初計画のバンコク〜ラヨーン間を整備するとされましたが、先行きはまだ不透明です。

現在東南アジアで高速鉄道計画を進展させているのは、マレーシアとヴェトナムです。マレーシアは在来線の改良によって時速一六〇キロメートルへの高速化を目指しており、間もなく実現するはずです。従来の単線を複線化して電化するだけではなく、高速化のために新たに複線を新設する形で整備されており、在来線の用地のみを利用しただけの、見違えるような立派な新線が完成しつつあります。高速化のために踏切の立体交差化も合わせて行なわれており、時速一六〇キロメートルでの走行も問題なく実現するものと思われます。

ヴェトナムはまだ構想段階ですが、ハノイとホーチミンの間に新たな高速鉄道を建設するという野心的な計画であり、新幹線技術の売り込みのために日本が積極的に関与しています。ヴェトナムは人口密度が高く、ハノイ〜ホーチミン間には比較的規模の大きい都市が並んでいることから、タイよりは旅客需要は見込まれます。しかし、ハノイ〜ホーチミン間を現状の一七二六キロメートルから一五六〇キロメートルに短縮したとしてもかなりの所要時間がかかり、運賃設定次第では今後拡大するであろう格安航空と競合する恐れもあります。ハノイとホーチミンから整備を開始し、二〇二〇年までに全線の完成を目標としているとのことです。台湾で走り始めた日本の新幹線が、次はヴェトナムで走りることになるかどうか、今後の進展が興味深いところです。

「ロジスティックス」の追い風

長距離貨物輸送も、長らく鉄道の主要な任務でした。都市間旅客輸送と同様に、長距離貨物輸送は内陸部において鉄道の独壇場でしたが、自動車輸送との競合によって徐々にその役割を低下させていきました。米輸送のようにバンコクへの輸送から南部への輸送が中心になるなど、鉄道の貨物輸送は一〇〇〇キロメートルを越えるような超長距離輸送に活路を見出していきましたが、それも二一世紀に入って消滅しました。特定区間での大量バラ積輸送やコンテナ輸送を除いて、鉄道の貨物輸送は衰退傾向にありましたが、そのような中で「ロジスティックス」の切り札として鉄道に再び注目が集まるようになりました。

「ロジスティックス」とは兵站を意味する軍事用語ですが、近年は物流という意味で用いられるようになってきています。企業にとって物流の費用、つまり輸送費はできるだけ低いほうが望ましいのですが、タイなど途上国においては商品の価格に占める物流の費用が依然高いとして、それを低減させることが競争力の強化につながると考えられています。理論上は燃料効率のもっとも低いのが自動車輸送で、鉄道や水運のほうがはるかに燃料効率が高いことから、鉄道輸送のほうが自動車輸送よりも安価な輸送を提供できるはずであり、自動車から鉄道や水運へのモーダルシフトが、物流コストを下げる切り札となるという発想が出現しました。これが「ロジスティックス」の重要性であり、鉄道による貨物輸送が見直されるきっかけとなったのです。

ただし、物流コストを下げるためには、従来の有蓋車による伝統的な輸送方法を行うのでは意味がなく、そのまま自動車や船に積み替えて一環輸送が可能となるコンテナの輸送を行わねばなりません。つまり、現在地方からバンコクやレームチャバンの港へ向けてトレーラーで輸送されている海上コンテナを鉄道輸送に転移させることが求められているのです。そのためには、地方においてコンテナ取扱駅を設置する必要があり、東北部や南部を中心に何ヶ所かの拠点がすでに設けられています。二〇〇七年にはバンコクやレームチャバンと地方との間のコンテナ輸送量は七二万トンに達しており、これをさらに拡充させていく必要があります。

さらに、国際輸送面でもコンテナ輸送は重要な意味を持ってきます。先ほどの東南アジア縦貫鉄道構想の主要な顧客は国際貨物輸送であり、従来海運や自動車で運んでいた海上コンテナをより迅速に輸送する目的があります。輸送費の面ではやはり水運のほうが優位となることから、鉄道は水運よりも迅速な輸送を提供しなければならないのです。このような国際コンテナ輸送については、すでに一九九九年からマレーシアとの間で行なわれており、二〇〇七年には七三万トンの輸送がありました。現在はラートクラバン内陸コンテナ・デポとクアラルンプール近郊のクラン港の間の輸送が中心であり、レームチャバン港とクラン港を結ぶことから、「ランドブリッジ」と呼ばれています。

このような国際輸送も始まってはいますが、「ロジスティックス」の追い風に乗って長距離貨物輸送を復活させるためには、理論を現実のものとする必要があります。鉄道輸送のほうが自動車輸送よりも割高であり、しかも輸送時間も余計にかかるといった状況では、鉄道輸送の優位性はありません。「ロジスティックス」の理論は多分に「鉄道神話」的な様相が強く、鉄道輸送への期待が過多であるように思われます。理論的には鉄道輸送のほうが輸送コストは安いとしても、実際の運賃にそれを反映させるのは容易ではありません。運賃の引き上げによって米輸送がほぼ壊滅したように、現行のシステムでは鉄道の輸送コストは決して安くはありません。「鉄道神話」に幻想を抱いている限り、「ロジスティックス」は鉄道にとって追い風となるでしょうが、いざ鉄道輸送に変えたところで物流コスト削減の効果がないことがわかれば、追い風はたちまち逆風になり得ます。鉄道輸送システムの抜本的な改革をなさない限り、長距離貨物輸送分野での復権は難しいでしょう。

標準軌とメートル軌

高速鉄道や貨物輸送の効率化の際に浮上するのが、軌間の問題です。タイを始め東南アジアの鉄道は、ヴェトナムの一部を除きメートル軌か日本と同じ一〇六七ミリメートルのいわゆる狭軌を用いてきました。しかし、ヨーロッパやアメリカ、さらに中国でも標準軌が一般的であり、新幹線を初めとする高速鉄道も標準軌を採用してきました。各地に出現してきた都市鉄道も、新規に建設されたものはいずれも標準軌です。狭軌よりも標準軌のほうが最高速度を高めることが容易であり、輸送力の増強も可能です。このため、タイの鉄道の近代化を阻害する要因として狭軌の軌間を問題視する声が主に政財界から出現し、中国の鉄道との直通を実現させるためにも標準軌に改軌すべきであるとの主張がタックシン政権時代に浮上してきました。その後、二〇〇八年にはサマック政権が既存の在来線の鉄道用地を利用して標準軌の新線を建設する計画を披露したこともあります。

実際には、軌間を変えることは容易ではありません。改軌にせよ、新線を建設するにせよ、莫大な費用がかかることから、それだけの投資が正当化されるだけの需要が見込まれなければなりません。改軌論者は鉄道のシステムをよく理解してない場合が多く、改軌とは単にレールの幅を広げ車輪を交換するだけであると安易に考えているようですが、実際には列車を運行しながらの改軌は非常に手間がかかる上、周到に計画を建てなければならないのです。タイはかつてチャオプラヤー川東岸の北線や東線の標準軌を南線と同じメートル軌へと改軌しましたが、その際には一〇年間の歳月を要していました。また、現状の設備や車両をそのまま用いて線路の幅のみ広くしても、スピードアップや輸送力の増強にはつながりません。その点では、標準軌の別線を建設するほうが効果はあるのですが、それだけの投資を行なう価値があるかどうかは別問題です。

さらに、国際鉄道の構築にとっても、軌間の問題は重要です。もしタイが標準軌に改軌すれば、マレーシアとの列車の直通は不可能となります。マレーシアは狭軌での高速化を目指していますので、現状では標準軌への改軌はありえません。この問題はASEANの場でも協議され、最終的に狭軌をASEANの共通ゲージとすることで合意しました。つまり、東南アジア縦貫鉄道は狭軌で構築することを原則としたのです。これにより、ヴェトナムは南北縦貫鉄道の高速化は新たな高速鉄道の建設で対応することになり、在来線を残すことにしたのです。ただし、中国の新線は標準軌で建設されていることから、昆河線以外のルートでは標準軌と狭軌の接続点を設置しなければなりません。

この標準軌線への憧れも一種の「神話」であり、実際にはかつてカムペーンペット親王が主張したように線路の幅のみで優劣が決まるものではありません。マレーシアはメートル軌のままで高速化を行なっていることから、山がちなマレーシアよりはるかに平坦で直線区間の多いタイのほうが高速化は容易です。タイで行なう場合も、マレーシアのような踏切の立体交差化が必須ですが、それを行なえば時速一六〇キロメートルでの走行も十分可能なはずです。線形の悪い山間部のみ新線を建設し、それ以外の大半の区間は在来線の高速化で対応したほうが、標準軌への改軌や新線建設よりもはるかに費用対効果が見込まれるでしょう。

変わる鉄道・変わらぬ鉄道

このような鉄道への新たな「期待」が出現したのは、発展途上国と呼ばれてきた東南アジアの国々においても経済発展が進み、自動車よりも速く目的地に到達したいという旅客需要の増加と、自動車輸送のみでは賄いきれないほどの貨物需要の増加が見られたことに他なりません。二〇世紀後半には、途上国における鉄道はやがてその役割をすべて自動車に譲り渡すものとの見方が大勢であり、事実そのような道を歩んできた鉄道も少なくなかったのですが、経済成長が進むに連れて東南アジア以外の地域でも鉄道輸送が再評価されるようになりました。近年地球規模で問題となっている地球温暖化の問題も、「環境に優しい」とされる鉄道にとって有利な材料となっています。先に述べたように、二〇〇九年にはタイでも新たな鉄道開発計画が浮上しましたが、その中には長期計画として高速鉄道を二六七五キロメートル整備する他にも、中期計画として今後一〇年間で幹線約三〇〇〇キロメートルの複線化と、新線二六五一キロメートルの建設も盛り込まれています。今後このような「追い風」を利用して、タイの鉄道も「期待」に応えるべく発展を志向しなければならないのです。

バンコクをはじめとする各都市の都市鉄道は、先進国の最新の運行システムをそのまま導入しており、自動列車運行システム、運転士のワンマン運転、自動改札、ホームドアなどの最先端の技術が導入されています。これに対し、在来線の運行システムは旧態依然としたものであり、運転席には必ず機関士と機関助手の二人が乗務し、二両編成のローカル線の列車でも最低車掌は二人乗っています。列車の行き違いが可能な駅はすべて有人駅であり、乗降客がほとんどないような小駅でも駅員が何人も勤務し、切符こそコンピューター発券となったものの、すべて窓口で販売されています。列車も三〇年前と変わらぬような古い車両を用いており、全開の窓からは虫や埃が舞い込んできます。あたかも三〇~四〇年位前の日本の国鉄時代を髣髴とさせるような光景ではあるのですが、この間に社会の状況は大きく変化しています。もはやバンコクと地方を結ぶバスはほとんどが冷房車となっており、列車の旅のように埃まみれになることもありません。多くのタイ人の目には、国鉄の在来線は「時代遅れ」であり、過去何十年間も進歩がないものと写っています。二〇〇九年に入って頻発した労働組合によるストライキも、国鉄のイメージをさらに低下させました

このため、たとえ「鉄道神話」が復活して新たな投資が鉄道に向ったとしても、現在のシステムをそのまま継承している限り、「鉄道神話」はおそらく神話のままで終わってしまうことになるでしょう。鉄道のほうを向きかけた順風が再び逆風へと変わることは、現状では避けられません。やはり、タイの鉄道も「変わる鉄道」でなければならないのです。昔懐かしき「変わらない鉄道」の存在は、先進国の人間から見れば郷愁を感じさせるものですが、やはり経済や社会の変化に鉄道も追随する必

●「変わらない」ミャンマーの鉄道（アウンバン・1998年）

要があります。タイの鉄道の運行システムももっと効率化を進めて、期待されている輸送コストの削減に応えていかねばならないのです。

カンボジアやミャンマーには、現在も「変わらない鉄道」があります。これらの国では、かつてタイの鉄道の最大の顧客だった「担ぎ屋」が存在しており、わずかにしか来ない列車はヒトやモノで満載となります。このような情景はタイでもかつては普通に見られたのですが、自動車輸送の発展に伴い姿を消しました。その過程で、タイの鉄道も顧客の変化に合わせたサービスの変化を行なったのであり、ディーゼルカーの導入や混合列車の普通列車化など、様々な施策が講じられました。つまり、「開発」の時代のタイの鉄道も「変わる鉄道」であり、その結果自動車との競合が過酷となったにもかかわらず、輸送量は増えたのでした。

これまでタイの鉄道は、戦争中の日本軍の軍事輸送による車両不足や路線網の荒廃、戦後の自動車輸送との競合など、幾度となく危機に直面してきましたが、その度に危機を克服して発展を遂げ、東南アジアでももっとも先進的な鉄道に成長してきたのです。しかし、一九八〇年代後半からのタイの急激な経済発展は、タイの経済や社会のあり方を大きく変化させたにも関わらず、鉄道は明らかに置いてきぼりを食らいました。このため、現在もとくに旅客輸送の減少という危機に見舞われているのですが、他方で都市内旅客輸送、都市間旅客輸送、長距離貨物輸送の面では追い風も吹きつつあります。これを利用して、鉄道がタイの人々の生活により密接したものとなり、タイ経済や社会の発展により重要な役割を果たすようになることが求められているのです。郷愁を感じさせる「変わらない鉄道」も捨てがたいのですが、やはり時代に対応して「変わる鉄道」であり続けてほしいものです。

column コラム05 メコン川を渡る国際列車

●ラオスに着いた国際列車（ターナーレーン・2009 年）

二〇〇九年三月に、メコン川を渡るタイ〜ラオス間の国際鉄道が開通しました。それまでは、国際列車はタイ〜マレーシア間の列車のみでした。マレーシアとの間ではパーダンベーサールとスガイコーロックの二ヶ所で鉄道が接続していますが、旅客列車が直通しているのは前者のみです。バンコク〜バッターワース（ペナン対岸）間の特急と、ハートヤイ〜グマス間の急行が一日一往復ずつ運行されている他に、イースターン・アンド・オリエンタル・エクスプレスと呼ばれるバンコク〜シンガポール間の豪華観光列車が不定期で運行されています。パーダンベーサールの駅はマレーシア側にありますが、タイの出入国管理もここで行われており、国境越えの手続きはこの駅ですべて片付きます。

メコン川を渡る国際列車は、現在一日二往復が運行されており、国境を挟んだノーンカーイ～ターナーレーン間の区間列車となっています。当初はバンコク～ノーンカーイ間の急行列車の一部車両が直通する形で運行されましたが、現在はディーゼルカーが往復しています。バンコクからターナーレーンまでの通しの切符を買うことはできず、ノーンカーイで切符を買いなおす必要があります。この際に、パスポートやボーダーパスを提示して、係員が乗客名簿を作成します。これは、国境を越える国際バスと全く同じです。切符を購入すると、ホーム上のブースで出国手続きをして列車に乗り込みます。

ノーンカーイを出ると、列車はゆっくりとメコン川の橋を渡り、一〇分ほどでターナーレーンに到着します。橋の上は道路の真ん中に路面電車のように線路が敷かれており、列車が通過する間は自動車の往来が遮断されます。ターナーレーンにもホームの横に入管の窓口があり、そこで入国手続きを行ないます。ここは森を切り開いた場所に作られた駅で、周りには見事に何もありません。駅前で待ち構えているバスに乗れば、三〇分くらいでヴィエンチャンのバスターミナルに到着しますが、それを逃すと足は全くありません。一日二往復しか列車がないこと、バスに乗り継ぐ必要があること、さらにヴィエンチャン～ノーンカーイ間にもより頻繁にバスが運行されていることから、利用者はわずかで閑古鳥が鳴いている状況です。旅客輸送に活路を見出すのであれば、コーンケン、コーラート、あるいはバンコク方面への直通列車を運行する必要があるでしょう。

あとがき

本書は、これまでの筆者の研究の成果をふまえて、タイの鉄道の「通史」をまとめたものである。既にこれまでの拙著のあとがきで何度も触れたように、筆者は元来鉄道好きであり、中学時代をたまたまタイで過ごしたことから、大学でタイ語を専攻してタイの鉄道についての研究を始めた。自分の好きな「鉄道」（あるいは「交通」）と「タイ」をキーワードにした研究ではあったが、基本的にはこのテーマで卒論から博論までを押し通し、さらに現在に至るまで主要な研究テーマとして継承してきた。いわば、筆者のこれまで行ってきたタイの鉄道あるいは交通に関する研究を、鉄道の「通史」という視点で一般向けにまとめ上げたものが、本書なのである。

基本的には、参考文献にも挙げておいた2冊の拙著『タイ経済と鉄道　一八八五〜一九三五年』（二〇〇〇年、日本経済評論社）と『鉄道と道路の政治経済学　タイの交通政策と商品流通　一九三五〜一九七五年』（二〇〇九年、京都大学学術出版会）が本書のベースとなっている。前者が筆者の博士論文を元にまとめたもので、鉄道がタイの経済的統合にどのような役割を果たしたのかについて、時間距離や費用距離の短福や、商品流通の変容について分析したものである。後者は博士論文後の筆者の研究成果をまとめたもので、基本的には前者の分析視角を継承したものの、戦後の道路整備が中心となる時代の商品流通面の変化をまとめ、「道路神話」を再検証したものである。筆者の問題関心は必ずしも鉄道のみに限らず、むしろ他の交通手段との比較の中での鉄道の役割に注目していることから、本書でも道路整備や自動車輸送の話題を少なからず盛り込んでいる。

しかしながら、これらの拙著は必ずしも鉄道の歴史のみを扱ったものではなく、しかも主として貨物輸送に焦点を当てていたことから、本書の執筆に当たっては旅客輸送面の変遷など、新たに盛り込んだ話題も少なくない。旅客輸送については、以前戦前の旅客輸送に関する拙稿をまとめたことがあり、戦後についても日本タイ学会第6回研究大会で発表を行ったことがあるので、それらをベースにしている。また、現在研究を進めているバンコクの都市交通史についての研究成果も本書に反映させており、戦前の民営鉄道や近年の都市鉄道の整備についての話題は、参考文献に並べた拙稿に依拠したものである。それでも、バンコクの都市鉄道を除いて、一九七〇年代後半以降についてはいまだかつて研究対象としたことがなかったことから、この時期についての言及はやや物足りないかもしれない。なお、去年来タイにおいても鉄道の復権の兆しが出てきており、複線化の推進や新線建設、さらには高速鉄道の導入計画が新聞紙上を賑わすようになった。可能な限り最新の情報に基づいて内容を更新したが、流動的な部分も多いので、今後の政策変更によっては的外れな部分が出てくる可能性があることも予めお断りしておきたい。

また、本書での新たな試みは、東南アジアの各国の鉄道との比較の視点である。タイの鉄道を相対化するために、周辺諸国の鉄道との比較を試みる必要があることは認識していたが、なかなか実現には至らなかった。ところが、たまたま『鉄道の世界史』（二〇一〇年予定、悠書館）という企画の中で、東南アジア大陸部の鉄道の歴史をまとめる機会があったことから、東南アジア各国の鉄道に関する基本的な情報を集めることになった。もちろん、各国の鉄道に関する先行研究はほとんど存在しないことから、存在が確認されている英語文献や、各国の統計年鑑、世界の鉄道事業に関する年鑑のような限られた情報源から得られた情報をまとめただけであり、必要最低限の情報しか盛り込めなかった。それでも、統計年鑑から最低限の統計は得られたことから、当初出遅れたタイの鉄道が、二〇世紀末までに東南アジアで最も先進した状況へと至った過程はそれなりに説明できたと思う。このテーマについては、今後さらに本格的な研究を進めていくことを予定しており、いつの日か「東南アジアの鉄道史」としてまとめてみたい。

本書を書き上げるにあたって、多くの方々に資料収集の面でお世話になった。大阪大学の桃木至朗先生には、ヴェトナムの鉄道史に関する情報を教えていただいたのみならず、貴重な資料も貸していただいた。ヴェトナムの鉄道に関して筆者がアクセス可能な情報源が非常に限られていたことから、ヴェトナムで出版された鉄道関係の書籍は、本書のみならず上述の『鉄道の世界史』を執筆する上でも極めて有益であった。中国とヴェトナムとの間の国際鉄道については、中国の鉄道史がご専門の明治学院大学非常勤講師の千葉正史氏から中国側の貴重な資料を貸していただいた。ミャンマー（ビルマ）については、筆者の恩師である東京外国語大学名誉教授の斉藤照子先生から資料を貸していただいた。また、筆者の義父で元財団法人鉄道総合技術研究所の木川武彦氏にも、鉄道年鑑の収集の便宜を図っていただいた。この場を借りて、厚く御礼申し上げたい。

筆者がこれまで研究者として何とか仕事をこなしていられるのも、これまでにお世話になった多くの方々のおかげである。すべての方々のお名前を挙げることはできないが、斉藤照子先生、東京外国語大学前学長の池端雪浦先生、東京大学社会科学研究所所長の末廣昭先生の三人の先生方のお名前は挙げさせていただかねばならない。本書の執筆中には、東京外国語大学特任教授で元大阪外国語大学学長の赤木攻先生と『タイ事典』の編集作業を進めており、先生から様々なことを学ばせていただいたことを感謝すると同時に、仕事が重なったためにご迷惑をお掛けしたことをお詫びせねばならない。また大変残念なことであるが、本書の完成を間近にして、タイ研究の大家であり幾度となく叱咤激励をいただいた大阪外国語大学名誉教授の吉川利治先生と京都大学名誉教授の石井米雄先生が相次いでご逝去された。筆者が初めて学会発表を行った際にコメントしてくださったのがこのお二人の先生であり、その後も筆者が拙著を謹呈させていただいたときには、いつも迅速に丁寧なコメントを寄せてくださった。お二人の先生に本書を読んでいただけなかったことが、何よりも心残りである。

今回も、妻の千代には校正の労をとってもらった。筆者の頻繁な海外出張中の留守番や二人の子供の世話など、妻には世話になってばかりいる。子供たちも不在がちな筆者の代わりに、妻を手助けして協力してくれている。家族の理解と協力がなければ、筆者の研究生活は成り立たないであろう。この場を借りて、謝意を表させていただきたい。そして、本書をつい先日他界した祖父に捧げたい。
最後に、本書の執筆の話を下さった京都大学学術出版会の鈴木哲也氏と、実際の編集作業を担当していただいた高垣重和氏に深く御礼申し上げたい。

柿崎一郎

二〇一〇年三月

索　引

［さ行］

［た行］

［な行］

［は行］

［ま行］

[わ行]

参考資料・文献

タイ国立公文書館資料

王馨源［2002］『中国鉄路国際聯運大事記（1950〜1999）』中国鉄道出版社
海外鉄道技術協力協会［2006］『最新　世界の鉄道』ぎょうせい
柿崎一郎［2000］『タイ経済と鉄道　1885〜1935年』日本経済評論社
柿崎一郎［2001］「バンコクの都市鉄道整備史　―なぜ実現が遅れたのか―」『横浜市立大学論叢』第52巻人文科学系列第1・2号　pp. 261〜302
柿崎一郎［2002］「戦前期タイ鉄道の旅客輸送」『鉄道史学』第20号　pp. 1-19
柿崎一郎［2004］「鉄道車両調達と国際入札　―タイにおけるディーゼル機関車の事例―」『鉄道史学』第22号　pp. 1-19
柿崎一郎［2007a］『物語　タイの歴史』中央公論新社
柿崎一郎［2007b］「タイにおける鉄道観の形成　1885〜1910年　―誰がどのように認識したのか―」『史潮』新62号　pp. 5-29
柿崎一郎［2008a］「タックシン政権時代のバンコク都市交通政策　―「売夢政策」の限界―」『鉄道史学』第25号　pp. 37-54
柿崎一郎［2008b］「メコン圏の交通開発とタイ」『タイ国情報』第42巻第5号　pp. 111-143
柿崎一郎［2008c］「バンコクの都市鉄道」日本タイ協会編『現代タイ動向2006-2008』めこん　pp. 217-241
柿崎一郎［2009a］『鉄道と道路の政治経済学　タイの交通政策と商品流通1935〜1975年』京都大学学術出版会
柿崎一郎［2009b］「バンコクの民営鉄道　―都市鉄道化への模索と限界」『アジア研究』第55巻第4号　pp. 20-38
斎藤幹夫［2008］「インドネシアで活躍する日本の電車2008」『鉄道ピクトリアル』第809号　pp. 97-107
斎藤幹夫［2009a］「ミャンマーへ渡った日本の車両　―2009年春―　軽量気動車編」『鉄道ピクトリアル』第819号　pp. 64-72
斎藤幹夫［2009b］「ミャンマーへ渡った日本の車両　―2009年春―　旧キ

ハ 52・58 形編」『鉄道ピクトリアル』第 820 号　pp. 146-149
清水寥人編［1978］『遠い汽笛　泰緬鉄道建設の記録』あさを社
社団法人海外鉄道技術協力協会編［2005］『最新　世界の鉄道』ぎょうせい
社団法人日本地下鉄協会編［2000］『世界の地下鉄　—115 都市の最新情報—』山海堂
白石昌也編［2004］『ベトナムの対外関係　—21 世紀の挑戦—』暁印書館
末廣昭　［1996］『戦前期タイ鉄道業の発展と技術者形成　—地域発展の固有論理（2）—』（文部省科学研究費補助金「重点領域研究」成果報告書シリーズ：No. 15）京都大学東南アジア研究センター
高田隆雄／G・S・ムアー［1978］『タイ国の蒸気機関車』プレス・アイゼンバーン
東亜研究書［2000］（1942）『南方統計要覧』上巻　龍渓書舎(復刻版)
日本ビルマ協會編［1942］『ビルマ統計書』國際日本協會
野村正義［1967］『アジア諸国の鉄道』アジア経済研究所
法貴三郎他編［1942］『比律賓統計書』國際日本協會
吉川利治［1994］『泰緬鉄道　機密文書が明かすアジア太平洋戦争』同文館
渡邊源一郎［1943］『南方圏の交通』国際日本協会

Andrus, J. Russell. [1948] *Burmese Economic Life*. Stanford University Press.
Annuaire Statistique de l'Indochine. (ASI)
Annuaire Statistique Retrospectif du Cambodge. (ASRC)
Annual Report on the Administration of the Royal State Railways. (*Siam*) (ARA)
Annual Statistical Bulletin Malaysia. (ASBM)
Bulletin Statistique du Cambodge. (BSC)
Cambodia Statistical Year Book. (CSY)
Chea Jin Sng [2008] *Malaya 500 Early Postcards*. Editions Didier Nillet.
Corpuz, Arturo G. [1999] *The Colonial Iron Horse : Railroads and Regional Develpment in the Philippines 1875-1935*. University of the Philippines Press.
Dick, Howard & Peter J. Rimmer [2003] *Cities, Transport and Communications : The Integration of Southeast Asia since 1850*. Palgravee MacMillan.

Economic and Social Commission for Asia and the Pacific (ESCAP) [1999] *Development of the Trans-Asian Railway*. United Nations.

Economic Planning Unit. [2009] *The Malaysian Economy in Figures 2009*. Prime Minister's Office.

Haks, Leo & Steven Wachlin [2004] *Indonesia 500 Early Postcards*. Archipelago Press.

Jane's World Railways. (JWR)

Lien Hiep Duong Sat Viet Nam [1994] *Lich Su Duong Sat Viet Nam*. Nha Xuat Ban Lao Dong. (ヴェトナム鉄道史)

Lien Hiep Duong Sat Viet Nam [2001] *120 Nam Duong Sat Viet Nam (1881-2001)*. Nha Xuat Ban Giao Thong Van Tai. (ヴェトナム鉄道の120年)

Kakizaki, Ichiro [2005] *Laying the Tracks : the Thai Economy and Its Railways 1885-1935*. Kyoto University Press.

Kaur, Amarjit [1985] *Bridge and Barrier : Transport and Communications in Colonial Malaya 1870-1957*. Oxford University Press.

Knaap, Gerrit J. [1989] *Changing Economy in Indonesia Vol. 9 : Transport 1819-1940*. Royal Tropical Institute, Amsterdam.

Malayan Statistics : Digest of Economic and Social Statistics. (MS)

Norodom Sihanouk [1991] *Sangkum Reastr Niyum le Developpement General du Cambodge*.

Philippine Statistical Yearbook. (PSY)

Railway Gazette International. (RGI)

Raingan Pracham Pi, Kan Rotfai haeng Prathet Thai. (RRF) (タイ国鉄年次報告書)

Raingan Pracham Pi Krom Thang Luang (Phaendin). (RTL) (タイ道路局年次報告書)

Ramaer, R. [1994] *The Railways of Thailand*. White Lotus.

Robequain, Charles [1944] *The Economic Development of French Indo-China*. Oxford University Press.

Rotfai haeng Prathet Thai, Kan. (RFT) [1967] *Kan Poet Kan Doen Rot Sai Kaeng Khoi-Buayai 19 Singhakhom 2510*. RFT. (ケンコーイ～ブアヤイ線開通記念)

Rotfai haeng Prathet Thai, Kan. (RFT) [1970] *Thi Raluk nai Wan Khlai Sathapana Kitchakan Rotfai Khrop Rop 72 Pi*. RFT. (タイ鉄道72周年記念)

Rotfai haeng Prathet Thai, Kan. (RFT) [1991] *Rot Chak lae Rot Phuang Prawattisat*. RFT. (機関車と客貨車の歴史)

Rotfai haeng Prathet Thai, Kan. (RFT) [1997] *100 Pi Rotfai Thai*. RFT. (タイ鉄道

100周年）
Rotfai Samphan.（鉄道関係［タイ国鉄広報誌］）
Rozendaal, Jack［2000］*Steam and Rail in Indonesia.* A Locomotives International Publication.
SBS Transit Ltd.［2008］*Annual Report 2008.* SBS Transit
Shein, Maung［1964］*Burma's Transport and Foreign Trade in Relation to the Economic Development of the Country*（*1885–1914*）. University of Rangoon.
SMRT Corporation.［2008］*Annual Report 2008.* SMRT
Statistical Abstract for British India.（SABI）
Statistical Abstract, Myanmar（*Burma*）.　（SAM）
Statistical Handbook of Vietnam.（SHV）
Statistical Pocketbook of Indonesia.（SPI）
Statistical Year Book, Myanmar（*Burma*）.（SYM）
Statistical Yearbook of Indonesia.（SPI）
Statistical Yearbook of Thailand（SYT）.
Statistical Yearbook of Vietnam.（SYV）
Statistics Book 1980–1991, Cambodia.（SBC）
Transport Statistics.（*Thailand*）（TS）.
Valautham, A.［2007］"The Development of Container Landbridge Train Services between Malaysia and Thailand." in *Transport and Communications Bulletin for Asia and the Pacific.* No. 77. pp. 99–115
Vietnam Statistical Data in the 20th Century.（VSD）
Vietnam Statistical Yearbook.（VSY）
Wilbur Smith Associates et al.［1996］*Khrongkan Rotfai Khwam Reo Sung Sai Krungthep-Sanambin Nongnguhao-Rayong; Kan Suksa Phua Hai Ekkachon Ruam Longthun Tam Pho Ro Bo. Sarup Samrap Phu Borihan.* NESDB.（バンコク～ノーングーハオ～ラヨーン間高速鉄道計画：民間共同投資のための調査・要約）
Wright, Arnold ed.［1910］*Twentieth Century Impressions of Burma.* Lloyd's Greater Britain Publishing.
Yearbook of Statistics Malaysia.（YSM）

参考ホームページ

Badan Pusat Statistik.（http://www.bps.go.id/）

Keletapi Tanah Melayu Barhad.（http://www.ktmb.com.my/）

KL Monorail.（http://www.klmonorail.com.my/）

Light Rail Transit Authority.（http://www.lrta.gov.ph/）

Metro Rail Transit Corporation.（http://www.dotcmrt3.gov.ph/）

RapidKL.（http://www.rapidkl.com.my/）

写真出所一覧（記載のないものはすべて筆者撮影）

清水［1978］：152ページ

タイ国立公文書館：28ページ、30ページ、52ページ、73ページ、80ページ、94ページ

高田・ムアー［1978］：116ページ

ARA 1928/29年版：131ページ

Cheah［2008］：35ページ

Haks & Wachlin［2004］：88ページ

Lien Hiep Duong Sat Viet Nam［2001］：10ページ、98ページ、187ページ

RFT［1967］：253ページ

RFT［1991］：125ページ、202ページ、223ページ

RFT［1997］：25ページ、41ページ、47ページ

Rotfai Samphan. 2007年5〜6月号：326ページ

Rozendaal［2000］：137ページ

柿崎　一郎（かきざき　いちろう）

横浜市立大学国際総合科学部准教授
1971年生まれ。1999年、東京外国語大学大学院地域文化研究科博士後期課程修了。
横浜市立大学国際文化学部専任講師、同助教授を経て、2005年より現職。博士（学術）。
『タイ経済と鉄道　1885～1935年』（下記）で、第17回大平正芳記念賞を受賞。

【主要著書】
『タイ経済と鉄道　1885～1935年』（日本経済評論社、2000年）、*Laying the Tracks: The Thai Economy and its Railways, 1885-1935*（Kyoto University Press （京都大学学術出版会）、2005年）、『物語　タイの歴史』（中公新書、2007年）、『鉄道と道路の政治経済学　―タイの交通政策と商品流通　1935～1975年―』（京都大学学術出版会、2009年）など。

学術選書

王国の鉄路 ―タイ鉄道の歴史　学術選書 048

2010年4月15日　初版第1刷発行

著　　者…………柿崎　一郎
発 行 人…………加藤　重樹
発 行 所…………京都大学学術出版会
京都市左京区吉田河原町 15-9
京大会館内（〒 606-8305）
電話（075）761-6182
FAX（075）761-6190
振替 01000-8-64677
URL http://www.kyoto-up.or.jp
印刷・製本…………㈱太洋社
装　　幀…………鷺草デザイン事務所

ISBN　978-4-87698-848-8
定価はカバーに表示してあります

学術選書 ［既刊一覧］

＊サブシリーズ 「心の宇宙」→心 「諸文明の起源」→諸
「宇宙と物質の神秘に迫る」→宇

001 土とは何だろうか？ 久馬一剛
002 子どもの脳を育てる栄養学 中川八郎・葛西奈津子
003 前頭葉の謎を解く 船橋新太郎 心1
004 古代マヤ 石器の都市文明 青山和夫 諸11
005 コミュニティのグループ・ダイナミックス 杉万俊夫 編著 心2
006 古代アンデス 権力の考古学 関 雄二 諸12
007 見えないもので宇宙を観る 小山勝二ほか 編著 宇1
008 地域研究から自分学へ 高谷好一
009 ヴァイキング時代 角谷英則 諸9
010 GADV仮説 生命起源を問い直す 池原健二
011 ヒト 家をつくるサル 榎本知郎
012 古代エジプト 文明社会の形成 高宮いづみ 諸2
013 心理臨床学のコア 山中康裕 心3
014 古代中国 天命と青銅器 小南一郎 諸5
015 恋愛の誕生 12世紀フランス文学散歩 水野 尚
016 古代ギリシア 地中海への展開 周藤芳幸 諸7
018 紙とパルプの科学 山内龍男
019 量子の世界 川合・佐々木・前野ほか編著 宇2
020 乗っ取られた聖書 秦 剛平
021 熱帯林の恵み 渡辺弘之
022 動物たちのゆたかな心 藤田和生 心4
023 シーア派イスラーム 神話と歴史 嶋本隆光
024 旅の地中海 古典文学周航 丹下和彦
025 古代日本 国家形成の考古学 菱田哲郎 諸14
026 人間性はどこから来たか サル学からのアプローチ 西田利貞
027 生物の多様性ってなんだろう？ 生命のジグソーパズル 京都大学総合博物館 京都大学生態学研究センター編
028 心を発見する心の発達 板倉昭二 心5
029 光と色の宇宙 福江 純
030 脳の情報表現を見る 櫻井芳雄 心6
031 アメリカ南部小説を旅する ユードラ・ウェルティを訪ねて 中村紘一
032 究極の森林 梶原幹弘
033 大気と微粒子の話 エアロゾルと地球環境 笠原三紀夫 東野 達 監修
034 脳科学のテーブル 日本神経回路学会監修／外山敬介・甘利俊一・篠本滋編
035 ヒトゲノムマップ 加納 圭